Abb. 1 Paris, 2. Mai 1945. Amerikanische Soldaten beim Lesen der Sonderausgabe der Armeezeitung „The Stars and Stripes“ zum Tod von Adolf Hitler. V.l.n.r.: Private First Class Leonard A. Davis (Helena, Oklahoma), Private First Class Richard Webster (Johnson City, New York), Private First Class Julian Bellavance (Lebanon, New Hampshire) und Private First Class Lex Hall (Oldfield, Montana). (16)

Vom Führerbunker zur Schweinebrücke

Harald Sandner

Harald Sandner

Vom Führerbunker zur Schweinebrücke

Hitlers Reise nach seinem Tod

von Montag, dem 30. April 1945

bis Sonntag, dem 5. April 1970

Shaker Media

Bibliografische Information der Deutschen Nationalbibliothek
Die Deutsche Nationalbibliothek verzeichnet diese Publikation in der Deutschen Nationalbibliografie; detaillierte bibliografische Daten sind im Internet über http://dnb.d-nb.de abrufbar.

Lektorat: Gabriele Dietz
Buchsatz: Ramona Schreiber, Shaker Media GmbH
Covergestaltung: Alicia Schaefer, Shaker Media GmbH

Cover: Abb. 86: Führerbunker, Lagevorraum, Blickrichtung zur Gasschleuse / Gartenausgang. Links die Stahltür zum Lagebesprechungsraum / Kartenzimmer. (22)
Backcover: Die Stationen der Reise von Hitlers Leiche

Printed in Germany.

ISBN 978-3-95631-949-5

Shaker Media GmbH • Am Langen Graben 15a • 52353 Düren
Telefon: 02421 / 99 0 11 - 40 • Telefax: 02421 / 99 0 11 - 49
Internet: www.shaker-media.de • E-Mail: info@shaker-media.de

Gewidmet

meinem Freund

Michael Paul Laufenburg

Inhalt

Aufklärung ist Abwehr

Simon Wiesenthal (1908-2005)
Architekt, Publizist, Schriftsteller,
Überlebender des Holocaust

Vorwort

Über Hitlers Leben und sein verbrecherisches Wirken sind zahlreiche Bücher geschrieben worden. Umso bemerkenswerter ist es, dass es bis jetzt keine vollständige Studie über den tatsächlichen Verbleib seiner sterblichen Überreste gibt. Es scheint, als wäre er spurlos verschwunden. Wie ein Spuk, der über die Deutschen gekommen war und der endgültig vorbei sein sollte. Doch Hitlers Ideologie beeinflusst auch im 21. Jahrhundert weltweit das Denken vieler Menschen. Vergleiche mit Hitler können sich sicher sein, sofort in den Schlagzeilen zu landen. Der russische Präsident Wladimir Putin begründete 2022 seinen Angriffskrieg gegen die Ukraine auch damit, die Welt vom Nationalsozialismus befreien zu wollen. 44 Mal in 75 Jahren ist Adolf Hitler auf dem Titelbild des bedeutendsten deutschen Nachrichtenmagazins „Der Spiegel" zu sehen gewesen – genauso oft wie Bundeskanzler Willy Brandt und nur einmal weniger als der bayerische Ministerpräsident Franz-Josef Strauß und Bundeskanzlerin Angela Merkel (DER SPIEGEL 1/2022, 30. Dezember 2021, S. 54).

Das verwundert nicht angesichts seiner in der Menschheitsgeschichte einmaligen Verbrechen und dem ungebrochenen Interesse an seiner Person. Hitler ist der bekannteste Mensch der Weltgeschichte. Sein Name steht für Krieg, Rassismus, Völkermord, Gewalt, Fanatismus und Unmenschlichkeit. Gerade Hitlers letzte Lebensjahre waren geprägt von zynischer Menschenverachtung, von einer unvorstellbaren Anzahl von Opfern und einem Bruch mit der Zivilisation. Niemals zuvor in der Geschichte der Menschheit und niemals danach sind mehr Tote, Verwundete, Vermisste und Vertriebene zu beklagen gewesen als im Jahr 1945 (Sandner, Harald (2018): *Hitler: Das letzte Jahr.* Berlin: Berlin Story Verlag). Der von Hitler begonnene Zweite Weltkrieg kostete schätzungsweise mehr als 70 Millionen Menschen das Leben.

Der Tod eines Diktators hat eine höhere Bedeutung als der Tod eines Staatschefs in anderen Regierungsformen. Mit ihm bricht mangels eines geeigneten Nachfolgers oftmals das gesamte Herrschaftssystem zusammen. Hitlers Machtfülle ist bis heute unerreicht. Mit seinem Tod hinterließ er eine große Leere bei den Zurückbleibenden; sie waren führungs- und orientierungslos. Auch der Leichnam eines Diktators spielt eine wichtige Rolle, entweder für den Herrschaftserhalt (so bei Wladimir Iljitsch Lenin) oder für den Herrschaftswechsel (wie bei Benito Mussolini, Muammar al-Gaddafi, Nicolae Ceaușescu). Er kann im Ringen um die Macht der entscheidende Trumpf werden. Oft stehen die Todesumstände im Falle eines Staatschefs rasch fest. Doch über den Tod von Adolf Hitler und seiner Frau Eva am 30. April 1945 gibt es wahrscheinlich mehr unterschiedliche Schilderungen als über den Tod jedes anderen Menschen (Kellerhoff (2003): 73). Hier ist vor allem das 1995 erschienene, detaillierte Werk *„Hitlers Ende: Legende und Dokumente"* des anerkannten Historikers Anton Joachimsthaler zu erwähnen. Joachimsthaler hat sich als Erster der Mühe unterzogen, möglichst alle Fakten und Aussagen um Hitlers Ende zusammenzutragen und zu bewerten.

Was mit Hitlers Leiche geschehen ist, ist seit dem Zusammenbruch der Sowjetunion, der nachfolgenden Öffnung der russischen Archive sowie diverser Medienberichte allgemein bekannt. Im Jahre 1970, 25 Jahre nach seinem Tod, blieben am Ende nur ein profaner Haufen Asche und ein paar Zähne übrig von jenem Mann, der die Welt in Flammen setzte und verantwortlich war für den Tod von Millionen Menschen und die Zerstörung Europas. Doch bei der Bergung der verkohlten Leiche im Garten der Reichskanzlei im Mai 1945 in Berlin gab es von Anfang an zahlreiche Probleme, Nachlässigkeiten, Missverständnisse und Verwechslungen. Die befragten Zeugen der Vorgänge fielen auf durch Widersprüche, falsche Aussagen, Erinnerungslücken, überhebliche Selbstdarstellung, Übernahme von Beobachtungen vom Hörensagen und Selbsttäuschung (Joachimsthaler (2004): 337).

Aufgrund dessen kommt Joachimsthaler zu dem Schluss: *„(...) die Überreste der Leiche Hitlers wurden nie gefunden"* (Joachimsthaler (2004): 7). Er ist der Meinung, der sowjetische Obduktionsbericht der Leiche Hitlers sei *„erfunden"*, da es *„keine Leiche"* gegeben habe (vgl. Joachimsthaler (2004): 260). Andere Autoren übernehmen seine These, dass die obduzierte Leiche *„mit großer Wahrscheinlichkeit"* nicht diejenige Hitlers gewesen sei (Bihl (2000): 7), oder behaupten: *„Die Russen besaßen niemals die Leiche oder Leichenteile Hitlers"* (Mühlhäuser (2017): *Der ungeklärte Todesfall Hitler,* S. 49). Diese – falsche – Schlussfolgerung hat ihre Ursache in Gerüchten, die bereits in der Nachkriegszeit in Umlauf gebracht wurden. Dass Hitler das Kriegsende überlebt habe, verbreitete allen voran Josef Wissarionowitsch Stalin – wider besseren Wissens. Er behauptete noch Jahre nach dem Krieg, Hitler sei womöglich aus dem Führerbunker geflüchtet, habe sich abgesetzt und lebe noch (DIE WELT, Ulli Kulke (25. Oktober 2006): *Der zweite Tod Adolf Hitlers*). Stalin wollte zu Beginn des zwischen Ost und West aufkommenden Kalten Krieges Misstrauen und Zwietracht zwischen den westlichen Verbündeten säen, indem er unterstellte, die Briten oder Amerikaner schützten Hitler und hielten ihn versteckt, und schürte bewusst die Angst vor einem erneuten Erwachen des Nationalsozialismus (Besymenski (1995): 9; Trevor-Roper (1995): 28). So konnte er auf die Westmächte Druck ausüben und sowjetische Positionen durchsetzen. Letzten Endes gelang es den Sowjets, das Thema in so geheimnisvolles Dunkel zu hüllen, dass bald die abenteuerlichsten Versionen über Hitlers Ende in Umlauf waren. Verschwörungstheoretiker schenken Stalins Aussagen bis heute Glauben (Mühlhäuser (2017): *Der ungeklärte Todesfall Hitler,* S. 32) und ignorieren seine Motive zu Beginn des Kalten Krieges.

Bereits im Obduktionsbericht aus dem Jahr 1945 behaupteten die Sowjets, ebenfalls wider besseren Wissens, Hitler habe sich durch Gift umgebracht und nicht erschossen. Es ging ihnen darum, seinen Tod als besonders feige und unehrenhaft darzustellen. Diese Desinformationskampagne Stalins ist die Grundlage aller bis heute existierenden Verschwörungstheorien um Hitlers angebliches Überleben. Bis in die 60er- und sogar 70er-Jahre des vorigen Jahrhunderts pflegte mancher aus den Kreisen Ewiggestriger noch sein Vertrauen in das Überleben des dann immerhin 80- oder gar 90-Jährigen ehemaligen „Führers“: Dass der per U-Boot oder Ufo Geflüchtete den Endsieg doch noch nicht aus den Augen verloren habe, dass er in Chile, in der Antarktis, in Grönland oder Australien, umgeben von getreuen Garden, Fachgespräche mit Erfindern von neuen zerstörerischen Wunderwaffen führe. Die Einfältigkeit der Fantasie mag einiges über den Intellekt dieser rechtsextremen Fangemeinde aussagen. Doch einschlägige Druckerzeugnisse wanderten damals von Hand zu Hand, angesichts des lächerlichen Inhalts mit bisweilen erstaunlicher Auflage (DIE WELT, Ulli Kulke (25. Oktober 2006): *Der zweite Tod Adolf Hitlers*). Daran hat sich bis heute nichts geändert, außer in der Art der Medien.

Im westlichen Ausland taugt Hitler auch heute noch einem breiten Publikum als unterhaltungsträchtige Schreckensfigur und als Symbol des Bösen schlechthin. Den Verbleib seiner Leiche nannte das Londoner Massenblatt „Sunday Express“ noch 1992 ein *„letztes Geheimnis“* (DER SPIEGEL 30/1992, *Hitlers letzte Reise*, S. 110). Die Boulevardpresse verbreitet jedes neue Gerücht begierig, wohl wissend, dass es die Auflage nach oben treibt. Mal heißt es, Doubles seien gestorben, es gebe eine geheime Nazi-Basis in der Antarktis oder auf dem Mond, aber vielleicht habe Hitler auch als katholischer Pater seinen Lebensabend in Argentinien verbracht (BILD vom 26. März 2010: *Starb ein Hitler-Double im Bunker?*). Es ist, als wollten die Autoren, die Ähnliches noch heute behaupten, post mortem Hitlers Wunsch erfüllen, dass von seiner

Leiche gar nichts übrig geblieben ist. Oder will man ihm nur den finalen Triumph des Entkommens in letzter Minute gönnen?

Ich habe die These von Anton Joachimsthaler, es habe keine Leiche gegeben, einer eingehenden Prüfung unterzogen. Fest steht danach, dass seine wesentlichen Schlussfolgerungen nicht länger haltbar sind. Joachimsthaler ist der Selbsttäuschung erlegen, die Berichte zu Hitlers sterblichen Überresten nicht nur kritisch zu sehen, sondern sie abzulehnen, da er von ihrem Nichtvorhandensein absolut überzeugt gewesen ist. Behauptungen von Zeitzeugen wurden dabei ungeprüft übernommen und nicht kritisch hinterfragt oder mit erwiesenen Fakten abgeglichen.

Mehr als ein Vierteljahrhundert nach Veröffentlichung der sowjetischen Akte über den Verbleib von Hitlers Leichnam im „Der Spiegel" ist es an der Zeit, die Thesen um Hitlers Tod und den Verbleib seines Leichnams mit dem heutigen Stand der Quellen, russischen Publikationen und forensischen Untersuchungen neu zu betrachten und detailliert, aber auf das Wesentliche konzentriert, darzustellen. Dabei sind neue Fragen aufgetaucht, die neue Recherchen nach sich zogen und neue Erkenntnisse erbrachten: Welche Daten stimmen wirklich? Welche Zeugen haben gelogen? Ist der Obduktionsbericht der Sowjets echt oder wurde eine falsche Leiche untersucht? Wo ist das Foto mit der Kiste mit Hitlers Leiche aufgenommen worden? Wo erfolgten die verschiedenen Begräbnisse? Was ist mit den Überresten passiert?

Folgen Sie mir durch das letzte Kapitel der Geschichte Adolf Hitlers, der wahrscheinlichen Wirklichkeit der 25 Jahre dauernden Reise seiner sterblichen Überreste.

Harald Sandner
November 2022

I Alpen, Argentinien, Antarktis? Die Verschwörungstheorien

Die Prophezeiung

Als Adolf Hitler am 30. Januar 1933 zum deutschen Reichskanzler einer Koalitionsregierung ernannt worden ist, äußert er abends im kleinen Kreis: *„Keine Macht der Welt wird mich jemals lebend hier* [aus dem Gebäude der (Alten) Reichskanzlei] (Hier und im Folgenden Anmerkungen des Autors in [xxx]) *wieder herausbringen"* (Sandner (2020): 1029). Er sollte mit seiner Prophezeiung recht behalten.

Hitler begann nach der Machtergreifung rasch den Ausbau seiner Regierungsverantwortung zur Diktatur. Die Revision des Versailler Vertrages von 1919, die Gleichschaltung des Staates, die massive Aufrüstung und die Entrechtung der jüdischen Bevölkerung mündeten in Holocaust und Zweiten Weltkrieg. Nach den deutschen Anfangserfolgen in diesem Krieg ließ Hitler sich 1942 zum obersten Gerichtsherrn ernennen. Er war nun Parteichef, „Führer" der Nation, Oberster Befehlshaber der Wehrmacht, Regierungschef. oberster Inhaber der vollziehenden Gewalt - und damit auch juristisch endgültig der an keine Gesetze gebundene Alleinherrscher über Deutschland (Sandner (2020): 1998).

Hitler überstand in dieser Zeit mehrere Attentate und reiste ins befreundete oder besetzte Ausland, nach Belgien, Frankreich, Italien, in die Tschechoslowakei, nach Polen, Norwegen und in die Sowjetunion. Als feindliche Truppen bereits tief auf deutschem Reichsgebiet standen, bestieg er am 15. Januar 1945 in Hungen (Landkreis Gießen/ Hessen) zum letzten Mal seinen Sonderzug und fuhr nach Berlin, wo er am anderen Tag am Bahnhof Grunewald ankam. Auf der Fahrt in die Reichskanzlei zeigte er sich von den Zerstörungen in Berlin überrascht und deprimiert (Sandner (2020): 2298ff). Er verließ die Reichshauptstadt nur noch einmal, am 3. März 1945, als er zu Besuchen von Divisionsgefechtsständen nach Harnekop, Neuhardenberg und Dolgelin in Brandenburg reiste (Sandner (2020): 2324–2328).

Es war ein langer Weg vom Jahre 1933 bis ins Jahr 1945. Hitler kehrte zurück zum Ausgangsort, in die Alte Reichskanzlei in der Berliner Wilhelmstraße 77 – und von seiner dortigen Wohnung im ersten Obergeschoss in den nur 50 Meter entfernt und acht Meter tief unter der Erde liegenden Führerbunker. Nach zwölf Jahren, drei Monaten und fünf Tagen hatte sich seine Prophezeiung erfüllt, als seine Leiche am 5. Mai 1945 aus der Reichskanzlei abtransportiert wurde. Hitlers Amtszeit als Regierungschef war verhältnismäßig lang. Von den 27 deutschen Reichskanzlern regierte nur Otto Fürst von Bismarck länger. Von den bisherigen deutschen Bundeskanzlern immerhin schon drei (Konrad Adenauer, Helmut Kohl, Angela Merkel).

Mit dem Abtransport seiner Leiche begann Hitlers letzte Reise.

Was wäre, wenn ... Theorien um Hitlers Entkommen

Was wäre, wenn ... Hitler das Kriegsende 1945 überlebt hätte? Das hat er glücklicherweise nicht, doch diese Frage muss erörtert werden, da sich selbst seriöse Medien nach wie vor gezwungen sehen, auf die verschiedenen Theorien, die sich mit einem Überleben Hitlers nach 1945 beschäftigen, einzugehen (DIE WELT, Sven Felix Kellerhoff (06.03.2020): *Und wenn Hitler doch überlebt hat?*). Hitler ist definitiv tot, kein Mensch kann mehr als 130 Jahre alt werden. Doch wann und wo ist er gestorben? Das angebliche Überleben und die Flucht Hitlers ist einer der langlebigsten Mythen der modernen Zeit. Der britische Historiker Richard Evans widmet sich diesem Mythos in seinem 2021 erschienenen Buch „Das Dritte Reich und seine Verschwörungstheorien: Wer sie in die Welt gesetzt hat und wem sie nutzen". Die weltweit größte Ausstellung über Hitler„Hitler – Wie konnte es geschehen" im Berlin Story Bunker in Berlin-Kreuzberg widmet den Theorien über Hitlers angebliches Überleben einen eigenen Raum, weil immer wieder Besucher danach fragen (Persönliche Auskunft von Wieland Giebel und Enno Lenze vom 9. September 2021). Die Vorstellung, Hitler sei in letzter Minute entkommen und habe noch unbehelligt Jahre oder gar Jahrzehnte irgendwo gelebt, fasziniert und regt die Fantasie bis heute an.

Aufmerksamkeit erzielte 2011 das Buch „Grey Wolf: The Escape of Adolf Hitler“ von Gerrard Williams und Simon Dunstan, welches von History Channel auch verfilmt wurde. Einen neuen Hype erbrachten 2014 vom FBI freigegebene 700 Seiten geheimer Akten, aus denen hervorgeht, dass die zentrale Sicherheitsbehörde der USA jahrzehntelang nach Hitler gesucht hat. Auf diesen Akten basierend, wurde in den USA umgehend eine achtteilige Serie über das *„größte Rätsel des 20. Jahrhunderts“* produziert. In dieser Serie wird beschrieben, wie ein „Expertenteam“ um Gerrard Williams die FBI-Dokumente ausgewertet hat, und diese „Experten“ kommen zu dem Ergebnis, dass Hitler seinen Suizid vorgetäuscht habe und nach der Kapitulation Deutschlands nach Südamerika geflüchtet sein könnte. Zentrale Frage der Serie ist, wie Adolf Hitler den Zweiten Weltkrieg überlebt haben könnte. In diesen Folgen ist von *„verdächtigen Spuren“*, einem *„Tunnel unter Berlin“*, einem *„geheimen U-Boot“* und einer *„Suche im Sumpf“* die Rede; natürlich spielen ein *„Nazi-Netzwerk“* und Augenzeugen eine zentrale Rolle. Die Serie lief 2015 im amerikanischen Pay-TV „History Channel“ unter dem Titel „Hunting Hitler“ (DIE WELT, Sven Felix Kellerhoff (3. Dezember 2021): *Wie Hitler angeblich aus dem Führerbunker entkam*). In Deutschland ist sie seit 2015 auf DVD unter dem Titel „Hitlers Flucht – Wahrheit oder Legende“ erhältlich. Selbstverständlich werden in dieser Fernsehproduktion keinerlei Fakten geliefert. Für den selbst ernannten „Geschichtsexperten“ Gerrard Williams steht fest: *„Hitler konnte fliehen, das ist die Wahrheit.“* Er liefert dafür ein aus seiner Sicht unwiderlegbares Argument: Hitlers Tod wurde von den Deutschen, nicht von den Alliierten gemeldet. Seriöse deutsche Historiker wie Prof. Sönke Neitzel werden für eine derartige Geschichtsverfälschung interviewt und geben dem Ganzen dadurch einen seriösen Anstrich.

2006 veröffentlichte Harry Cooper, der der rechte Szene zuzuordnende Gründer von „Sharkhunters International“ (einem Unternehmen, das Touren zu historisch bedeutsamen Stätten des „Dritten Reiches“ organisiert), sein Buch „Hitler in Argentina: The Documented Truth of Hitler‘s Escape from Berlin (The Hitler Escape Trilogy)“, dem er vier Jahre später den Band „Escape from the Bunker“ folgen ließ.

Frühe Verschwörungstheorien

Derartige Desinformationen haben eine lange Geschichte. Relativ schnell nach Kriegsende, im Sommer 1945, verdichteten sich die Gerüchte, dass Hitler noch am Leben sei. Mal sollte er als Einsiedler in einer Höhle in der Nähe des Gardasees in Norditalien gesehen worden sein, nach anderen Berichten in den Schweizer Alpen, in einem Kasino in Evian-Les-Bains, in Grenoble, St. Gallen und sogar vor der irischen Küste. Mal hieß es, er sei mit einem Kleinflugzeug von Berlin nach Hamburg gestartet und dann auf einem Unterseeboot auf eine ferne Insel geflohen oder aber er lebe in einem spanischen Kloster (Fest (1913): 1024). Die Sowjets allerdings stellten bei ihren Nachforschungen 1946 eindeutig fest: *„Eine Flucht (...) war unmöglich. Wenn es überhaupt möglich war, ein Flugzeug von der Charlottenburger Landstraße* [gemeint ist die Ost-Westachse, heute Straße des 17. Juni] *aus zu fliegen, gab es keinen Piloten (...)"* (Winogradow, Pogonitz (2000): 306).

1946 wird gemeldet, Hitler habe seinen Tod als aufsehenerregenden Theatercoup geplant und die Absicht gehabt, ein mit Sprengstoff befülltes Flugzeug zu besteigen und sich über der Ostsee in die Luft zu sprengen. Dann jedoch habe er es vorgezogen, unter dem Tarnnamen „Adilupus" im Präsidentenpalast Francos zu leben, bis er dort am 1. November 1947 einem Herzversagen erlegen sei (Fest/Eichinger (2002): 185f). Besonders fantasiereich war das Gerücht, Hitler habe in einem versteckten Keller der Reichskanzlei die ersten Monate nach Kriegsende überstanden und sei erst später nach Arabien geflüchtet, wo er dann den Kampf gegen Israel leitete. Oder aber er habe sich in den Trümmern des Reichstages versteckt oder in der fiktiven „Alpenfestung" Zuflucht gesucht (Kellerhoff (2003): 18). Andere angebliche Zufluchtsorte sind eine nebelumhüllte Insel in der Ostsee, eine Felsenfestung im Rheinland, eine südamerikanische Ranch oder eine Unterkunft im gebirgigen Albanien. Ein deutscher Arzt sagte 1945 unter Eid aus, er habe Hitler persönlich behandelt, als dieser durch russische Granaten im Zoo-Bunker am Nachmittag des 1. Mai 1945 an der Lunge verletzt worden sei und seinen Tod bestätigt (Trevor-Roper (1995): 6f). Besonders abenteuerlich war das Gerücht von Hitlers Start aus einem unterirdischen Silo mittels einer V-2-Rakete (DIE WELT, Sven Felix Kellerhoff (3. Dezember 2021): *Wie Hitler angeblich aus dem Führerbunker entkam.*).

Hitler könnte sich aber auch bis 1946 in einem streng geheimen Keller in Berlin aufgehalten haben und dann außer Landes gebracht worden sein; als Zielort käme ein abgelegenes andalusisches Schloss ebenso in Frage wie ein Kloster in Tibet oder eines bei Salzburg. Dann wieder wurde verbreitet, ein Sonderzug habe ihn in den Harz gebracht, von dort sei er nach Mecklenburg geflüchtet. Dass der weltweit bekannte und gesuchte Hitler in Deutschland oder Österreich weiter anonym leben konnte, habe er einem Chirurgen zu verdanken, der sein Gesicht verändert habe (Bihl (2000): 137, 143f, 146, 151f, 156f). Ende 1946 weist die amerikanische Botschaft in Stockholm auf einen Berg im Norden Schwedens hin, in dem sich *„eine lange Höhle von etwa 466 Metern"* befindet, in der Hitler *„einen Raum von dreißig mal dreißig Metern, mit elektrischen Öfen"* bewohne. Natürlich gibt es dort *„Lebensmittel, Dosen aller Art für mehrere Jahre und viel Geld, in allen möglichen Währungen"* (Abgerufen am 5. Dezember 2021 von https://www.washingtonpost.com/wp-srv/style/longterm/books/chap1/deathofhitler.htm).)

Andere Berichte aus dem Jahr 1946 verorteten Hitler in Holland, in einem Café in Amsterdam, oder *„schrecklich gealtert"* in Zürich. Man versuchte, die Flucht, um sie glaubhafter wirken zu lassen, sachlich zu begründen. Beispielsweise damit, dass Hitler mit einem U-Boot bis an die argentinische Küste gebracht worden sei und als Gegenleistung den Westmächten technische Unterstützung und wissenschaftliche Forschung angeboten habe, die bei einer Auseinandersetzung mit der Sowjetunion hilfreich sein könnte (Berlin Experiences, Matt Robinson (07.03.2020): Did Hitler escape to Argentinia in 1945? Mythbusting Berlin. Abgerufen am 2. Dezember 2021 von https://www.berlinexperiences.com/did-hitler-escape-to-argentina-in-1945-mythbusting-berlin/). Hitler ist bei seiner Ankunft in Argentinien angeblich krank, leidet an Asthma und Geschwüren und hat seinen Schnurrbart abrasiert (Express, London, Callum Hjoare (20. November 2018): *Adolf Hitler 'ESCAPED Berlin bunker' and used German U-boat 'to flee Europe for Argentina'*. Abgerufen am 15. Februar 2022 von https://www.express.co.uk/news/weird/1047792/adolf-hitler-escape-route-berlin-bunker-argentina-spt).

Auch der US-Geheimdienst CIA traute Meldungen von Hitlers Tod nicht: Noch 1955 findet sich in den US-Archiven ein Dokument mit der Nummer HVCA 2592, das von einer Hitler-Sichtung in Kolumbien berichtet (Andrei Tapalage (26. Mai 2020): *Declassified CIA Files Showing Hitler's Presence in Colombia During 1954: A field that brings great interest but can be questioned.* Abgerufen am 15. Februar 2022 von https://historyofyesterday.com/declassified-cia-files-showing-hitlers-presence-in-columbia-during-1954-304da469e169). Im Januar 1947 wurde dem US-amerikanischen Spionageabwehrkorps Counter Intelligence Corps (CIC) über die französischen Geheimdienste ein Bericht übermittelt, in dem behauptet wurde, Hitler halte sich in der Gegend von Heidelberg versteckt und stehe in Kontakt mit einem deutschen Widerstandsführer in Weinheim. Er habe Weinheim in der Uniform eines amerikanischen Soldaten verkleidet besucht, was zweifellos Teil seines Plans zur Gründung eines neuen (vierten) deutschen Reiches sei. Weinheim wurde daraufhin zum Ziel einer Razzia von 30 alliierten

Offizieren, fünf CIC-Spezialagenten und 25 Männern der US-Constabulary, der Polizei der US-Armee (Washington Post, Ada Petrova, Peter Watson (1995): *The Death of Hitler: The Full Story with New Evidence from Secret Russian Archives.* Abgerufen am 2. Dezember 2021 von https://www.washingtonpost.com/wp-srv/style/longterm/books/chap1/deathofhitler.htm).

Besonders abenteuerlich und fantasiereich ist die Theorie von Hitlers Flucht mit dem U-Boot U-530, mit dem er in die Antarktis gefahren sei (Bihl (2000): 143f). Wem das U-Boot zu konventionell erscheint, wird mit der Variante zufriedengestellt, dass Hitler die Reise in einer Art NS-Ufo, dem (fiktiven) Flug- und Raumfahrzeug „Reichsflugscheibe" bewerkstelligt habe. In der Antarktis angekommen, habe er sich dann, gemäß der Hohlwelttheorie, ins Innere der Erde zurückgezogen, um dort auf seine Wiederkehr zu warten (Bihl (2000): 165f).

Flucht über die „Rattenlinien"?

Diese und andere Fluchttheorien hatten ihren Ursprung nicht zuletzt in der real geglückten und nachgewiesenen Flucht hoher NS-Funktionsträger nach Südamerika. Als in den 1980er Jahren die sogenannten „Rattenlinien" (meist über Italien oder Spanien in südamerikanische Länder) bekannt wurden, schien ein weiteres Indiz für Hitlers Entkommen gefunden. Auf diesen Fluchtrouten war es nach dem Zweiten Weltkrieg einer großen Zahl von NS-Tätern gelungen, sich einer strafrechtlichen Verfolgung zu entziehen – oftmals mit Hilfe hochrangiger Vertreter der katholischen Kirche und des US-amerikanischen Geheimdienstes. Der Journalist Abel Basti (zusammen mit Jan van Helsing Autor des Buches „Hitler überlebte in Argentinien"), behauptete in einem Interview mit dem russischen Nachrichtenportal Sputnik News, dass es *„eine Abmachung mit den USA"* gegeben habe. Laut Basti floh Hitler durch einen Tunnel zum Flughafen Berlin-Tegel (den es zu dieser Zeit allerdings noch nicht gab), dann mit dem Flugzeug nach Spanien, anschließend auf die Kanaren und von dort mit einem U-Boot nach Argentinien. Dort soll er dann mit Unterstützung einiger reicher Familien bis zu seinem Tod 1971 gelebt haben (OE24: *Tod nur „gefakt". Beweisen diese Fotos Hitlers Flucht nach Argentinien?* Abgerufen am 20. Dezember 2021 von https://www.oe24.at/welt/beweisen-diese-fotos-hitlers-flucht-nach-argentinien/259650278). Der „Washington Post" liegt ein Beispiel vor, wo behauptet wurde, Hitlers Aussehen sei von einem plastischen Chirurgen verändert worden, der die Operation auf dem Schiff durchgeführt habe, das Hitler über den Atlantik brachte (Washington Post, Ada Petrova, Peter Watson (1995): *The Death of Hitler: The Full Story with New Evidence from Secret Russian Archives*. Abgerufen am 2. Dezember 2021 von https://www.washingtonpost.com/wp-srv/style/longterm/books/chap1/deathofhitler.htm). Diese Behauptung sollte durch reale Kontakte Hitlers nach Argentinien bewiesen werden: Walter und Ida Eichhorn, die Betreiber des Luxushotels „Eden" in der argentinischen Kleinstadt La Falda (Provinz Córdoba), kannten Hitler seit 1925 persönlich und unterstützten ihn finanziell. Als Hitler deutscher Reichskanzler war, besuchte ihn das Ehepaar Eichhorn in Berlin. In einem „Dokumentarfilm" gezeigte Fotos der Eichhorns mit Hitler beim Kaffeetrinken sollten seinen Aufenthalt in Argentinien beweisen. Der Film entstand 1995 im Auftrag von ZDF/3sat und MDR - Buch und Regie Cuini Amelio-Ortiz. (*Hotel Eden - Ein deutsches Nazi-Hotel in Argentinien* (Dokumentarfilm, 1995). Abgerufen am 2. Dezember 2021 von https://www.youtube.com/watch?v=16vVXSzwUdM). Die Fotos sind jedoch im Wintergarten der Alten Reichskanzlei in Berlin lange vor dem Zweiten Weltkrieg aufgenommen worden.

Aufwändiger und gefährlicher wird die Geschichtsfälschung, wenn Verschwörungstheoretiker (*„Wir konnten nachweisen, dass Hitler nicht im Bunker gestorben ist"; „Am 30.04.1945 wurde (...) der letzte Akt einer (...) Verschwörung inszeniert, welcher (...) auch die historische Forschung auf den Leim gegangen ist."*) ihre Thesen in Büchern mit zahlreichen Fußnoten und Quellenangaben publizieren. Sie erwecken so den Anschein, eine wissenschaftlich fundierte Arbeit vorzulegen, um damit *„Die Wahrheit hinter der ‚Wahrheit'"* für sich zu beanspruchen (Alfred H. Mühlhäuser (Hrsg.) (2017): *Die Bunkerverschwörung: Wiederaufnahme eines nur scheinbar gelösten Falles politicher* [sic!] *Kriminalität.* Informationswerkstatt der Forschungsakademie Pro Agnitio; dgl. *Der ungeklärte Todesfall Hitler: Die Totgesagten leben länger;* dgl. *Hitlerfluchtberichte: Kritisch-analytische Betrachtung von sieben, an eine CIA-Methode angelehnten Fluchtdrehbüchern;* dgl. *Zwanzig Tote aus dem Führerbunker?*). Grundlage der im Jahre 2017 und 2019 erschienenen Bücher mit Verschwörungstheorien der „Forschungsakademie Pro Agnitio", beziehungsweise der „SOKO Bunkerkabale" und ihres Herausgebers Alfred H. Mühlhäuser, sind die tatsächlich vorhandenen Widersprüche, Falschaussagen und Erinnerungslücken der Zeitzeugen um Hitlers Tod und das Verwirrspiel der Sowjets. Die Bücher wurden via Books on Demand produziert, sind also niemals von einem seriösen Verlag verlegt worden. Dennoch findet der Autor, der keinerlei öffentliche Reputation besitzt, offenbar seine Leser. Es verwundert nicht, dass weder die „Forschungsakademie" noch ihr Herausgeber real greifbar sind und Nachfragen nicht beantwortet werden.

Die Verbreiter solcher Theorien verschaffen Hitler bis heute ein halbmythisches Nachleben. Indem sie versuchen, krude Fantasien zu nähren und einen Mythos zu schaffen, befriedigen sie die Sensationsgier vieler Käufer – und ihre eigene Geldgier. Denn Hitler verkauft sich immer noch gut. Aufgrund der detailreichen und scheinbar wasserdichten Argumentation der „Forschungsakademie" erscheint es notwendig, deren Hauptargumente einer Plausibilitätsprüfung zu unterziehen und sie ebenso detailliert zu widerlegen.

Die „Doppelgänger"-Theorien

Etliche Thesen vom Überleben und der Flucht Hitlers basieren auf der Existenz eines Doppelgängers. Als vermeintliche Doppelgänger gingen dabei schon Männer durch, die nur denselben Schnurrbart trugen wie Hitler (Alfred H. Mühlhäuser (Hrsg.) (2019): *Zwanzig Tote aus dem Führerbunker?* S. 8). Ein solcher Doppelgänger soll Hitler die Flucht ermöglicht haben, bevor er als gefährlicher Mitwisser ermordet wurde. Selbstverständlich wird diese Behauptung durch keinerlei Quellen belegt. Ebenso wenig belegt ist die Behauptung, Hitler habe sich offiziell *„Doppelgänger (...) vorführen lassen"*. So sei sogar beim Stauffenberg-Attentat am 20. Juli 1944 nicht Hitler, sondern sein Doppelgänger verletzt worden (Mühlhäuser (2017): *Der ungeklärte Todesfall Hitler,* S. 23, S. 55, S. 112, S. 151).

Oder es wird fabuliert, Hitler sei *„bereits wenige Wochen nach dem Stauffenbergattentat vom 20.07.1944* [geflohen] *und steuere aus dem Ausland einen Platzhalter (Doppelgänger), der am 30.04.1945 freiwillig aus dem Leben schied oder ermordet wurde"*. Wie führte Hitler das Reich und die Wehrmacht in dieser Zeit? Ganz einfach: *„Mittels eines monatlich erscheinenden Instrukteurs werde er die wichtigsten Entscheidungen dem Doppelgänger im Beisein Bormanns* [Hitlers Sekretär Martin Bormann] *überbringen und erläutern lassen"* (Mühlhäuser (2017): *Hitlerfluchtberichte,* S. 11, S. 18, S. 25f). Nur einmal im Monat greift Hitler also aus der Ferne in das Kriegsgeschehen ein? Dann wieder soll Hitler am 27. März 1945 an der letzten *„Führertagung"* im *„Führerhauptquartier Burg"* im Jonastal bei Arnstadt teilgenommen haben. Zur Täuschung habe er an diesem Tag angeblich seinen Doppelgänger einen Frontbesuch an der Ostfront machen lassen (vgl. Mühlhäuser (2017): *Hitlerfluchtberichte*, S. 11, S. 18, S. 25f). Dazu ist anzumerken, dass das im Bau befindliche Führerhauptquartier in Thüringen weder fertiggestellt worden ist noch einen Decknamen gehabt hat. Die *„Führertagung"* ist ebenfalls frei erfunden. Zudem hat Hitler die Ostfront nicht am 27. März, sondern bereits am 3. März 1945 besucht (Sandner (2020): 2324-2328).

Ein anderes Szenario lässt Hitler bereits am 22. April 1945 aus dem Führerbunker fliehen. Obwohl es selbstverständlich auch dafür keine Zeugen gibt, steht für die Autoren fest, wie Hitler sich äußerlich verändert hat, um unerkannt zu bleiben: *„Haare kurzgeschnitten und blond gefärbt, Bart abrasiert, statt einer Brille eine Augenklappe auf dem linken Auge, bekleidet mit einer unauffälligen Militärhose und Jacke, einem einfachen grauen Militärmantel, wie ihn Mannschaftsdienstgrade trugen, alles ohne Rangabzeichen, mit hochgeschlagenem Kragen und mit einer Feldmütze auf dem Kopf, den linken Arm in einer Schlinge, eine Verwundung vortäuschend"* (Mühlhäuser (2017): *Hitlerfluchtberichte, S. 79)*. Und nachdem er angeblich mit dem Flugzeug in Hörsching bei Linz gelandet war, gibt es angeblich einen Augenzeugen: *„Dort wurde Hitler von einem Piloten aus der Ferne* [sic!] *erkannt"* (Mühlhäuser (2017): *Hitlerfluchtberichte,* S. 79).

Dann wieder sollen sich der Doppelgänger und das weibliche Pendant von Eva Braun am 29. und 30. April 1945 im Führerbunker aufgehalten und in einem Geheimversteck verborgen haben, bis „*die beiden in halbschlafähnlichem Zustand gehaltenen Doubles auf das Sofa gesetzt werden*", wo beide *„vereinbarungsgemäß freiwillig Suizid begehen"* oder *„nachgeholfen"* worden sei (Mühlhäuser (2017): *Die Bunkerverschwörung vom 30.04.1945*, S. 116). Das alles ist selbstverständlich hanebüchener Unsinn. Hitler hat nie einen Doppelgänger gehabt (Persönliche Auskunft von Rochus Misch vom 21. März 2012). Der Einzige, der ihm entfernt ähnlich sah, war sein Fahrer und Leibwächter Julius Schreck, der jedoch bereits 1936 starb. Aber auch Schreck ist nie als Doppelgänger eingesetzt worden. Josef Stalin hat dagegen bis zu vier Doppelgänger (Russia Beyond, Jekaterina Sinelschtschikow (4. Februar 2021): *Felix Dadajew: Was geschah mit Stalins Doppelgänger?* Abgerufen am 22. Dezember 2021 von https://de.rbth.com/geschichte/84489-felix-dadajew-stalins-doppelgaenger).

Warum überhaupt ein Doppelgänger? Doppelgänger können helfen, Zeit zu sparen und sich vor Gefahren, beispielsweise vor einem befürchteten Attentat, zu schützen. Hitler ging allerdings zeitlebens davon aus, dass ihm nichts passieren werde, da die „Vorsehung" ihn seine Aufgaben erfüllen lasse. Auch deswegen begab er sich im Laufe seines Lebens, oft völlig unnötigerweise, in Gefahr für Leib und Leben. Stalin dagegen vermied im Gegensatz zu Hitler Frontbesuche und ließ sogar in seiner Datscha Vorhänge kürzen, damit sich niemand dahinter verstecken konnte. Seine Umgebung bezeichnete ihn deshalb insgeheim als *„Трус" („Feigling")*. Für Hitler, der erwiesenermaßen furchtlos gewesen ist, gilt, was der US-amerikanische Jurist und Marineoffizier Michael A. Musmanno, der sich intensiv mit dem Tod Hitlers beschäftigt hat, so zusammenfasst: *„Es ist undenkbar, dass Hitler mit seinem Selbstbewusstsein der Überlegenheit über jeden anderen Menschen auch nur oberflächlich ein künstliches Duplikat seiner selbst zugelassen hätte"* (Musmanno, Michael A. (1950): *Ten days to die. Garden City,* NY: Doubleday, S. 236).

Warum eine Flucht?

Warum wollte Hitler überhaupt überleben? Die Verschwörungstheoretiker liefern auch dazu die passende Antwort. Sein Tod sei von ihm nur inszeniert worden, *„um später wieder auf*[zu]*tauchen und in die alten Rechte und Positionen einzutreten"* zu können – ähnlich Napoleon I. nach seiner Rückkehr aus Elba. Hitler soll demnach *„nach seiner Flucht aus Deutschland und aus Europa versteckt, vermutlich in Südamerika, militärische und politische Vorbereitungen treffend, auf eine Chance wartend, Revanche zu nehmen an seinen alliierten Gegnern (...)"* gelebt haben (Mühlhäuser (2017): *Hitlerfluchtberichte*, S 7). Er habe Karl Dönitz zwar zum Staatspräsidenten und Oberbefehlshaber der Wehrmacht ernannt, doch die Position des *„Führers* [der NSDAP, des Reiches und des Volkes]*"* ließ er absichtlich unbesetzt, da er diese Ämter *„für sich selbst quasi reserviert"* halten wollte (Mühlhäuser (2017): *Der ungeklärte Todesfall Hitler*, S. 118f; Mühlhäuser (2017): *Die Bunkerverschwörung vom 30.04.1945*, S. 185). *Aus diesem Grund habe Hitler „testamentarisch auch nicht die Position des ‚Führers' irgendjemanden vererbt"* (Mühlhäuser (2017): *Die Bunkerverschwörung vom 30.04.1945*, S. 26).

Auch aus diesen Fantasien spricht die völlige Unkenntnis der Autoren über die staatsrechtlichen Fakten. „Der Führer" im damaligen und heutigen Sinne war das Staatsoberhaupt des Deutschen Reiches (ab 26. Juni 1943 offiziell „Großdeutsches Reich"), und zwar als Diktator und Parteiführer (Erster Vorsitzender) der NSDAP. In seinem politischen Testament vom 29. April 1945 ernannte Hitler Großadmiral Karl Dönitz zu seinem Nachfolger in den Ämtern des Reichspräsidenten (Staatsoberhaupt) und Oberbefehlshaber der Wehrmacht. Das von Hitler 1934 vereinigte Amt des Reichspräsidenten und des Reichskanzlers trennte er in diesem Testament wieder durch die Ernennung des Reichsministers für Volksaufklärung und Propaganda Joseph Goebbels zum Reichskanzler. Zum Parteiminister der NSDAP wurde sein Sekretär Martin Bormann ernannt. Somit wurden alle wesentlichen Ämter Hitlers (Reichspräsident, Reichskanzler, Vorsitzender der NSDAP) von Hitler selbst auf die Personen Dönitz, Goebbels und Bormann verteilt. Es blieb kein einziges Amt übrig, das er *„für sich selbst quasi reserviert"* (Mühlhäuser (2017): *Der ungeklärte Todesfall Hitler*, S. 118f). halten oder gar hätte „vererben" können. Nach Goebbels' Tod wurde in der geschäftsführenden Reichsregierung unter Dönitz Johann Ludwig Graf Schwerin von Krosigk „Leitender Reichsminister" (DER SPIEGEL 30. April 2012, Peter Maxwill: *Hitlers Nachfolger: Reichsregierung ohne Reich*). Damit war von Krosigk de facto Goebbels' Nachfolger als Reichskanzler.

Als Motiv für Hitlers angebliches Untertauchen wird auch die *„Strafvermeidung des Haupttäters durch Flucht (zum Suizid an unbekanntem Ort oder zum Überleben und Untertauchen). (...) Die Flucht vor der Rache der Alliierten und möglicherweise sogar die Vorbereitung einer Wiederkehr auf die politische Bühne"* angeführt (Mühlhäuser (2017): *Die Bunkerverschwörung vom 30.04.1945*, S. 14). Hitler *„tötete sich außerhalb von Berlin und ließ seine Leiche von Begleitern anonym bestatten, um zu vermeiden, dass diese als Trophäe von den Russen nach Moskau gebracht"* werden konnte (Mühlhäuser (2017): *Hitlerfluchtberichte*, S 7). Es wird also tatsächlich behauptet, Hitler habe die aufwändig inszenierte Verschwörung nur deshalb durchführen lassen, um dann relativ zeitnah an einem anderen Ort außerhalb Berlins Suizid zu begehen. Oder wollte er überleben, um doch wieder auf die politische Bühne zurückzuführen? Dazu hatte er jedoch keinerlei Macht mehr. Die Wehrmacht war besiegt; die höheren Offiziere, Gauleiter und sonstigen Führungskräfte tot oder verhaftet. Davon abgesehen, dass Hitler bei einem Auftauchen sofort als Kriegsverbrecher festgenommen, verurteilt und hingerichtet worden wäre. Da hätten ihm auch die *„neuartigen Waffen"* (Mühlhäuser (2017): *Die Bunkerverschwörung vom 30.04.1945*, S. 67) nichts mehr genutzt, da er keine Armee mehr hatte.

Die Vermutung, Hitler habe durch unentdeckte Tunnel unter dem Führerbunker entkommen können (Mühlhäuser (2017): *Die Bunkerverschwörung vom 30.04.1945*, S. 21ff), wird alleine schon dadurch ad absurdum geführt, dass der Bunker – außer bei Luftangriffen – nie für einen Aufenthalt angelegt worden ist. Als 1936 der spätere Führerbunker als Luftschutzbunker vollendet wurde, ging Hitler noch davon aus, den zukünftigen Krieg zu gewinnen, und plante nicht für den Fall, dass die sowjetischen Truppen einmal bis ins Regierungsviertel in Berlin-Mitte vordringen könnten. Als Festung, die gegen feindliche Soldaten verteidigt werden kann, ist der Bunker nie konzipiert worden. Nirgendwo gab es vorbereitete Gefechtsstände oder ähnliche Vorkehrungen.

Trotz aller eindeutigen Fakten und sachlichen Argumente ist die Verschwörungstheorie um Hitlers Flucht dennoch immer wieder oder immer noch virulent. Es handelt sich um eine – vorwiegend von Rechtsradikalen – propagierte Legende, die die Realität einfach ausblendet. Mit viel Mühe versuchen Autoren wie Mühlhäuser, einen Beweis für Hitlers Überleben vorzulegen. Das Motiv ist offensichtlich: Wäre es wirklich so gewesen, hätte das Großdeutsche Reich zwar den Zweiten Weltkrieg verloren, aber der „Führer" am Ende doch allen ein Schnippchen geschlagen und über seine Feinde triumphiert. Wer aber an eine geglückte Flucht Hitlers glaubt, lässt den wichtigsten Zeugen dafür, dass dem nicht so war, außer Acht: Hitler selbst. Er hätte fliehen können, wollte es aber nie. Aber er wollte auch nicht in Gefangenschaft geraten, fürchtete er doch, er werde in Moskau zur Schau gestellt: *„Ich will nicht, dass mein Körper in einem Panoptikum gezeigt wird"* (Winogradow, Pogonitz (2000): 204). Ohne Kenntnis nes zukünftigen Schicksals äußerte er am 8. Dezember 1932 in Berlin: *„Wenn die rtei einmal zerfällt, mache ich in drei Minuten mit der Pistole Schluss"* (Goebbels 934): 220). Noch am 23. April 1945 bestätigte er: *„Ich würde es (...) für tausendmal iger halten, am Obersalzberg* [seinem Wohnsitz bei Berchtesgaden] *einen Selbstmord u begehen, als hier* [in Berlin] *zu stehen und zu fallen"* (Maser (1974): 521). Und weiter: *„Auch wenn ich mich retten könnte, so tue ich dies nicht"* (Maser (1974): 522). Hitler hat seinen Untergang mit dem des deutschen Volkes verknüpft und planmäßig inszeniert (vgl. Sandner, Harald (2018): *Hitler: Das letzte Jahr.* Berlin: Berlin Story Verlag). Dazu der britische Historiker Ian Kershaw in einem Interview:

„DER SPIEGEL: *Sie haben Hitler als einen vom Todeswunsch beherrschten Mann beschrieben. Zeitzeugen wie Generalfeldmarschall Albert von Kesselring hingegen gewannen den Eindruck, dass er, von der Idee irgendeiner Rettungsmöglichkeit geradezu besessen war, dass er sich daran klammerte wie ein Ertrinkender an einen Strohhalm'.*

Kershaw: *Das ist kein Widerspruch. Hitler schwankte zwischen extremen Gefühlen, was unter den gegebenen Umständen nicht überrascht. Sobald es auch nur leichte Geländegewinne gab, glaubte er sofort, dass vielleicht doch noch ein Triumph möglich sei. Selbst irreale Hoffnungszeichen weckten immer wieder seine Lebensgeister. Aber im Innersten wusste er natürlich, dass der Krieg verloren war. Und dann gab es für ihn nur eine Möglichkeit: Suizid.*

DER SPIEGEL: *Umgebracht hat er sich erst, als die Russen vor dem Bunker standen. Hielt ihn Angst davon ab, früher zu handeln?*

Kershaw: *Um als großer nationaler Held in die Geschichte einzugehen, wollte er den Mythos, er hätte bis zum letzten Schuss gekämpft. Den Preis dafür zahlten andere"* (DER SPIEGEL 35/2004: *Ein Volksaufstand war unmöglich*, S. 71).

Hitlers Flucht oder auch nur ein Fluchtversuch – ob gelungen oder nicht – hätte seiner gesamten Persönlichkeit diametral widersprochen und seinem Image als furchtlosen Führer erheblich geschadet. Seine Inszenierung des Untergangs und des Kampfes bis zur letzten Patrone wäre als Farce entlarvt, als absolut unglaubwürdig offenbart worden. Wer an ein Überleben und an eine Flucht Hitlers glaubt, hat weder vom Totenkult des Nationalsozialismus noch von der Person und Psyche Hitlers eine Ahnung.

Hitlers Pläne für seine Grabstätte

Wichtig erscheinen angesichts der gängigen Verschwörungstheorien die Pläne, die Hitler schon früh für den Fall seines Todes hatte und die in engem Zusammenhang mit dem Todeskult der Nationalsozialisten stehen. Dazu ein Blick auf seine ursprünglich vorgesehenen Grabstätten. Über diese Grabstätten, die sich Hitler gewünscht und deren Planung er in Auftrag gegeben hat, werden bis heute die fantastischsten Dinge verbreitet, obwohl die tatsächlichen Pläne dazu bereits 1981 publiziert worden sind (Rasp (1981): 170-172). So wurde beispielsweise 2019 im Nachrichtenportal t-online behauptet:

> *„Große Pläne hatte er für sein Grabmal gehabt. Wenn er einst das Zeitliche segnen würde, wollte Adolf Hitler in einer gigantischen Halle in Linz bestattet werden (...). 355 Meter hoch und 1.500 Meter lang sollte die ‚Führergruft' sein und genau in der Mitte der Sarg aus Gold, verziert mit funkelnden Edelsteinen aus dem Uralgebirge"* (T-online.de, Angelika Franz (30. September 2019): *Toter Diktator: Als Hitlers Leiche fast ein Dutzend Mal begraben wurde.* Abgerufen am 24. Dezember 2021 von https://www.t-online.de/nachrichten/wissen/geschichte/id_86512332/toter-diktator-adolf-hitler-die-kuriose-odysee-seines-leichnams-.html).

Ein Grabmal mehr als doppelt so hoch wie die Cheops-Pyramide und sechseinhalb Mal so breit, oder fünfzehneinhalb Mal breiter als das Taj Mahal? Die Quelle dieser falschen Darstellung ist schnell ausgemacht, ein 2005 erschienenes Buch der russischen Autorin Alisa Argunova:

> *„Er wünschte, in Linz beerdigt zu werden, in einer Gruft im Gebäude der NS-Parteileitung, und die Gruft sollte eine Höhe von 355 Metern und eine Länge von 1.500 Metern haben. In ihrem Zentrum sollte ein goldener Sarg stehen, verziert mit Edelsteinen aus dem Ural"* (Alisa Argunova (17. Mai 2005): *Die acht Bestattungen Hitlers: Russische Dokumente und Berichte.* Abgerufen am 29. November 2021 von https://www.zukunft-braucht-erinnerung.de/die-acht-bestattungen-hitlers/).

Die ursprüngliche Quelle ist jedoch der russische Professor für Militärgeschichte Lew Alexandrowitsch Besymenski. Sie wird noch einmal 2021 aufgegriffen, als eine russische TV-Produktion unter dem Titel „Geheimnisse der Menschheit" eine Dokumentation drehen will (Schriftliche Anfrage an den Autor vom 21. November 2021).

Der US-Marineoffizier und Autor Michael A. Musmanno spekuliert dagegen: *„Es sollte eine monumentale Pyramide werden, die von den Spitzen der Alpen aus zu erblicken wäre"* (Musmanno (2004): 252). Der Historiker Joachim C. Fest verlegt die Begräbnisstätte ebenfalls nach Linz:

„Seine Begräbnisstätte hatte er in einer gewaltigen Krypta im Glockenturm des geplanten Riesenbaues über dem Donauufer bei Linz gesehen" (Fest (1973: 1023). Diese ebenfalls falsche Aussage ist auf Albert Speer zurückzuführen (Fest (1973): 1152). Speer behauptete auch, Hitler wollte *„in einem der Türme der Linzer Parteianlage"* bestattet werden (Rasp (1981): 169ff). Fest verbreitete diese falsche Behauptung noch 2002, als er schrieb, Hitlers Sarg sollte *„in gebieterische Höhe auf dem Dach des Glockenturms des neugestalteten Donauufers in Linz"* aufgestellt werden (Fest/Eichinger (2002): 145). Die Krypta reicht schon nicht mehr, der tote Hitler soll in 160 Metern Höhe über seine Volksgenossen *„gebieten"*.

Doch Hitler wollte nie in Linz bestattet werden, obwohl er dort im (umzubauenden) Schloss auf einer Anhöhe über der Altstadt seinen Altersruhesitz plante. Die Aussage Hitlers gegenüber seinem Architekten Hermann Giesler bezüglich der geplanten Donauufer-Bebauung in Linz, speziell dem Turm am linken Stromufer im Stadtteil Urfahr war eindeutig: *„Im Turm, auf der Sockelhöhe beginnend, sehen Sie einen gewölbten Raum vor. (...) Dieses Gewölbe wird die Grabstätte meiner Eltern"* (Giesler (1974): 216 und 498).

Am 7. September 1932 betonte Hitler in einer Rede im Zirkus Krone in München: *„In meinem Testament wird einmal stehen, dass man auf meinen Grabstein nichts anderes schreibt als ‚Adolf Hitler'. Meinen Titel schaffe ich mir in meinem Namen"* (Domarus (1973): 135). In seinem privaten, am 2. Mai 1938 in Berlin handschriftlich verfassten Testament bestimmte Hitler erstmals bezüglich seiner Begräbnisstätte Konkretes:

„Mein Testament
Für den Fall meines Todes verfüge ich:
Mein Leichnam kommt nach München wird dort in der Feldherrnhalle aufgebahrt und im rechten Tempel der ewigen Wache beigesetzt. (Also der Tempel neben dem Führerbau) Mein Sarg hat dem der übrigen zu gleichen" (NS-Archiv, Dokumente zum Nationalsozialismus: Adolf Hitler: Privates Testament 1938. Abgerufen am 24. Dezember 2021 von https://www.ns-archiv.de/personen/hitler/testament/testament-1938.php).

Hitler sprach hier von der Feldherrnhalle am Odeonsplatz in München und vom nördlichen Ehrentempel der Gefallenen des Hitlerputsches vom 9. November 1923 am Königsplatz. Dieses klassizistische Ensemble wurde in der NS-Zeit zu einem zentralen Kultort und Forum der NSDAP in München, der „Hauptstadt der Bewegung", umgebaut. In diesem Stadtgebiet, der Maxvorstadt, waren die obersten Dienststellen der Partei konzentriert, ganz in der Nähe der klassizistischen Prachtbauten König Ludwig I. von Bayern.

Abb. 2 München, Königsplatz: Links der Führerbau mit Hitlers Arbeitszimmer, rechts das Braune Haus (Parteizentrale der NSDAP) und dazwischen der nördliche der zwei Ehrentempel für die Gefallenen des Hitlerputsches von 1923. (38)

Allerdings änderte Hitler im Juni 1939, nach der deutschen Besetzung der Tschechoslowakei und seinem 50. Geburtstag, seine Pläne und entwarf ein eigenes Mausoleum. Am 21. Juni 1939 zeichnete er auf dem Obersalzberg eine Skizze zum neuen „Forum der Partei“ in München. Als er nach dem gewonnenen Feldzug gegen Frankreich am 23. Juni 1940 in Paris schweigend den Sarkophag Napoleons I. betrachtete, ging ihm das Thema erneut durch den Kopf. Architekt Hermann Giesler erhielt von ihm noch vor dem Invalidendom in der Rue de Grenelle den Auftrag, Hitlers Grabstätte zu bauen. Den Standort hierfür plante er als Parteiführer der NSDAP in München, der Stadt seines Hauptwohnsitzes (Prinzregentenplatz 16/II). Er sah die Grabstätte jedoch nun nicht mehr im Ehrentempel am Königsplatz, sondern in einem neuen, separaten Bauwerk. Vorbild für sein Mausoleums war das Pantheon in Rom, eines seiner Lieblingsgebäude und größter und vollkommenster Rundbau antik-römischer Baukunst. Hitlers Münchener Grabstätte sollte im räumlichen Zusammenhang mit den bestehenden und neu zu errichtenden NSDAP-Bauten stehen. Der Standort dieser Neubauten, dem „Forum der Partei“, war auf dem Areal der ehemaligen Türkenkaserne vorgesehen. Die Grabstätte selbst hätte im Dreieck zwischen Hitlers Führerbau (500 Meter westlich), seinem

Lieblingsrestaurant „Osteria Bavaria" (heute „Osteria Italiana", 700 Meter nördlich) und der Feldherrnhalle (450 Meter südöstlich) gelegen.

Eine „Halle der Partei", 240 mal 120 Meter groß, sollte auf dem Areal östlich der Alten Pinakothek zwischen der Theresien- und der Gabelsbergerstraße sowie zwischen der Türkenstraße und der Amalienstraße gebaut werden, die Nordfassade an der Theresienstraße. Von ihrer Südfassade sollte die Gabelsberger Straße zu Hitlers Grabstätte überbrückt werden. Hitlers Mausoleum wäre also von der Gabelsberger Straße im Norden, der Türkenstraße im Westen, der Amalienstraße im Osten und im Süden von der (gedachten östlichen Verlängerung) Prinz-Ludwig-Straße und der (gedachten westlichen Verlängerung) Jägerstraße begrenzt gewesen. Vor der Grabstätte, von Süden her gesehen, wäre die ehemalige Freifläche hinter dem Wittelsbacher Palais benötigt worden, das für den Abbruch vorgesehen war (Dülffer/Thies/Henke (1978): 160). Die Freifläche hätte sich damit nach Süden bis zur Brienner Straße erstreckt (Giesler (1974): 31f). Der eigentliche Baukern hätte also von der Brienner Straße aus 100 Meter zurückgesetzt gelegen. Der Vorplatz zwischen Türken- und Finkenstraße (hier erhebt sich das abzubrechende Wittelsbacher Palais) sollte als großzügiger Gartenraum gestaltet und kastellartig mit hohen Pfeilerhallen umschlossen werden (Rasp (1981): 169ff). An der Südfront der Grabstätte, von der Brienner Straße über den Platz gesehen, hätte man auf einen strengen, fünfachsigen, von Pfeilern getragenen Portikus geblickt, den Haupteingang zwischen zwei Nischen für Wachen (Giesler (1974): 31f). Über dem kaum gegliederten Kubus der Halle sollte sich die verhältnismäßig flache Kuppelkalotte erheben (Rasp (1981): 169ff). Der nördlichen Verbindung der Grabstätte zur Halle der Partei wäre die Funktion zugekommen, bei feierlichen Anlässen Fahnen und Standarten, von Süden her kommend, in einer sakralen Zeremonie an Hitlers Sarkophag vorbei über die Brückengalerie in die Partei-Halle zu tragen (Rasp (1981): 169ff).

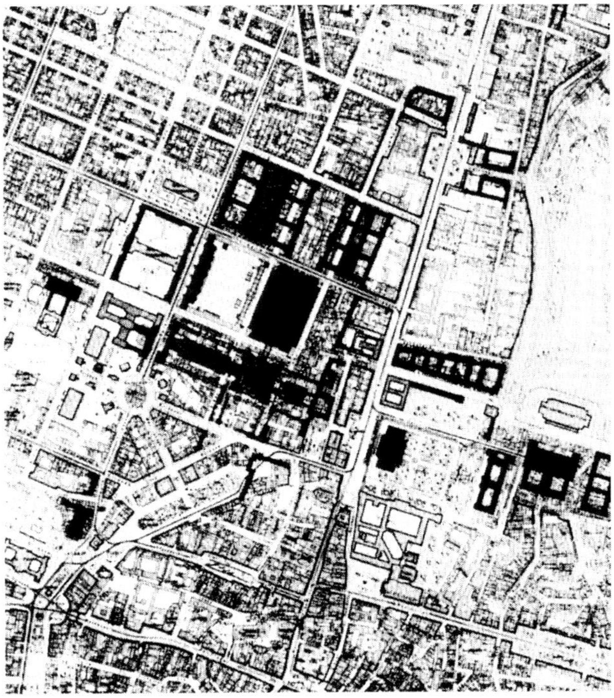

Abb. 3 Stadtplan von München mit den schwarz eingezeichneten geplanten Neubauten. Ganz links der Königsplatz mit dem Führerbau, rechts der Englische Garten mit dem Haus der Deutschen Kunst. Im Zentrum als rechteckiger, schwarzer Block die Halle der Partei, darunter das quadratische Grabmal Hitlers. (7)

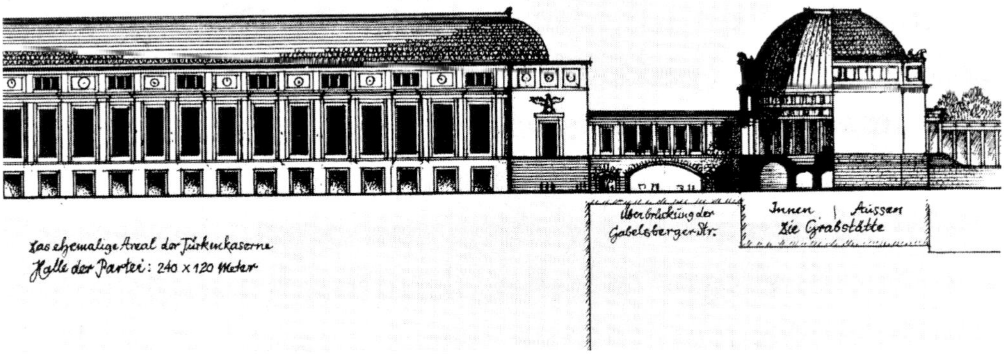

Abb. 4 Zeichnung Prof. Giesler: Die Halle der Partei, die Überbrückung der Gabelsberger Straße und das Grabmal Hitlers (innen und außen). (7)

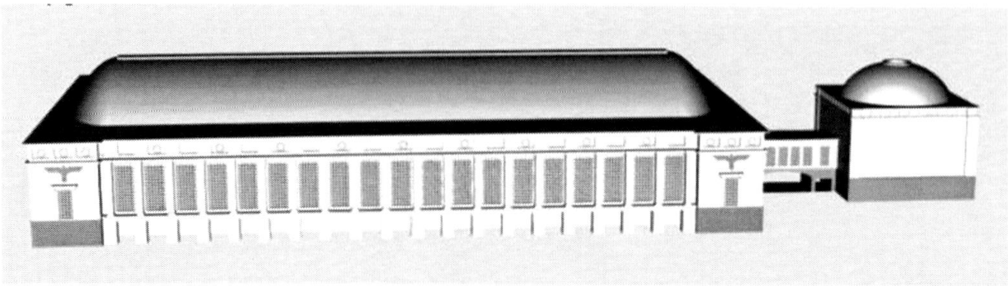

Abb. 5 3D-Modell der Halle der Partei und des Grabmals von Westen. (4)

Die geplante Überbrückung der Gabelsberger Straße zur Grabstätte ist heute dort zu verorten, wo die Sankt Markuskirche (Gabelsberger Straße 6) steht, kurz bevor die Gabelsberger Straße auf den Oskar-von-Miller-Ring trifft (Giesler (1974): 24ff; Bayerisches Hauptstaatsarchiv – Nachlass Adolf Hitler Nr. 47). Die Mitte der Überbrückung hätte an der Verlängerung der östlichen Fassade der Kirche nach Süden gelegen, der Sarkophag Hitlers, von der rechten Ecke der Kirche aus gesehen (wenn man vor ihr steht), exakt 100 Meter südlich gestanden. Heute befindet sich auf dem Areal ein großer silberner Bürokomplex. Der geplante Standort des Sarkophages ist (die Kirche im Rücken) in der linken hinteren Ecke des jetzigen offenen Innenhofes zu verorten.

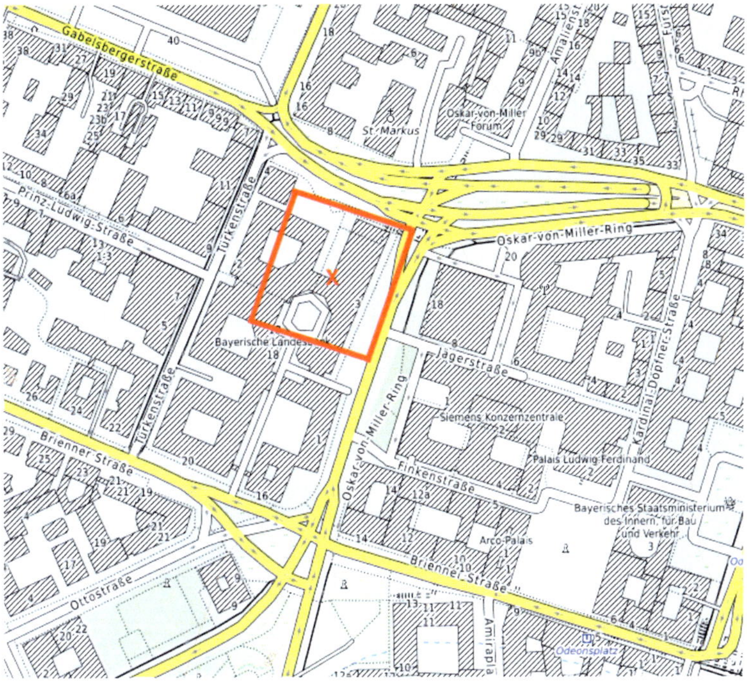

Abb. 6 Heutige Verortung des Grabmals auf dem Areal der Bayerischen Landesbank. Oben die Gabelsberger Straße und der Oskar-von-Miller-Ring, unten die Brienner Straße. Das Kreuz markiert den geplanten Standort von Hitlers Sarkophag. (Openstreetmap, Database Contents License (DbCL) 1.0)

Die geplante Grabstätte selbst war als monolithischer, quadratischer Block geplant. Einfache Durchgänge, schräg in die Seitenwände geschnitten, sollten in den Innenraum führen. Dieser hätte den Proportionen des römischen Pantheons entsprochen, wäre aber mit 40 Metern Raumdurchmesser und in der Höhe bewusst unter dessen Maßen geblieben. Der Raum sollte Zugänge an der Ost- und der Westseite besitzen und im Süden (Brienner Straße) ein betontes Hauptportal. In dieser Achse hätte sich nach Norden die weite und hohe Verbindung über die Brückengalerie zur „Halle der Partei“ fortgesetzt und so ein einheitliches Ensemble gebildet. Absolute Einfachheit und das Fehlen von Prunk sind das Hauptmerkmal des von Giesler entworfenen Gebäudes. Ein einfaches Stufengesims unterteilt die Raumhöhe genau in der Mitte. Die Kuppel mit dem Lichtauge hatte einen einen Meter größeren Durchmesser als das Vorbild in Rom. Hitlers Sarkophag sollte unter dem offenen Lichtauge stehen (Giesler (1974): 31f).

All diese Pläne blieben Papier. Aber sie zeigen, was Hitler sich noch 1940 als Begräbnisstätte wünschte.

Hitler ist der potentielle Selbstmörder par excellence. Er hat keine Bindungen außer an sein Ego, und wird dieses ausgelöscht, ist er alle Sorgen, jegliche Verantwortung und Bürde los. Er ist in der privilegierten Situation eines Mannes, der nichts liebt außer sich selbst. Ihm ist das Schicksal von Staaten, Menschen und Gemeinwesen, deren Existenz er aufs Spiel setzt, völlig gleichgültig.

Sebastian Haffner (1907-1999)
deutsch-britischer Buchautor und Journalist, früher Gegner Hitlers
Zitat aus dem Jahre 1939

II Berlin, Reichskanzlei, Führerbunker

Der Tatort

Um den Ort von Hitlers Suizid, den Führerbunker in Berlin, ranken sich noch immer zahlreiche Mythen. Oft wird er mit dem ehemaligen Reichsbahnbunker am Anhalter Bahnhof in Berlin (heute Berlin Story Bunker) verwechselt (Persönliche Auskunft von Wieland Giebel vom 9. September 2021). Hitler stand in sieben (von elf von ihm genutzten) Führerhauptquartieren ein Bunker zur Verfügung, doch der Berliner Bunker war etwas Besonderes, denn ihn hat er tatsächlich und dauerhaft genutzt. Er hat sich hier mindestens 61 Tage aufgehalten. Das war nach den Führerhauptquartieren „Wolfsschanze" in Ostpreußen (786 Tage) und dem Führerhauptquartier „Werwolf" bei Winniza in der Ukraine (105 Tage) der drittlängste Aufenthalt in einem seiner Hauptquartiere und der längste in einem Bunker (Sandner (2020): 2404f). Der Führerbunker in Berlin war größer als die Luftschutzbunker in den anderen Hauptquartieren, mit Ausnahme des riesigen Bunkers in der „Wolfsschanze".

In zahlreichen Publikationen gibt es unterschiedliche Darstellungen des Ortes, an dem Hitler gestorben ist. Für dieses Buch über die Umstände von Hitlers Tod ist daher eine detaillierte Beschreibung des Führerbunkers unerlässlich.

Bereits vor Kriegsbeginn wurde unter dem neuen Festsaal der Alten Reichskanzlei, auf dem Grundstück Wilhelmstraße 77, hinter dem damaligen Auswärtigen Amt in der Wilhelmstraße 76, ein Luftschutzbunker angelegt. In den Jahren 1943/1944 wurde der spätere Führerbunker als Tiefbunker genau westlich an diesen Luftschutzbunker angebaut, der Luftschutzbunker wurde dadurch zum Vorbunker des Führerbunkers. Heute ist diese Lage hinter der Wilhelmstraße 91 beziehungsweise östlich der Gertrud-Kolmar-Straße in Verlängerung der Straße In den Ministergärten zu verorten (Sven Felix Kellerhoff: *„Mythos Führerbunker"*. Berlin Story Verlag 2003; Christoph Neubauer: *„Der Führerbunker - Eine virtuelle Rekonstruktion*. DVD, 3-D-Anmiation, Christoph Neubauer Verlag).

Abb. 7 1947: Der Gartenausgang des Führerbunkers und der Beobachtungsturm kurz vor der Sprengung. Im Hintergrund ein Teil des Auswärtigen Amtes. Rechts die Gartenfront des Speisesaales der Alten Reichskanzlei, unter der der Vorbunker liegt. Das Areal ist von den Trümmern bereits geräumt. (21)

Der Führerbunker besaß eine Bodenplatte von 2,50 Metern Stärke und lag 8,50 Meter unter dem Niveau des Gartens der Reichskanzlei. Die Innenräume hatten eine Höhe von 2,85 Metern, darüber lag eine vier Meter starke Decke aus Stahlbeton und Stahlträgern unter einem Meter Erdreich. Die Innenbreite des Bunkers betrug knapp 20 Meter, die Innenlänge 15,60 Meter. Bei Wandstärken von vier Metern ergab sich ein ungefähres Außenmaß einschließlich des Ausgangs in den Garten von etwa 28 Meter Länge und 23,60 Metern Breite, die Innenwände waren 50 Zentimeter stark. Nach Abzug der Stärke der Innenwände und des Raumes, den Maschinen- und Luftfilteranlagen einnahmen, blieb eine nutzbare Fläche von knapp 250 Quadratmetern. Eine Treppenanlage führte vom alten zum neuen Bunker. Massive, gassichere Stahltüren sicherten die Zugänge ab (Kellerhoff (2015): 94).

Abb. 8 Sommer 1945: Wilhelmplatz, Neue Reichskanzlei mit Ehrenhof, rechts davon die völlig zerstörte Alte Reichskanzlei. Ganz rechts das Auswärtige Amt, im Garten der runde Beobachtungsturm und der Betonwürfel des Gartenausgangs des Führerbunkers (unterhalb des Gewächshauses). (1)

Abb. 9 Sommer 1945: Eine andere Perspektive von Osten. Turm und Gartenausgang sind deutlich sichtbar. (1)

Abb. 10 Sommer 1945: Luftbild aus Richtung Westen. Deutlich sichtbar die weiße Gartenfassade des Speisesaals der Alten Reichskanzlei, davor die sichtbaren Teile des Führerbunkers. Oben der Wilhelmplatz, rechts die Voßstraße. (1)

Abb. 11 Sommer 1945: direkte Luftaufnahme des Wohnhauses von Erich Kempka, Gartenausgang und Beobachtungsturm, rechts der Speisesaal mit angebautem Wintergarten (rechts unten). (1)

Der Führerbunker hatte zwei Eingänge, einen vom Garten der Reichskanzlei durch ein würfelförmiges Eingangsbauwerk über vier Halbetagen hinab und einen zweiten durch den Keller der Alten Reichskanzlei und den unter dem großen Empfangssaal liegenden Vorbunker. Links und rechts des in der Mitte verlaufenden, einmal unterbrochenen Flures (Flur/Wartebereich und Lagevorraum) gingen 14 kleine, meist nicht mehr als knapp 13 Quadratmeter große Räume, ab. Eine Ausnahme bildet der Maschinen- und Lüfterraum. Oberirdisch befanden sich zwei zylindrische Beobachtungstürme, die gleichzeitig der Frischluftzufuhr dienten. Einer davon war bei Kriegsende 1945 noch nicht fertiggestellt (Seidler, Zeigert (2000): 324f).

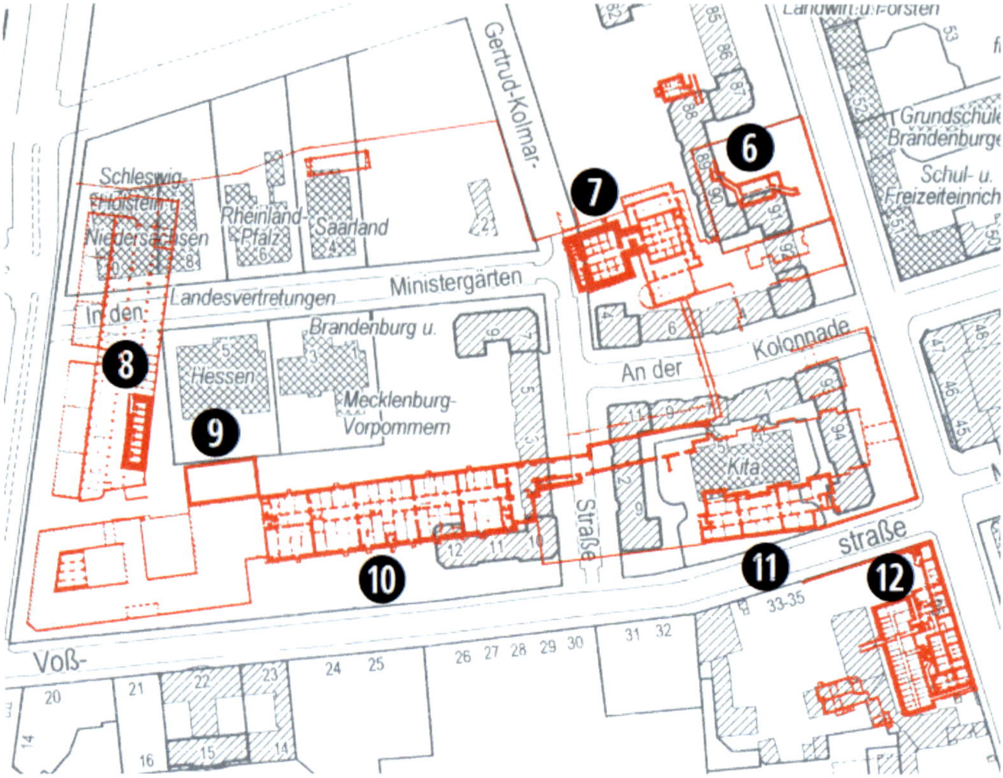

Abb. 12 Kartenausschnitt der heutigen Lage der Bunker im Areal Alte und Neue Reichskanzlei (Voßstraße, Wilhelmstraße). Legende: (6) Bunkeranlagen des Auswärtigen Amtes; (7) Führerbunker und Vorbunker mit dem nach Süden führenden sogenannten Kannenberggang; (8) Fahrerbunker und Tiefgaragen; (9) Terrassenbunker (Wasserwerk); (10) Großer Bunker der Neuen Reichskanzlei; (11) Adjutanten-Bunker; (12) Bunker- und Luftschutzanlagen des Reichsverkehrsministeriums. (5)

Abb. 13 Blick vom Mittelbau der Neuen Reichskanzlei zum Gartenausgang des Führerbunkers, im Vordergrund das Löschwasserbecken. (22)

Abb. 14 Nahaufnahme des Gartenausgangs mit dem unfertigen Beobachtungsturm (links), Metallrohren und einem zerstörten Förderband. (20)

Hitlers endgültiger Umzug aus seiner Wohnung im ersten Obergeschoss der Alten Reichskanzlei in den Führerbunker vollzog sich fließend. Wegen der häufigen Luftangriffe zog er sich immer öfter in den Bunker zurück, ab etwa Februar 1945 wurden nach und nach alle Aktivitäten unter die Erde verlagert, ab Ende Februar schlief er dauerhaft dort (Sandner (2020): 2322). Sein Privatbereich im südlichen Teil des Bunkers war nur durch eine Tür begehbar. Man betrat einen Vorraum, von dem man links zum Schlafraum von Eva Braun und geradeaus in den Wohn- und Arbeitsraum Hitlers gelangte. Dort schloss sich rechts der Schlafraum an. Nach links ging es zu WC, Bad und Eva Brauns Ankleideraum. Zu Hitlers Bereich gehörten noch der Lagevorraum und der eigentliche Lageraum, in dem die täglichen militärischen Besprechungen abgehalten wurden. Hitlers Räumlichkeiten umfassten somit mehr als ein Drittel der Fläche des Bunkers. Die Wände waren teilweise hellgrau gestrichener, teilweise nackter Beton; nur der Eingang vom Garten war mit weißen Fliesen gekachelt (Kellerhoff (2003): 48).

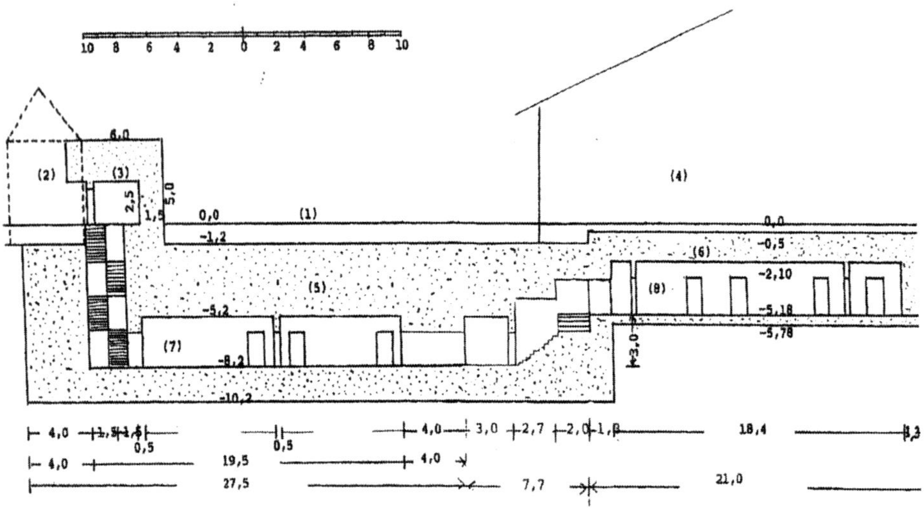

Abb. 15 Querschnitt durch Führer- und Vorbunker von Süden. (19)

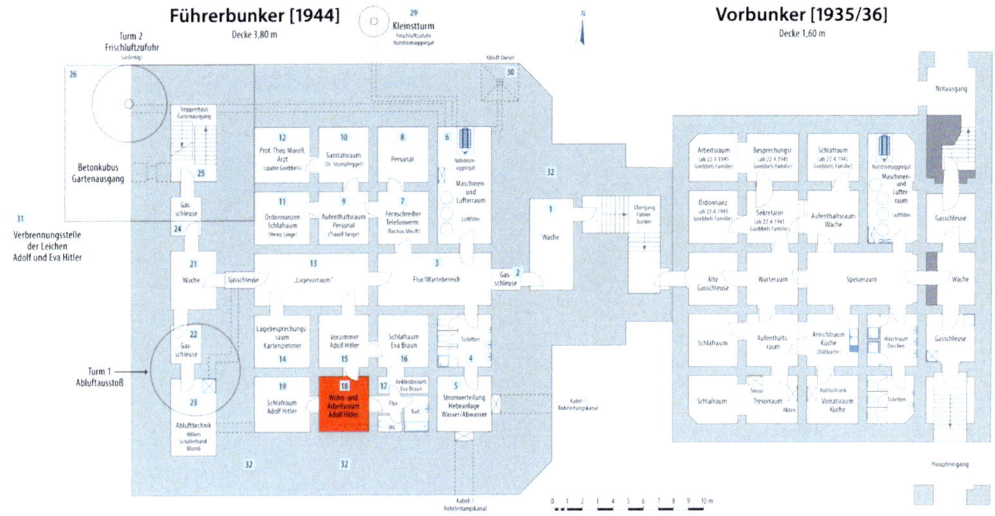

Abb. 16 Grundriss des Führer- und Vorbunkers. Das Ehepaar Hitler tötete sich im Raum 18. Der Transport der Leichen erfolgte durch die Räume 15, 13, die Gaschleuse, 21, 24 und schließlich das Treppenhaus (25). (6)

Das Wohn- und Arbeitszimmer hatte eine Grundfläche von 3,37 mal 3,17 Metern, also 10,68 Quadratmetern. Davon gingen die für die Möbel benötigten Flächen ab (Sofa 1,54 m², Tisch 0,45 m², Radiotisch 0,24 m², Schreibtisch 1,05 m², zwei Stühle 0,98 m², Hocker 0,16 m²). Es verblieb ein Rest von 6,26 Quadratmetern. Rechts neben der Tür zum Vorraum stand der einfache Schreibtisch an der Wand, gegenüber ein zweieinhalbsitziges Sofa mit einem hölzernen Gestell und blauweiß gemustertem Leinenpolster. Davor standen ein rechteckiger niedriger Tisch und zwei Stühle. Die Sekretärinnen Traudl Junge und Christa Schroeder berichteten von *„drei Sesseln"*. Von Sesseln kann aber aufgrund der Enge im Raum keine Rede sein, Fotos belegen Stühle. Das beide von drei und nicht von zwei „Sesseln" sprachen, erklärt sich damit, dass ein zusätzlicher Stuhl ins Zimmer gestellt wurde, wenn die Sekretärinnen mit Hitler Tee tranken. Rechts vom Sofa stand ein kleines Tischchen mit einem Radio. Über dem Schreibtisch hing eine Replik des Porträts Friedrichs des Großen von Anton Graff, über dem Sofa das aus dem 17. Jahrhundert stammenden Bild „Prunkstillleben mit Ausblick in die Landschaft" des holländischen Meisters Jan Davidszoon de Heem, ein Original. Den Steinboden bedeckte ein dicker, weicher gemusterter Teppich (Kellerhoff (2015): 100f; Joachimsthaler (2004): 80). Die weltweit einzige Rekonstruktion des Arbeitszimmers in Originalgröße kann heute im Berlin Story Bunker in Berlin-Kreuzberg besichtigt werden.

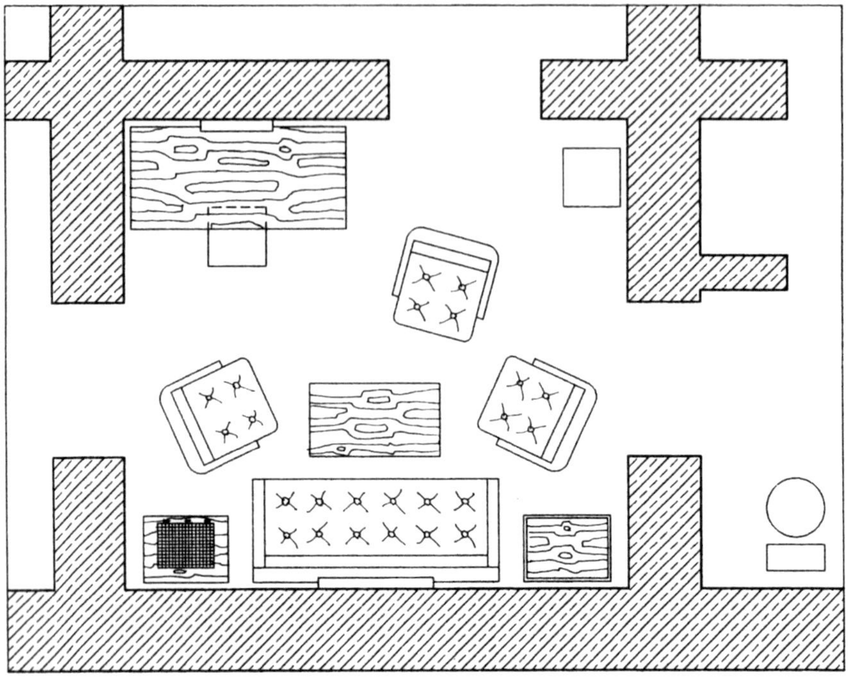

Abb. 17 Grundriss des Arbeits- und Wohnrraum Hitlers im Führerbunker mit Möblierung (siehe Raum Nr. 18 auf Abbildung 16). Links oben der Schreibtisch, unten das Sofa, auf dem die Suizide stattfanden. (20)

Auf dem einfachen Schreibtisch befanden sich eine Bronzelampe, Schreibzeug, ein Telefonapparat, ein Weltatlas und ein Vergrößerungsglas. An der rechten Wand hing der Druck eines Gemäldes von Lucas Cranach. Das Schlafzimmer war ebenfalls mit einem Teppich ausgelegt, hier standen das Bett mit einem Nachttisch, ein Kleiderschrank, ein Teetisch auf Rollen, ein Tresor, Bücherregale und ein Sauerstoffgerät (Besymenski (1982): 82). Die sowjetische Untersuchungskommission zur Klärung der Umstände von Hitlers Tod stellte am 16. Mai 1946 fest: *„Das (...) Sofa ist gepolstert, aus Kiefernholz hergestellt und war mit einem weißen Möbelstoff bezogen, der ein Muster von hell und dunkelblauen Blumen zeigte. Der Sofabezug ist abgeschnitten und hat sich nur am linken Seitenteil, dicht an der Wand zwischen Arbeits- und Schlafzimmer, erhalten. Das Sofa hat eine Länge von 1,94 m, eine Breite (mit der Lehne gemessen) von 79,5 cm und eine Höhe (mit der Lehne gemessen) von 80 cm; die Rückenlehne ist, ab Sitz gemessen 64 cm hoch; die Beine sind 14 cm hoch und 5,5 cm breit“* (Besymenski (1995): 154f). Hitlers Sofa hatte einen hellen Grundstoff mit einem bunten Muster aus

Hirschen, Kosaken und Blumenornamenten wie Tulpen und Veilchen. Auf diesem Sofa erschoss sich Adolf Hitler am 30. April 1945.

Zum Gartenausgang führten vier Treppen mit je neun Stufen. Der Bunker besaß eine kombinierte Belüftungsanlage: Die Versorgung mit Zuluft erfolgte durch den Beobachtungsturm. Der Abluftschacht lag links zwischen der Gartenausgangstür und dem Turm für die Zuluft (linker Turm). Etwa vier bis fünf Meter gegenüber des Gartenausgangs befand sich der Einstieg in die Gartenentwässerung. Dieser Gully war bereits zusammen mit dem Festsaal errichtet worden, um diesen aufgrund des hohen Grundwasserspiegels darüber zu entwässern. Der Führerbunker war an das Abwassersystem angeschlossen (Schriftliche Auskunft von Christoph Neubauer vom 19. März 2022). Noch einmal die detaillierten Messungen der sowjetischen Untersuchungskommission vom 16. Mai 1946:

Abb. 18 Modell des Führerbunkers im ehemaligen Reichsbahnbunker (heute Berlin Story Bunker). Künstlerin: Bühnenbildnerin und Filmarchitektin Monika Bauert. Blickrichtung nach Westen. (6)

Abb. 19 Modell des unfertigen Beobachtungsturms, des Gartenausgang und des (offengelegten) Treppenhauses. (3)

„Der Luftschutzbunker befindet sich im östlichen Teil des Gartens (...). Oberhalb des Eingangs zum Luftschutzbunker von der Gartenseite aus ist eine Abdeckung aus Stahlbeton. Sie hat eine viereckige Form, die Größe der Abdeckung beträgt 8 Meter 93 Zentimeter, 7 Meter 37 Zentimeter mal 4 Meter. Unmittelbar an den Eingang aus dem Garten, an der westlichen Seite, stößt der nicht fertig gebaute, oberirdische Teil einer Lüftungsanlage an; an der gegenüberliegenden Seite befindet sich 5,5 Meter weiter der aus Eisenbeton gebaute, ca. 5 Meter hohe Beobachtungsturm mit drei Scharten, die mit Stahlplatten abgedeckt werden konnten und keine Verbindung mit dem Luftschutzbunker hatten. (...) Die Zarge der aus dem Garten in den Luftschutzbunker führenden Eisentür ist 1,90 Meter hoch und 91,5 cm breit, die Tür fehlt. In den Luftschutzbunker führt eine 1 Meter breite, steinerne Treppe mit 36 Stufen und vier Wendungen. Außerdem befindet sich eine weitere Stufe an der Eingangstür. Insgesamt sind es also 37 Stufen, eine jede 19 cm hoch, was eine Tiefe des Luftschutzbunkers von 7,03 Metern ergibt, die Abdeckung nicht mitgerechnet. Das Treppenhaus ist 2,15 Meter breit" (Besymenski (1995): 152f).

Im Rahmen eines DDR-Wohnungsbauprojektes an der Otto-Grotewohl-Straße (Wilhelmstraße) wurden die unterirdischen Anlagen östlich der Berliner Mauer 1987/88 ausgegraben und bis auf die Bodenplatten und einen Teil der Seitenwände beseitigt.

Abb. 20 August 1988, Berlin (Ost)/DDR: Ausgrabung und Zerstörung des Führerbunkers, am oberen Bildrand die Wilhelmstraße. Deutlich sichtbar der obere Ausgang des Treppenhauses zum Gartenausgangs. Der Betonwürfel ist bereits beseitigt. (14)

Abb. 21 15. April 1988, Berlin (Ost)/DDR: Ehemaliger Treppenschacht an der Nordwestecke des Führerbunkers. Blickrichtung nach Norden über den Treppenschacht am westlichen Rand des Bunkers hinweg. Der mächtige Betonwürfel ist abgetragen. Durch diesen Schacht werden am 30. April 1945 die Leichen Hitlers und seiner Frau aus dem Bunker getragen. Der darunter liegende Raum mit ehemaliger Gasschleuse ist vom Grundwasser überflutet. Im Hintergrund: Baustelleneinrichtung des Ostberliner VEB Tiefbau. (12)

Letzte Bilder

Als Hitler sich im Februar 1945 in den Führerbunker der Reichskanzlei zurückzog, war er physisch und psychisch am Ende. Der jahrelange Konsum von Aufputsch- und Beruhigungsmitteln, seine den Tag zur Nacht machende ungesunde Lebensweise und die fortschreitende Parkinsonerkrankung hatten ihn deutlich und schnell altern lassen. Ein Blick auf die letzten Aufnahmen von Hitler widerlegt die von Verschwörungstheoretiker verbreitete These, er habe *„seinen körperlichen und geistigen Verfall der letzten Wochen und Monate“* nur *„gespielt“* (vgl. Mühlhäuser (2017): *Der ungeklärte Todesfall Hitler*, S. 129).

Die letzten Filmaufnahmen von Hitler werden am 20. März 1945 bei relativ mildem Wetter (zehn Grad Celsius) im Garten der Neuen Reichskanzlei aufgenommen. Anlass ist die Auszeichnung von 20 Hitlerjungen, die am linken Aufgang zur Terrasse vor Hitler Arbeitszimmer angetreten sind. Auf nicht veröffentlichten Ausschnitten sieht man deutlich, dass Hitlers linke Hand massiv zittert. Es werden auch Fotografien von dieser Begegnung angefertigt. Hitler erscheint darauf teils lächelnd, teils geistesabwesend. Er wirkt körperlich wie ein Greis, erschöpft und unkonzentriert. Unter den blutunterlaufenen und glanzlosen Augen sind starke Tränensäcke zu erkennen. Das Gesicht ist aufgedunsen. Aus den Mundwinkeln, die Lippenhaut ist eingerissen, scheint Speichel zu tropfen. Die Hände sind blass, die Fingernägel blutleer. Am Ende des kurzen Auftritts wird noch ein Gruppenfoto angefertigt. Es zeigt Hitler, die Hände auf dem Rücken, ausdruckslos in die Kamera blickend (Sandner, Harald (2018): 411-414). Die beiden letzten Fotografien des lebenden Hitler, auf denen sein Gesicht allerdings nur noch schemenhaft zu erkennen ist, entstehen am 20. oder 21. April und zeigen ihn zusammen mit seinem Chefadjutanten SS-Obergruppenführer Julius Schaub im zerstörten Speisesaal und im Wintergarten der Alten Reichskanzlei.

Abb. 22 Porträtaufnahme des 49jährigen Hitlers 1938. (16)

Abb. 23 20. März 1945, Berlin, Neue Reichskanzlei, Garten: Der 55-jährige Hitler besichtigt angetretene Angehörige der Hitlerjugend; links im Hintergrund Diener Heinz Linge. (28)

Abb. 24 20. März 1945, Berlin, Neue Reichskanzlei, Garten: Letztes Gruppenfoto mit Hitler am Ende seines kurzen Auftritts. V.l.n.r.: Pressesekretär Heinz Lorenz, Reichsjugendführer Artur Axmann, SS-Gruppenführer Hermann Fegelein, SS-Obergruppenführer Julius Schaub, Adolf Hitler, SS-Hauptsturmführer Otto Günsche (halb verdeckt), General der Infanterie Wilhelm Burgdorf, SS-Obersturmbannführer Heinz Linge; rechts hinten das Gewächshaus. (28)

Abb. 25 21. April 1945, Berlin, Alte Reichskanzlei: Hitler und Julius Schaub im zerstörten Speisesaal der Alten Reichskanzlei. Im Hintergrund an der Wand zwei der runden hölzernen Tischplatten. (28)

Abb. 26 21. April 1945, Berlin, Alte Reichskanzlei: Das letzte Foto des lebenden Hitler. Julius Schaub redet auf ihn ein, im Hintergrund die Eingangstür zum Wintergarten. (28)

Die Tatwerkzeuge

Auch über die Art und Weise, wie Hitler Suizid verübte und woran er letztlich gestorben ist, gibt es Kontroversen. Als erwiesen kann gelten: Er wollte schnell und vor allem sicher sterben. Er wusste, dass bei einem Kopfschuss die Verletzung von Art, Geschwindigkeit und Flugrichtung des Projektils abhängt. Und er wusste vom Fall eines der Verschwörer des 20. Juli 1944, Generaloberst a.D. Ludwig Beck. Dieser hatte nach dem gescheiterten Staatsstreich zweimal erfolglos versucht, sich mit einem Kopfschuss das Leben zu nehmen. Kopfschüsse sind nur sicher tödlich, wenn sie die tieferen Hirnstrukturen (Zwischenhirn und Hirnstamm) zerstören. Periphere Hirnschäden können überlebt werden, manchmal bleibt das Opfer sogar bei Bewusstsein (R. S. Martins, M. G. Siqueira (August 2003): *Prognostic factors and treatment of penetrating gunshot wounds to the head.* In: Surgical Neurology, Band 60, Nummer 2, S. 98–104). Bei Schläfenschüssen wird die innere Kapsel des Stammhirns getroffen. Das Geschoss kann nach völligem oder teilweisem Durchdringen des Schädelknochens an der Schläfe unmittelbar unter der Hautdecke stecken bleiben, dort kleinere Gewebezerstörungen verursachen. Das äußere Bild einer solchen Verwundung kann aufgrund der Hämatombildung und der daraus resultierenden Hautverfärbung zu dem Irrtum führen, die Person weise dort eine Austrittsverletzung auf – so geschehen bei verschiedenen Zeugen, die angaben, bei Hitler eine Ausschussverletzung gesehen zu haben. Als Folge der Zertrümmerung der Hirnsubstanz treten augenblickliche Handlungsunfähigkeit und der Tod ein (Joachimsthaler (2004): 248f).

Hitler wählte, um ganz sicher zu gehen, einen kombinierten Suizid, indem er auf eine Blausäureampulle biss und sich unmittelbar gleichzeitig mit einer Pistole in die rechte Schläfe schoss. Über diese Methode hatte er sich zuvor von seinem Leibarzt, SS-Standartenführer Dr. Ludwig Stumpfegger, und/oder seinem Begleitarzt, SS-Obersturmbannführer Dr. Werner Haase, beraten lassen. Der renommierte Rechtsmediziner Prof. Klaus Püschel erklärte 2008: *„Bei Adolf Hitler lag ein kombinierter Selbstmord durch Einnahme von Cyankali und Kopfdurchschuss mittels einer Pistole Kaliber 7,65 vor“* (Völklein (1998): 189; Rechtsmedizin, Ausgabe 3/2008. Prof. Dr. K. Püschel: „Wie starb Adolf Hitler?“). Hitlers Pilot, SS-Gruppenführer Hans Baur, sagte nach seiner Entlassung aus russischer Gefangenschaft aus: *„Bei diesen Moskauer Vernehmungen war mehrfach davon die Rede, dass die Sektion der angeblichen Leiche Hitlers ergeben habe, dass der Schuss nicht aus einer Armeepistole, sondern aus einer 7,65-mm-Pistole abgegeben worden sei. Ferner war davon die Rede, dass sich in dieser Leiche das gleiche Gift wie in der Leiche Eva Brauns* [Eva Hitler] *befunden habe“* (Joachimsthaler (2004): 404). Demnach war den Sowjets also die Art des Suizids im Detail bekannt.

Die Pistole

Hitler besaß zwei Pistolen vom Typ Walther PPK, eine mit Kaliber 7,65 mm (× 17 mm Halbrand) und eine mit Kaliber 6,35 mm. Tatwaffe war die vom Kaliber 7,65 mm. Es handelt sich um eine Selbstladepistole des deutschen Waffenherstellers Carl Walther aus Zella-Mehlis in Thüringen. Die Modellbezeichnung „PPK" steht für Polizeipistole Kriminal. Die Waffe wiegt 590 Gramm und ist 155 Millimeter lang, 99 Millimeter hoch und 30 Millimeter breit. Sie ist als ganzautomatische Waffe so konstruiert, dass sowohl das Sichern und Entsichern als auch das Spannen des Hahnes mit einer Hand ausgeführt werden kann. Die Hülse wird nach dem Schuss nach rechts ausgeworfen (Joachimsthaler (2004): 243). Die Pistole verschießt Stahlvollmantelprojektile, deren Einschusslöcher primär kleiner sind als das Kaliber (Zum Geschossquerschnitt vgl. Völklein (1998): 184). Bei Kopfschüssen mit Patronen vom Kaliber 7,65 mm können sowohl Steck-,als auch Durchschüsse auftreten (Bihl (2000): 94).

Abb. 27 Walther-PPK 7,65-mm mit Ersatzmagazin und Alu-Putzzeugdose. Mit einer Waffe diesen Typs hat sich Hitler erschossen. (32)

Was geschah mit der Tatwaffe? Angeblich trägt sie die Produktionsziffer 803 157 und wurde 1999 zum Rekordpreis von 3,15 Millionen US-Dollar international angeboten. Hinter dieser Offerte steckte jedoch eine Betrugsaffäre: Die Dokumente, die die Echtheit der Pistole beweisen sollten, waren gefälscht und schon Jahre vorher deutschen Archiven untergeschoben worden. Betroffen war auch das Koblenzer Bundesarchiv, eines der renommiertesten Archive der Welt (DER SPIEGEL 5/1999, Georg Bönisch, Mathias Müller von Blumencron (31. Januar 1999): *Trophäen des Sieges*).

Über die echte Tatwaffe gab es zunächst unterschiedliche Aussagen. Erich Kuby behauptet in seinem Buch „Die Russen in Berlin 1945", dass nach Aussage von Hitlers Kammerdiener, SS-Obersturmbannführer Heinz Linge, die zweite Pistole für den Fall einer Ladehemmung der ersten bereit lag (Joachimsthaler (2004): 251). Linge selbst sagte 1956 vor dem Amtsgericht Berchtesgaden aus: *„Bei meiner Rückkehr in den Arbeitsraum waren die beiden Pistolen nicht mehr vorhanden. Ich meine mich zu erinnern, dass ich sie vorher vom Boden aufgehoben und auf den Schreibtisch gelegt hatte"* (Joachimsthaler (2004): 262). Bei einer weiteren Aussage gab Linge an: *„Die beiden mir wohlbekannten Pistolen Hitlers (7,65 mm und 6,35 mm) lagen in unmittelbarer Nähe der Fußspitzen Hitlers, und zwar die Pistole 7,65 mm beim rechten und die Pistole 6,35 mm beim linken Fuß"* (Joachimsthaler (2004): 232). Laut dem britischen Historiker Hugh Trevor-Roper erklärte Linge 1945: *„Eine Pistole, eine Walther 7,65, lag auf dem Boden, wo sie seiner rechten Hand entfallen war. Etwas weniger als einen Meter entfernt lag eine weitere Waffe vom Kaliber 6,35"* (Trevor-Roper (1995): 35f). Spekuliert wurde darüber, warum die zweite Waffe auf dem Boden lag anstatt auf dem Tisch. Für Eva Hitler, geborene Braun, war sie nicht gedacht, sie wollte durch Gift sterben (*„Ich möchte eine schöne Leiche sein, ich nehme Gift."*) (vgl. Heike B. Görtemaker: *Eva Braun. Leben mit Hitler*). Wahrscheinlich hielt Hitler die Ersatzwaffe in der linken Hand, als er sich mit der rechten Hand erschoss, um sie im Fall des Versagens der Hauptwaffe sofort nutzen zu können. Vermutlich fürchtete er, durch das Einsetzen der Wirkung der Blausäureampulle handlungsunfähig zu werden, wenn er die Ersatzwaffe erst vom Tisch nehmen müsste.

Hitlers Fahrer, SS-Obersturmbannführer Erich Kempka, sagte 1945 aus: *„Vor dem Sofa lagen zwei Pistolen, eine 7,65 mm und eine von 6,35 mm Kaliber. Über den Verbleib (...) habe ich keine Wahrnehmungen gemacht"* (Joachimsthaler (2004): 262). Monate später wurde diese Aussage durch den ehemaligen Reichsjugendführer Artur Axmann bestätigt (Trevor-Roper (1995): 35f). Hitlers persönlicher SS-Adjutant, SS-Hauptsturmführer Otto Günsche, gab 1956 vor dem Amtsgericht Berchtesgaden darüber Auskunft, wie er das Arbeitszimmer, in das er nach dem Anzünden der Leichen zurückkehrte, vorfand:

> *„Unmittelbar vor dem Sessel lagen zwei Pistolen, und zwar eine Kaliber 7,65 mm und eine 6,35 mm. Die Pistole 7,65 mm lag vorwärts der rechten Seitenlehne. Die Pistole 6,35 mm lag vorwärts der linken Seitenlehne. Es handelte sich bei beiden Pistolen um Walther-Fabrikate. (...) Ich habe beide Pistolen sogleich entladen und dabei festgestellt, dass aus der 7,65-mm-Pistole ein Schuss abge-*

geben worden war. Es war noch deutlich Pulvergeruch wahrnehmbar. Dagegen war die 6,35-mm-Pistole noch vollständig geladen. Irgendwelche Blutspuren waren an beiden Pistolen nicht vorhanden. Linge und ich haben dann versucht, die Patronenhülse der aus der 7,65-mm-Pistole abgefeuerten Patrone zu finden. Das ist uns nicht gelungen, wir haben aber auch nicht sorgfältig genug gesucht" (Joachimsthaler (2004): 240f).

SS-Oberscharführer Werner Schwiedel sagte 1956 bei gleicher Gelegenheit aus:

„Linge hat mir und meinem Kameraden Heinz Krüger den Auftrag gegeben, den Teppich im Arbeitsraum Hitlers zusammenzurollen und im Garten zu verbrennen. Es war etwa 16:15 Uhr. Krüger und ich haben zugleich den Arbeitsraum Hitlers betreten. Hier bot sich uns beiden folgendes Bild: Das Sofa und die beiden Sessel standen an den gewohnten Stellen, das Sofa an der Wand, die Sessel etwas schräg vorwärts vom Sofa. Der Tisch war etwas vom Sofa abgerückt. Unmittelbar neben der rechten Lehne des Sofas befand sich eine Blutlache von der Ausdehnung etwa eines großen Esstellers. Auch an der rechten Außenseite des Sofas waren Blutspuren vorhanden. Wir haben (...) den Tisch beiseite geschoben. Dabei habe ich eine 7,65-mm-Pistole ‚Walther' auf dem Teppich liegen sehen. Sie lag etwas vorwärts der rechten vorderen Ecke des Sofas. Ich habe diese Pistole aufgehoben und auf den Schreibtisch gelegt. Krüger und ich haben den Teppich hierauf über die Gartentreppe in den Garten verbracht und dort unmittelbar beim Ausgang niedergelegt. (...) Beim Hinausschaffen des Teppichs haben wir die beiden Leichen von Hitler und Eva Braun gesehen. Sie lagen etwas halblinks vor dem Ausgang und brannten. (...) erinnere ich mich bestimmt, dass ich bei der Auffindung der Pistole 7,65 mm auch eine Hülse dieses Kalibers gefunden habe. Die Hülse lag gleichfalls auf dem Teppich, und zwar etwa 1 Meter von der Pistole entfernt. (...) Ich habe die Hülse Krüger gezeigt und dann eingesteckt. Sie ist mir dann nach etwa zwei Jahren in der Gefangenschaft abhanden gekommen" (Bihl (2000): 91f; Joachimsthaler (2004): 242). Schwiedel will die Waffe also aufgehoben haben, obwohl dies schon durch Günsche geschehen war. Das ist ebenso unglaubwürdig wie die Behauptung des Autors Mario Frank, dass noch um 16:30 Uhr *„die Pistolen auf dem roten Teppich"* lagen (Frank (2005): 245).

Günsche, der Hitler viel näher stand als Schwiedel, gab also an, beide Waffen in seine Tasche gesteckt zu haben. Später will er sie (laut den Autoren Henrik Eberle und Matthias Uhl) Artur Axmanns engem Mitarbeiter, Leutnant Otto Hamann, übergeben haben. Ihm händigte er auch die Hundepeitsche Hitlers aus. Hamann wollte angeblich beides als Reliquien für die Hitlerjugend aufbewahren (Eberle/Uhl (2005): 450). Das allerdings kann nicht stimmen, da Hamann nachweislich am 28. April 1945 auf der Wilhelmstraße durch Granatbeschuss schwer verwundet wurde und noch vor Hitlers

Tod an Gasbrand starb (Axmann (1995): 434). Ein anderer Bericht spricht ebenfalls von einem Leutnant als Empfänger der Waffe: *„Aller Wahrscheinlichkeit nach hatte sie* [die Pistole] *damals Adjutant Günsche an sich genommen, entladen und dann einem Mitarbeiter des Hitler-Jugend-Chefs Artur Axmann übergeben, einem Leutnant. Der überlegte kurz, erzählte er später, ob er selbst die Pistole mitsamt Hitlers Hundepeitsche als ‚Heiligtümer für die Hitlerjugend aufbewahren' solle. Doch dann reichte er sie an Axmann weiter"* (DER SPIEGEL 5/1999, Georg Bönisch, Mathias Müller von Blumencron (31. Januar 1999): *Trophäen des Sieges*).

Der Historiker Anton Joachimsthaler schreibt dagegen, dass die beiden Pistolen nach Aussage von Günsche als Erinnerungsstücke von Günter Weltzin, dem Adjutanten Axmanns, mitgenommen worden seien, der später in sowjetischer Gefangenschaft gestorben ist (vgl. Joachimsthaler (2004): 242). Da Axmann zusammen mit seinem Adjutanten aus dem Bunker geflohen ist, kann Günsche die Waffen tatsächlich Günter Weltzin gegeben haben und dieser sie dann seinem Chef Axmann. Der schrieb jedoch in seinen Erinnerungen:

> *„Von Otto Günsche erhielt ich die 7,65-mm-Pistole, mit der sich Hitler erschossen hatte, und auch seine 6,35-mm-Pistole, die er in der letzten Zeit stets in seiner Tasche getragen hatte"* (Axmann (1995): 446). An andere Stelle sagte er 1965 aus: *„Ich besaß zwei Pistolen, die Hitler gehört hatten. Mit der großen (7,65 mm) hatte er sich erschossen. Die kleinere (6,35 mm) hatte er stets in einer Rocktasche getragen. Diese Pistole ließ ich nun bei der Mädelführerin"* (Venghaus (o.J): 74).

Die unbenutzte Walter-PPK 6,35 mm übergab Axmann demnach am Abend des 1. Mai 1945 an die verwundete BDM-Führerin Gisela Hermann, damit sie sich notfalls erschießen könnte. Hermann schob die Waffe unter ihre Matratze – der weitere Verbleib ist unbekannt (Axmann (1995): 449). Die BDM-Führerin lag zu diesem Zeitpunkt in den Gängen vor der unterirdischen Apotheke der Neuen Reichskanzlei (Axmann (1995): 434). Die Tatwaffe nahm Axmann, wie er berichtete, am nächsten Tag auf seiner Flucht mit. Am 1. Mai 1945, zwischen 21:30 und 22:00 Uhr, brach er mit anderen im Führerbunker verbliebenen Insassen auf, um das Areal zu verlassen. Axmann gehörte der dritten Gruppe Fliehender um Staatssekretär Werner Naumann an; mit ihnen wagten auch auch Bormann, Stumpfegger, Weltzin und SS-Hauptsturmführer Günther Schwägermann, der Adjutant von Goebbels, den Ausbruch (Venghaus (o.J): 74).

Die Gruppe nahm *„den Weg über die Straße bis zur Weidendammer Brücke"*. Mit seinem Adjutanten, Hauptbannführer Heinz Boldt, und seinem Melder Armin D. Lehmann bildete Axmann die Spitze. Sie gingen *„in Abständen und auseinandergezogener Reihe (...) dicht an den Häuserfassaden und Ruinen die Wilhelmstraße entlang. Granaten* *detonierten, Maschinengewehre ratterten, Funken stoben und in größerer Entfernung bellten Panzer. Als wir an der Ecke Unter den Linden waren, sahen wir durch die Ruinen hindurch den brennenden Reichstag"* (Venghaus (o.J): 74). Weiter ging es Unter den Linden entlang bis zur Friedrichstraße (Axmann (1995): 449), diese nach Norden bis zum Bahnhof Friedrichstraße. Etwa 300 Meter vor der Ziegelstraße, in Höhe der Friedrichstraße 101, wurde Axmann verwundet. Die Rote Armee hatte am Nordende der Weidendammbrücke eine Straßensperre errichtet. Die Gruppe suchte deshalb zunächst Schutz in einem Bombentrichter in der Nähe der Weidendammbrücke und lief zum Bahnhof Friedrichstraße zurück. Dort kletterten die Flüchtenden auf die Bahngleise und liefen in westliche Richtung zum Lehrter Bahnhof (heute Hauptbahnhof). Laut Axmann war das zwischen 22 und 23 Uhr (O'Donnell/ Bahnsen (1977): 307ff).

Bis zur Invalidenstraße blieb die Gruppe zusammen, dort trennte man sich. Naumann und Schwägermann wandten sich in südwestliche Richtung auf der linken Straßenseite der Invalidenstraße, Weltzin und Axmann gingen auf der rechten Straßenseite in Richtung Alt-Moabit. Als sie vom Kriminalgericht in der Turmstraße 91 her Panzergeräusche hörten, drehten sie um und gingen die Invalidenstraße zurück nach Nordosten, wo sie unter Beschuss gerieten (Axmann (1995): 451f). Wenig später entdeckte Axmann die Leichen Bormanns und Stumpfeggers auf der über die Ferngleise des Lehrter Bahnhofes führenden Brücke (heute Sandkrugbrücke) der Invalidenstraße (Axmann (1995): 451f; O'Donnell, Bahnsen (1977): 289 und 307ff). Hitlers Pistole habe er dann, so berichtete er später einem Vertrauten, unter *„den Schottersteinen eines Gleises nahe dem Lehrter Bahnhof"* deponiert – bevor er einem Trupp Rotarmisten in die Arme lief. Als Axmann Jahre später nach der Waffe suchte, habe er *„die Stelle nicht mehr wiederfinden"* können (DER SPIEGEL 5/1999, Georg Bönisch, Mathias Müller von Blumencron (31. Januar 1999): *Trophäen des Sieges*). In einem Interview 40 Jahre nach den Ereignissen verortete er sie *„unter Steinen am Bahndamm"* (Karl Höffkes, Gescher: Interview mit Artur Axmann vom 29. Mai 1995).

Axmann will die Waffe also erst versteckt haben, als er sich auf der Invalidenstraße nach Nordosten bewegte und ihm klar wurde, dass er in sowjetische Gefangenschaft geraten würde. Die genaue Stelle dürfte als der der Invalidenstraße am nächsten gelegene Gleisabschnitt westlich des Lehrter Bahnhofs zu verorten sein, genau gegenüber der schmalen Seite des südlichsten Gebäudes des damaligen Moabiter Zellengefängnisses (heute Geschichtspark Zellengefängnis Moabit). Die Gleisanlage wurde später abgetragen und neu aufgeschüttet. Der Verbleib der Waffe bleibt somit ungeklärt. Heute steht an der wahrscheinlichen Ablagestelle das Bürogebäude Edge Grand Central Berlin in der Clara-Jaschke-Straße 99.

Das Gift

Gemäß einer Weisung des Direktors des Reichskriminalpolizeiamtes im Reichssicherheitshauptamt, SS-Gruppenführer Arthur Nebe, wurden im Zweiten Weltkrieg im Kriminaltechnischen Institut des Reichskriminalpolizeiamtes 3.000 bis 4.000 sogenannte „Selbstvernichter" entwickelt. Die Chemiker verwendeten dabei wasserfreie Blausäure mit einem Zusatz von zwei Prozent Oxalsäure. Die Ampullen wurden in Labors des Reichskriminalpolizeiamtes im Konzentrationslager Sachsenhausen bei Oranienburg hergestellt und abgefüllt (Joachimsthaler (2004): 251).

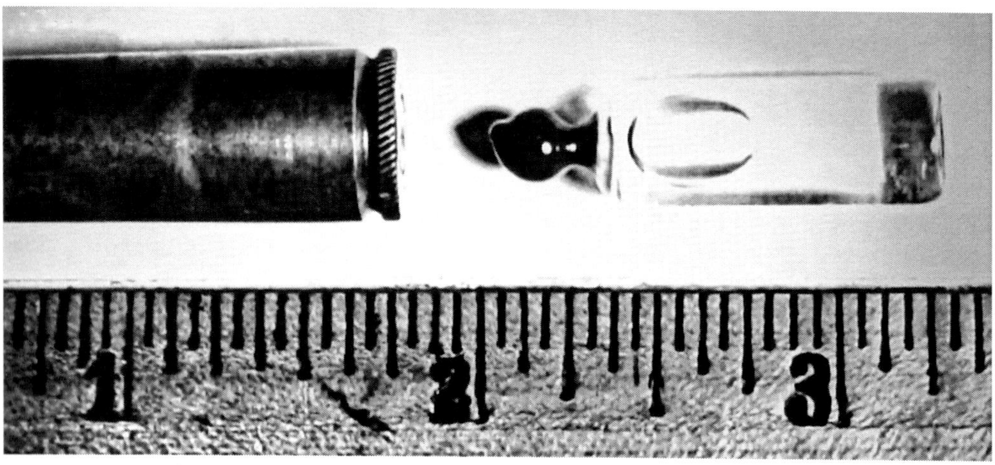

Abb. 28 Zyanid-Giftampulle mit Metallbehälter. Auf eine derartige Ampulle biß Hitler unmittelbar vor dem tödlichen Kopfschuss. (9)

Blausäure ist ein Fermentgift, der Tod tritt durch Lähmung des Atemzentrums ein (Joachimsthaler (2004): 257). Blausäure (Zyanwasserstoff – chemische Formel HCN) ist eine farblose, flüssige Substanz, die nach Bittermandel riecht. Sie geht in Gasform über, wenn sie bei Zimmertemperatur offen steht. Beim Suizid durch Blausäure wird die Ampulle im Mund zerbissen, die Blausäure fließt aus und kommt mit der in der Mundhöhle befindlichen Luft in Berührung. Sie wird sofort gasförmig über die Lunge in den Körper aufgenommen. Bei Inhalation einer letalen Dosis gasförmiger Blausäure oder beim Verbringen von flüssiger Blausäure in den Mundraum tritt sofortige Bewusstlosigkeit und innerhalb von Sekunden (bereits ab zwei bis drei Atemzügen) der Tod ein, da das lipophile Blausäuremolekül über Lunge und Schleimhäute sehr schnell aufgenommen werden kann (Originalarbeit: *Handlungsfähigkeit bei tödlichen oralen*

Intoxikationen mit Cyan-Verbindungen. In: Rechtsmedizin. (1999) 9, S. 56–61. Abgerufen am 21. Mai 2021 von https://link.springer.com/article/10.1007/s001940050080#page-2).

Ein Milligramm Blausäure pro Kilogramm Körpergewicht wird als sofort zum Tode führende Dosis angenommen. Die tödliche Dosis für Natriumcyanid (dem Natriumsalz der Blausäure) beträgt laut Rechtsmediziner Prof. Klaus Püschel zwei bis drei Milligramm pro Kilogramm Körpergewicht. Hitler benötigte also etwa 100-200 mg. In den Giftampullen befand sich etwa die zehnfache Menge, etwa ein bis zwei Gramm Zyankali (Völklein (1998): 179). Hitler wollte sichergehen, dass die Giftampullen auch wirken. Am Nachmittag des 29. April 1945 gab er daher seinem Begleitarzt Dr. Werner Haase und dem Hundeführer Feldwebel Fritz Tornow den Befehl, seine Schäferhündin „Blondi“ zu vergiften (Joachimsthaler (2004): 194). Feldwebel Tornow öffnete die Schnauze des Hundes und Dr. Haase zerdrückte eine Ampulle im Rachen. Das Tier fiel sofort tot um. Hitler war dabei nicht anwesend, überzeugte sich aber unmittelbar darauf von der Wirksamkeit und nahm von „Blondi“ Abschied (Joachimsthaler (2004): 198). Anschließend wurde das Tier in der Grube verscharrt, in der auch das Ehepaar Hitler begraben werden wird (Besymenski (1995): 89).

Prof. Püschel geht bei Hitler von einer konkurrierenden Todesursache zwischen Kopfschuss und Gift aus. Die Nachweisbarkeit der Blausäure wurde dabei durch die starke Brandeinwirkung und die lange Liegezeit bis zur Obduktion (acht Tage) der Leiche beeinflusst. Ein wie bei Hitler nicht erfolgter Nachweis (siehe Kapitel Das Verwirrspiel) kann seine Ursache in der vollständigen Verflüchtigung der Blausäure aufgrund des bei der Verbrennung wie auch bei der Leichenfäulnis entstehenden Gasdrucks aus Körperflüssigkeiten, Geweben und Organen haben (vgl. Völklein (1998): 181). Ein *„kurzes, dem Tod vorausgehendes Krampfstadium“* tritt nicht auf, wenn der Tod wie bei Hitler bereits unmittelbar zuvor erfolgt ist (Joachimsthaler (2004): 269f). Es ist davon auszugehen, dass das Gift bei Hitler nicht mehr wirken konnte, weil unmittelbar nach dem Kopfschuss die Atmung aussetzte, und daher der Schuss als alleinige Todesursache anzusehen ist.

III Der 30. April 1945 – Hitlers Tod im Führerbunker

Das Ende

Berlin-Mitte, Montag, 30. April 1945

Am 30. April 1945 nahm sich Hitler das Leben. Im Folgenden sollen die Vorgänge nach seinem Suizid chronologisch dargestellt werden: die unmittelbare Situation danach, die Verbrennung, das erste Begräbnis, die Stationen des Transports seiner Leiche, die Obduktion und forensische Identifikation und die wesentlichen medialen Ereignisse. Hierbei wurden die damaligen Gegebenheiten berücksichtigt und Wert darauf gelegt, die wahrscheinliche Wirklichkeit darzustellen.

Am 16. April 1945, 14 Tage vor Hitlers Tod, leitete die Rote Armee aus dem Brückenkopf Küstrin/Oder heraus und an der Neiße mit 19 Armeen die letzte Phase der Schlacht um Berlin ein (Venghaus (o.J): 11). Die sowjetischen Truppen rücken trotz erheblichen deutschen Widerstands aufgrund ihrer zahlenmäßigen und materiellen Überlegenheit unaufhörlich näher. Hitler begeht in der eingeschlossenen Reichshauptstadt am 20. April 1945 seinen 56. Geburtstag. Zwei Tage später erleidet er aufgrund der militärisch aussichtslosen Lage einen Nervenzusammenbruch und gibt in der Lagebesprechung erstmals offen zu, dass der Krieg verloren ist.

Er kündigt seiner Umgebung an, in Berlin bleiben und sich erschießen zu wollen. Dann trifft er Vorbereitungen, damit er auch tot nicht in die Hände des Feindes fällt. Am Ende dieses Krieges ist seine größte Sorge, sein Leichnam könne von der Roten

Armee gefunden und ausgestellt werden. Hitlers Adjutant Otto Günsche erklärte 1956: *„Er eröffnete mir dann auch persönlich, dass er sich nun erschießen und dass auch Fräulein Braun aus dem Leben scheiden werde. Er wolle weder lebend noch tot in die Hände der Russen fallen und nicht in einem Panoptikum ausgestellt werden, wobei er von Moskau sprach. Die Leichen sollten verbrannt werden. Die erforderlichen Vorkehrungen übertrage er mir“* (MDR, Marius Emsel (27. April 2021): *Kriegsende 1945 – Selbstmord im Führerbunker: Wie Adolf Hitler starb*. Abgerufen am 27. November 2021 von https://www.mdr.de/geschichte/ns-zeit/zweiter-weltkrieg/1945/*Selbstmord*-so-starb-adolf-hitler-106.html). In einem seiner seltenen Interviews zitierte Günsche Hitler: *„Ich will dem Feind weder tot noch lebendig in die Hand fallen. Nach meinem Ende soll mein Körper verbrannt werden und so für immer unentdeckt bleiben“* (DIE WELT, Sven Felix Kellerhoff (05. Juni 2021): *Hitlers Ende: „Der Chef brennt! Willst du mal gucken?“*).

Während die angreifenden sowjetischen Truppen den Ring um den letzten Verteidigungsabschnitt, die „Zitadelle“ um das Regierungsviertel, immer enger ziehen, heiratet Hitler am 29. April seine langjährige Lebensgefährtin Eva Braun. Am Morgen des 30. April wird ihm gemeldet, dass die Rote Armee nur noch wenige hundert Meter von der Reichskanzlei entfernt kämpft und mit Entsatz nicht mehr gerechnet werden kann. Nachdem er sich mit seiner Frau Eva von den im Führerbunker verbliebenen engen Mitarbeitern verabschiedet hat, ziehen sich beide in den Arbeits- und Wohnraum zurück. Eva Hitler begeht um 15:28 Uhr durch einen Biss auf eine Blausäureampulle Suizid. Um 15:30 Uhr nimmt sich Hitler in seinem Wohn- und Arbeitsraum, in der rechten Ecke des Sofas (von der Tür vom Vorraum aus gesehen die linke Ecke) sitzend, durch einen Schuss in die rechte Schläfe das Leben. Nach den von Zeugen beschriebenen Umständen ist die Annahme eines relativen Nahschusses beziehungsweise eines aufgesetzten Schusses naheliegend (Joachimsthaler (2004): 246). Ob es sich um einen Steck- oder um einen Durchschuss handelte, lässt sich nicht mehr feststellen (Joachimsthaler (2004): 248). Kurz vor dem Schuss hat Hitler auf eine Blausäureampulle gebissen, deren Wirkung sich allerdings nicht mehr entfaltet. Adjutant Otto Günsche hatte auf seine Armbanduhr gesehen und sagte 1956 aus, dass der Suizid um 15:30 Uhr erfolgt sei, er habe *„diese Uhrzeit genau im Gedächtnis. Bis zum Beginn der Verbrennung der Leichen seien dann nur etwa zehn Minuten vergangen“* (Joachimsthaler (2004): 228).

Die Auffindesituation der Leichen

Über die Ereignisse unmittelbar nach dem Tod des Ehepaars Hitler weichen die Aussagen der Anwesenden voneinander ab, was aufgrund der chaotischen Situation im Bunker und der teilweise erst Jahre später gemachten Aussagen verständlich ist. Nach dem Vollzug der Suizide geht Kammerdiener Heinz Linge zu Hitlers Sekretär Martin Bormann und meldet den Tod Hitlers. Beide begeben sich daraufhin, gefolgt von Otto Günsche, in den Raum, in dem der Suizid stattfand (Fest/Eichinger (2002): 137ff). Als dieser Raum um etwa 15:40 Uhr von Linge und Günsche betreten wird, sitzt Hitler mit offenen Augen in der rechten Ecke des Sofas, Eva Hitler sitzt neben ihm, die Beine hochgezogen, zwischen beiden ein leerer Platz. Linge schilderte den Sowjets in einer erster Vernehmung die Situation wie folgt: *„Als ich eintrat, saß links, von mir aus gesehen links, Hitler, und zwar in der rechten Sofaecke."* Hitler habe *„den Kopf etwas leicht nach vorne geneigt und es war an der rechten Schläfe eine Einschussstelle zu sehen, die ungefähr die Größe eines Groschenstückes hatte"* (SPIEGEL TV, Michael Kloft (11. Januar 2010): *Wie Hitler starb: Stimmen aus dem Führerbunker*). Hitlers Kopf hing nach rechts (vom Standpunkt des Toten aus gesehen) und ragte ein wenig über die armhohe Lehne des Sofas hinaus (Bihl (2000): 23f). Trevor-Roper bestätigt in seinem Buch, dass nach Linges Bericht Hitler *„fast aufrecht auf einer Couch* [saß]. *Ein kleines Loch von der Größe eines deutschen Markstücks war an seiner rechten Schläfe und ein Blutrinnsal floß langsam über seine Wange"* (Trevor-Roper (1995): 36).

Wer die Tür zum Wohn- und Arbeitszimmer geöffnet hat, ist laut Hitlers Leibwächter und Telefonist, SS-Oberscharführer Rochus Misch, nicht ganz sicher: *„Günsche oder Linge hat aufgemacht, beide und einer vom RSD* [Reichssicherheitsdienst] *hat die Leiche in die Decke eingewickelt"* (Persönliche Auskunft von Rochus Misch vom 21. März 2012). In Mischs Erinnerungen heißt es: *„Linge und Günsche öffnen die Tür zum Vorraum, dann zum Arbeitszimmer. Dann folgt Misch. Beim toten Hitler stehen die Augen offen und starren ins Leere, sein Kopf ist leicht nach vorne gefallen"* (Misch (2008): 222ff). Trevor-Roper schreibt, dass Linge und Bormann zuerst das Sterbezimmer betreten haben, gefolgt von Günsche, dem neuen Reichskanzler Joseph Goebbels und Reichsjugendführer Axmann. Als Linge und Bormann vor Hitler stehen, heben sie den Arm zum Hitlergruß (Trevor-Roper (1995): 194). Es riecht nach Pulverqualm und Bittermandel (Fest/Eichinger (2002): 137ff).

Linge sagte 1956 nach seiner Rückkehr aus sowjetischer Kriegsgefangenschaft aus:

> *„Sein rechter Unterarm befand sich zwischen der Seitenlehne des Sofas und dem rechten Oberschenkel, wobei die Hand auf dem rechten Knie lag und nach vorne zu geöffnet war. Die linke Hand lag auf dem linken Oberschenkel. Sie war nach*

oben geöffnet. Die Füße befanden sich auf dem Boden. Sie zeigten nach vorne und waren etwa 30 bis 40 cm voneinander entfernt. (...) An seiner rechten Schläfe bemerkte ich einen kreisrunden dunklen Fleck in der Ausdehnung etwa eines Zehnpfennigstücks. Von diesem Fleck aus führte eine streifenförmige Blutspur bis etwa zur Mitte der Wange. Unmittelbar neben dem Sofa bemerkte ich eine Blutlache in den Ausmaßen etwa eines mittleren Tellers, von der aus Spritzer an das Sofagestell und an die Wand gelangt waren. Die Augen Hitlers standen offen" (Joachimsthaler (2004): 230ff).

Hitler trägt seinen grauen Waffenrock mit dem Goldenen Parteiabzeichen, dem Eisernen Kreuz aus dem Ersten Weltkrieg und dem schwarzen Verwundetenabzeichen, ein weißes Hemd mit schwarzer Krawatte, schwarze Hose, schwarze Socken und schwarze lederne Halbschuhe (Eberle/Uhl (2005): 447ff). Axmann steht, gefolgt von Goebbels, an der Tür, Günsche tritt zur Seite und die beiden Männer gehen hinein. Dr. Stumpfegger erscheint und examiniert die Leichen. Er richtet den Körper Hitlers auf und stellt Blut an beiden Schläfen fest (Musmanno (2004): 277ff). Bei den Personen, die etwa zehn Minuten nach dem Suizid das Sterbezimmer betreten haben, handelte es sich folglich um Linge, Günsche, Bormann, Misch, Goebbels, Axmann und Stumpfegger.

Der Abtransport der Leichen

Aus dem Vorzimmer holt Linge die dort deponierten Decken, um Hitler darin einzuhüllen. Eine breitet er im Arbeitsraum auf dem Fußboden aus (Eberle/Uhl (2005): 447ff). Während Linge die Decke holt, ist Günsche unterwegs, um SS-Sturmbannführer Franz Schädle, SS-Hauptsturmführer Ewald Lindloff, SS-Obersturmführer Hans Reißer und Kriminaldirektor Peter Högl zu holen. Dabei informiert Günsche auch den Chef des Generalstabs des Heeres, General Hans Krebs, und den Chefadjutant der Wehrmacht, Wilhelm Burgdorf, die ebenfalls erscheinen (Joachimsthaler (2004): 233). Axmann steht vor den Leichen, als Linge mit einem weiteren SS-Mann wieder den Raum betritt (Trevor-Roper (1995): 193). Günsche hilft nun Linge, wie sich Rochus Misch erinnerte: *„Linge, Günsche, Kempka und ein mir unbekannter Kamerad von RSD haben ihn in eine graue Decke eingewickelt"* (Misch (2008): 222ff). Linge sagt 1956 aus: *„Ich habe die Decke aus dem Vorraum (...) herbeigeholt. (...) Die Decke habe ich sogleich vor dem Sofa ausgebreitet und dann die Leiche Hitlers auf der Decke niedergelegt, wobei mir ein zweiter Mann behilflich war. Ich selbst habe die Leiche dabei am Fußende* [angefasst], *während der andere Mann am Kopfende angefasst hat"* (Joachimsthaler

(2004): 288ff). Bei dem anderen Mann handelt es sich um Kriminaldirektor Peter Högl (Fest/Eichinger (2002): 137ff).

Das Herausschaffen der Leichname aus dem Wohn- und Arbeitszimmer erfolgt zwischen 15:40 und 15:45 Uhr, rund acht bis zehn Minuten haben die Leichen also allein im Raum gelegen. Alles geht nun planmäßig und schnell (Joachimsthaler (2004): 317). Linge sagte 1956 weiter aus: *„Die Decke ist dann von mir und dem zweiten Mann zugeschlagen worden, worauf wir die Leiche sofort aufgehoben und durch den Vorraum und den Mittelgang in Richtung auf den Gartenausgang in Bewegung gesetzt haben"* (Joachimsthaler (2004): 288ff). Der obere Teil von Hitlers Kopf bis zur Nasenwurzel (Aussage von Kempka und des Garagenmeisters des Führerbegleitkommandos, SS-Hauptsturmführer Karl Schneider) und der linke Arm schlaff herabhängend, sowie die Unterschenkel unter der Decke herabhängend, liegen frei (Aussage Kempka, Schneider und RSD-Mann Johann Hofbeck) (Joachimsthaler (2004): 318). Hitler maß 175 Zentimeter; die verwendete Decke kann also nicht groß gewesen sein. Wenn Stirn (etwa zehn Zentimeter) und Unterschenkel (etwa 40 Zentimeter) herausgeschaut haben, wird sie nur etwa 150 Zentimeter lang gewesen sein. Das deutet darauf hin, dass es sich nicht um eine sogenannte Mannschaftsdecke der Deutschen Wehrmacht gehandelt haben kann, denn diese misst 1,40 mal 1,90 Meter. Mit ihr hätte man Hitler vollständig umhüllen können. Das bestätigte auch Rochus Misch: *„Sie hatten ihn eingepackt in graue Pferdedecken. Nur seine schwarzen Halbschuhe guckten noch raus. Das Ganze ging ganz leise und schnell vor sich, ganz schnell"* (Süddeutsche Zeitung, Das Gupta, Oliver (30. April 2005): *Interview mit Hitler-Leibwächter Rochus Misch: „Jetzt wird der Chef verbrannt"*). Dass das Umhüllen der Leiche Hitlers vor dem Sofa aus Platzgründen nicht möglich gewesen sei, wie zuweilen behauptet wird (Mühlhäuser (2017): *Die Bunkerverschwörung vom 30.04.1945*, S. 127), ist allerdings falsch. Zwischen Sofa und Schreibtisch waren noch 1,77 Meter Platz, zwischen Sofa und Tür sogar 2,47 Meter. Linge rückte die beiden Stühle und den Tisch beiseite und breitete auf dem Fußboden zwei Wolldecken aus (Trevor-Roper (1995): 194).

Linge geht voran, SS-Hauptsturmführer Lindloff und SS-Obersturmführer Reißer hinter ihm, als sie mit Hitlers Leichnam aus dem Arbeitszimmer treten (Eberle/Uhl (2005): 447ff). Die Leiche wird durch den Vorraum, den Lagevorraum, die Wache und die Gasschleuse hoch zum Gartenausgang des Bunkers getragen (DER SPIEGEL 30/1992, *Hitlers letzte Reise*, S. 110). Misch beobachtet den Vorgang im Lagevorraum: *„Linge, Günsche, Kempka und ein mir unbekannter Kamerad von RSD tragen ihn an mir vorbei. Hitlers Schuhe ragen heraus"* (Misch (2008): 222ff). Die Beine hängen aus der Decke heraus und schaukeln hin und her (Fest/Eichinger (2002): 137ff). SS-Obersturmführer Johann Bergmüller sagte aus, er habe gesehen, *„wie ein völlig eingehüllter menschlicher Körper aus dem Arbeitsraum Hitlers heraus- und dann in Richtung Gartenausgang* *getragen"* wurde (Joachimsthaler (2004): 302). SS-Obersturmführer Helmut Beermann erklärte 1956:

„Ich habe mich (...) in den unteren Teil des Führerbunkers begeben und hier von der geöffneten Mitteltür her gesehen, wie zwei in Decken gewickelte Körper (...) aus dem Vorraum in Richtung Gartentreppe getragen worden sind. (...) aus einer der beiden Decken hing bzw. hingen ein oder zwei Unterschenkel, mit schwarzer langer Hose und schwarzem Halbschuh bekleidet, heraus. (...) Ich bin den sich in Richtung Gartenausgang bewegenden Männern zunächst gefolgt, auf den untersten Stufen der Treppe jedoch umgekehrt; beim Heraustragen in den Garten war in diesem Zeitpunkt eine Stockung eingetreten" (Joachimsthaler (2004): 316f). Bezüglich weiterer Anwesender gab Linge an: *„Im Zeitpunkt des Herunternehmens der Leiche vom Sofa und des Hinaustragens sind auch einige andere Personen im Arbeitsraum anwesend gewesen. Wer das war, ist mir nicht erinnerlich (...) Bei der Ankunft oben im Garten bemerkte ich, dass hinten zwei SS-Führer den Leichnam mittrugen. Wer diese beiden SS-Führer waren, ist mir auch nicht mehr erinnerlich. Ich weiß aber noch, dass ich erstaunt war, am hinteren Ende der Leiche (Kopf) diese beiden SS-Führer zu sehen"* (Joachimsthaler (2004): 288ff).

SS-Obersturmführer Hans Reißer erinnerte sich, dass *„die Leiche Hitlers vorne Linge und hinten Lindloff und Högl (...) die Treppen hochgetragen"* hätten. *„Ich habe dann hinten rechts mit angefasst. (...) Auf der Treppe ist von der Leiche etwas Blut auf meine Hose herabgetropft"* (Joachimsthaler (2004): 291). Laut Aussage von Günsche wurde die Leiche Hitlers am Kopfende von Linge und an den Füßen von Högl, Lindloff und Reißer getragen (DER SPIEGEL 30/1992, *Hitlers letzte Reise*, S. 110). Günsche dagegen gab 1956 wörtlich zu Protokoll:

„Die Träger waren vorne Linge und hinten Högl, Lindloff und Reißer. Schädle, der an einem Bein verletzt war, hat wohl auch mit angefasst. (...) Der Leiche Hitlers folgten Krebs, Burgdorf und Goebbels. (...) An der Tür des Gartenausgangs steht Hofbeck" (Joachimsthaler (2004): 290f).

Zusammenfassend kann den Aussagen entnommen werden, dass Linge und Högl Hitlers Leiche vom Sofa auf die Decke gelegt haben. Linge hob ihn an den Füßen an, Högl an den Schultern. Lindloff und Reiser folgten ihnen, sie trugen den Leichnam mit den Füßen voran aus dem Zimmer in den Garten. Auf dem Weg hinaus wurde Högl von Lindloff und Reißer, eventuell auch von Schädle abgelöst. Dass die Aussage von Günsche, drei Personen hätten die Leiche an den Schultern getragen, nicht stimmen kann, erklärt sich allein schon dadurch, dass dies bei dem nur einen Meter breiten Treppenhaus, in dem mit Mühe zwei Personen nebeneinander beziehungsweise versetzt laufen können, nicht möglich war. Wahrscheinlicher ist, dass Linge, der Hitler an den Füßen hielt, voran die Treppe hochging und Kopf und Oberkörper Hitlers von zwei Personen (da der Schwerpunkt tiefer liegt) getragen werden mussten. Das liegt auch nahe im Hinblick auf die aus dem Kopf austretenden Blutspuren im Treppenhaus (siehe Kapitel „Operation Mythos“ – Die Ermittlungen der sowjetischen Sonderkommission).

Eva Hitler wird unmittelbar danach und unverhüllt von Martin Bormann in den Gang getragen, dort übernimmt sie Erich Kempka, Hitlers Fahrer, bis zum Fuß der Treppen, dort Günsche, der sie schließlich einem dritten SS-Offizier übergibt. Den letzten Teil der Treppe trägt sie ein weiterer SS-Offizier (Trevor-Roper (1995): 193f). Günsche sagte 1956 aus: *„Eva war noch ganz warm, als ich sie nach oben trug. Das Gift stinkt schrecklich, der Geruch ist kaum auszuhalten“* (DER SPIEGEL, 17/2011, Christoph Gunkel: *Hitler-Sekretärin Traudl Junge: Die letzten Stunden mit dem „Führer“*). SS-Hauptsturmführer Erich Mansfeld, Wachposten des RSD, sitzt zu diesem Zeitpunkt im Beobachtungsturm im Garten und bemerkt, was geschieht. Er geht hinüber zu den zwei SS-Offizieren, die eine Leiche tragen, und wird von Günsche weggeschickt (Trevor-Roper (1995): 193f).

Auch über den exakten Ablageort der Toten im Garten der Reichskanzlei gibt es abweichende Angaben. Linge sagte 1956 aus: *„Wir haben die Leiche Adolf Hitlers in kurzer Entfernung vom Gartenausgang des Bunkers niedergelegt. Unmittelbar darauf erschien Günsche mit der Leiche Eva Hitlers, die neben Adolf Hitler niedergelegt wurde. Die Leichen lagen unmittelbar nebeneinander mit den Füßen nach dem Bunkerausgang zu“* (Joachimsthaler (2004): 288ff). Hitlers eingehüllter Leichnam liegt vor dem Ausgang auf dem Boden. Günsche platziert Eva an dessen rechte Seite. Bormann beugt sich über Hitler, deckt sein Gesicht noch einmal auf und blickt ihn mehrere Sekunden lang an. Dann schlägt er die Decke wieder über ihn (Eberle/Uhl (2005): 447ff). Die Leichen liegen etwa zweieinhalb bis vier Meter vom Bunkerausgang entfernt auf ebenem Boden, Eva Hitler links neben ihrem Mann (vom Ausgang aus betrachtet rechts neben Hitler). Die Anwesenden grüßen ein letztes Mal mit dem Hitlergruß (DER SPIEGEL, 30/1992, *Hitlers letzte Reise*, S. 110). Auch laut Joachimsthaler erfolgte die Ablage auf ebenem Boden in nur 2,5 bis maximal vier Meter Entfernung vom Bunkerausgang (Joachimsthaler (2004): 291). Nach einer anderen Quelle wurden die beiden Leichen knapp drei Meter von der Bunkertür entfernt auf einem flachen Sandboden abgelegt (Großbölting/Schmidt (2011): 81). Hitlers Hosen sollen sich nach oben geschoben haben. Hitlers Fahrer Erich Kempka bemerkte, dass der rechte Fuß in der für Hitler typischen Haltung nach innen gekehrt war (Frank (2005): 243).

Im Gegensatz zu Linge sagte Günsche 1956 weiter aus:

„Die Leiche Hitlers lag bereits vor der Türe, etwa drei bis vier Meter halblinks von dieser entfernt. Sie war völlig in die Decke eingeschlagen. Ich habe die Leiche Eva Brauns unmittelbar neben die Leiche Hitlers gelegt, und zwar rechts von Hitler. Während der Garten im übrigen das Bild eines Trichterfeldes bot, war die Stelle, an der die Leichen niedergelegt worden sind, noch eben. In dem Augenblick, in dem ich die Leiche Eva Brauns niedergelegt habe, war Bormann nochmals an die Leiche Hitler herangetreten und hatte den Kopf von der Decke freigemacht. Ich habe dann den Kopf Hitlers, während ich selbst mich nach dem Niederlegen der Leiche von Eva Braun noch in gebückter Stellung befand, nochmals für einen Augenblick gesehen. Die Blutspuren hatten sich inzwischen von der Schläfe her weiter auf dem Gesicht verbreitet. Die Gesichtszüge waren aber noch einwandfrei zu erkennen. Zur Lage der beiden Leichen bei der Verbrennung ist noch klarzustellen, dass sie mit den Köpfen zum Bunkerausgang zu gelegen sind, dass Eva Braun, vom Bunkerausgang aus gesehen, rechts von Adolf Hitler gelegen ist“ (Joachimsthaler (2004): 290f).

Wahrscheinlich irrte sich Linge, als er sagte: *„Die Leichen lagen unmittelbar nebeneinander mit den Füßen nach dem Bunkerausgang zu“* (Joachimsthaler (2004): 288ff). Linge hatte Hitlers Leiche an den Füßen getragen und den Bunker als Erster durch den Gartenausgang verlassen. Er und die beiden anderen SS-Offiziere, die den Leichnam an den Schultern trugen, hätten den Toten also drehen müssen, nur damit er mit den Füßen zum Ausgang abgelegt werden konnte. Das scheint eher Günsches Aussage (*„mit den Köpfen zum Bunkerausgang“*) zu bestätigen. Die Entfernung vom Gartenausgang zum Verbrennungsort kann durch Fotografien und Filme und die danach zu errechnenden Abstände sowie aufgrund der Maße der Türe und der Höhe des Gartenausgangs ermittelt werden: Sie betrug etwa vier bis viereinhalb Meter. Weniger würde aufgrund der Nähe zur Türe bei der Verbrennung auch keinen Sinn ergeben. Zu berücksichtigen ist auch, dass vor dem Gartenausgang generell nur an einer Stelle ausreichend Platz für eine Beerdigungsgrube gewesen ist. Das beweisen die unmittelbar nach Kriegsende aufgenommen Fotografien eindeutig.

Abb. 29 Die (durch den Steinhaufen verdeckte) Verbrennungs- und Begräbnisstelle vor dem Gartenausgang und dem Beobachtungsturm. Deutlich ist die räumliche Begrenzung wahrzunehmen.(44)

Abb. 30 Das Foto verdeutlicht besonders gut die Entfernung vom Ausgang bis zum Gitter über dem Gully (der Gullydeckung ist verschwunden) und der Begräbnisgrube im Vordergrund. (43)

Vor dem Ausgang befanden sich der Gully, rechts die Baustelle des zweiten Beobachtungsturms mit einem fahrbaren Förderband, links eine Betonmischmaschine und ein Baum. Dazwischen sind auf den unmittelbar nach Kriegsende 1945 aufgenommenen Fotos auseinander geplatzte Rohre und diverse Metallstäbe zu sehen, im Hintergrund Generatoren; eventuell handelte es sich dabei um einen Pumpenwagen oder eine Pumpe mit Riemenantrieb (Persönliche Auskunft von Feuerwehrmann Michael Laufenburg vom 3. Januar 2022). Die heute meist verbreiteten Aufnahmen des Areals stammen aus den Jahren 1946/47. Zu diesem Zeitpunkt war die Gegend bereits geräumt und planiert und wirkte somit größer als die tatsächliche Fläche, wie sie im April 1945 zur Verfügung stand.

Insgesamt sind für den Tod Hitlers und seiner Frau sowie das Heraustragen der Leichen aus dem Bunker nicht weniger als 20 Zeugen zu verzeichnen. SS-Unterscharführer Johann Hofbeck sagte aus, dass auch *„zwei Hunde (...) zum Gartenausgang gebracht"* wurden und *„die Hunde (...) dann in einen Trichter gelegt worden sind"* (Joachimsthaler (2004): 307f). Es handelte sich sehr wahrscheinlich um den Scotchterrier „Stasi" von Eva Hitler und Welpen von Adolf Hitlers „Blondi".

Das Verbrennen der Leichen

Aufgrund von Artillerieeinschlägen gelingt es erst nach mehreren Anläufen gegen 16 Uhr, die Leichen mit Benzin zu übergießen. Dann werden brennende Zündhölzer geworfen, die aber im Wind immer wieder erlöschen. Linge zieht schließlich ein Formular hervor, dreht es zu einer papierenen Fackel, entzündet es und *„schleudert"* das Papier, angeblich *„weit ausholend"*, zu den Leichen hinüber (Fest/Eichinger (2002): 137ff). Im Bunkerausgang konnte er jedoch nicht weit ausholen und ein zusammengerolltes Papier lässt sich nur schwer zielgenau über mehrere Meter werfen. Wahrscheinlicher ist daher, dass Linge zu den Leichen geht und sie in relativer Nähe anzündet. Die Körper sind augenblicklich von Flammen umhüllt und man muss die Tür zum Bunker rasch fest schließen, weil das Feuer durch den Spalt hereinschlägt (Eberle/Uhl (2005): 447ff). Linge sagte 1956 aus:

> *„Die Leichen sind dann sogleich mit dem (...) Benzin übergossen worden, wobei außer mir Günsche und Kempka beteiligt waren. Ich selbst habe zwei Kanister ausgeleert. (...) Ich habe (...) ein Stück Papier als Fidibus hergerichtet, dass Bormann mit einem Streichholz in Brand gesetzt hat und das ich dann wegge-*

schleudert habe. (...) Bei der Entzündung des Benzins schlug eine gewaltige Flamme hoch" (Joachimsthaler (2004): 320).

Kempka bestätigte:

„Ich ergriff (...) einen dieser Kanister, begab mich wieder ins Freie und goss den Inhalt über Adolf Hitler aus, nachdem ich seinen linken, seitwärts ausgestreckten Arm noch an den Körper gelegt hatte. (...) Dann habe ich noch den Inhalt zweier weiterer Kanister (...) entleert, während Günsche und Linge das gleiche taten. (...) Wir fanden dann am Ausgang einen großen Lappen, der neben Feuerwehrschläuchen lag. (...) Ich zündete den Lappen an. Günsche warf den brennenden Lappen auf Adolf und Eva Hitler. Diese fingen sogleich Feuer, das in einer mächtigen Flamme hochschlug" (Joachimsthaler (2004): 320f). Auch diese Aussage bestätigt, dass die Leichen mit dem Kopf zum Gartenausgang lagen, da der linke Arm Hitlers sonst nicht *„seitwärts ausgestreckt"* gelegen haben könnte.

Abb. 31 Gartenausgang des Führerbunker mit unfertigem linkem Beobachtungsturm und Verbrennungsstelle (schwarzer Pfeil und Kreuz). (15)

Abb. 32 5. Juli 1945: Gartenausgang des Führerbunkers mit rechtem Beobachtungsturm und Verbrennungsstelle (weißer Pfeil und Kreuz). Im Hintergrund die Gartenfassade des Speisesaals der Alten Reichskanzlei. Links steht ein Sowjetsoldat Wache, in der Mitte beugt sich ein US-Soldat über die Grube, in der die Leichen vergraben worden sind. Deutlich sind zwei Benzinkanister zu sehen. (14)

Laut den Autoren Eberle und Uhl griffen sieben Personen – Bormann, Günsche, Linge, Lindloff, Kempka, Schädle, Reißer – nach den bereitstehenden Benzinkanistern und gossen *„alle 200 Liter“* über die Leichen. Diese sieben Männer sowie Goebbels, Axmann, Naumann, Krebs und Burgdorf bleiben noch kurz bei den Toten stehen (Eberle/Uhl (2005): 447ff). Dazu SS-Unterscharführer Johann Hofbeck: *„Linge, Günsche und Kempka haben die beiden Leichen sofort mit Benzin übergossen. (...) Es dürften mindestens fünf und höchstens zehn Kanister gewesen sein. (...) Nachdem die Kanister ausgeleert worden waren, sind Dr. Goebbels, Bormann, General Krebs, General Burgdorf und Schädle sowie Kempka für einen Augenblick vor die Bunkertüre getreten und haben von hier aus die Toten durch Erheben des rechten Armes gegrüßt. (...) Ich hatte den Eindruck, dass sie* [die Leichen] *sich zusammengezogen hatten. Bei beiden waren die Knie etwas angewinkelt“* (Joachimsthaler (2004): 321f). Hofbeck will die Körper ansehen, doch er kehrt um, da ihm der Gestank brennenden Fleisches unerträglich ist (Trevor-Roper (1995): 195).

SS-Rottenführer Hermann Karnau erlebte zufällig mit, wie die Leichen in Flammen aufgingen. Er sagte 1953 aus:

„Bei Annäherung an den Gartenausgang stieß ich auf zwei Leichen, die in etwa zwei bis zweieinhalb Meter Entfernung vor dem Gartenausgang unmittelbar nebeneinander im Freien lagen. Eine dieser beiden Leichen erkannte ich sogleich als die Leiche Adolf Hitlers: Sie lag in eine Decke eingehüllt auf dem Rücken. Die Decke war am Oberkörper beiderseits zurückgeschlagen, so dass Kopf und Brust frei lagen. Der Schädel war teilweise zertrümmert, das Gesicht blutüberkrustet, die Gesichtszüge waren aber noch einwandfrei zu erkennen. (...) Während ich bei den Leichen stand, flog aus dem Bunker-Gartenausgang (Eisentüre) ein brennender Fetzen, der in der Gegend der Fußteile niederfiel" (Joachimsthaler (2004): 324).

Karnau sah dem Brennen der Leichen eine Zeitlang zu. Der Anblick sei *„außerordentlich abstoßend"* gewesen (Trevor-Roper (1995): 195).

Zur Beantwortung der Frage, wie stark die Leichen verbrannt worden sind, ist zu berücksichtigen, dass kein Scheiterhaufen mit ausreichender Luftzufuhr von unten verwendet wurde, obwohl dieser mit Baumaterial und Ästen hätte errichtet werden können. Das Wissen um die verwendete Benzinmenge ist wesentlich. Wie viele Kanister Benzin standen anfangs zur Verfügung, wie viele sind im Laufe des Nachmittags dazugekommen? Auch die Aussagen darüber weichen voneinander ab. Bei den Kanistern handelte es sich um Wehrmacht-Einheitskanister mit 20 Liter Fassungsvermögen, die bis an den Rand gefüllt waren (Frank (2005): 243). Sie waren seit 1938 der „offizielle Kanister" der Wehrmacht und wurden in einer Vielzahl von metallverarbeitenden Firmen gefertigt (Schriftliche Auskunft der Brose Fahrzeugteile SE & Co. KG, Coburg, vom 25. Februar 2022). Günsche hatte Kempka beauftragt, so viel Benzin wie möglich aufzutreiben, und sagte dazu 1956 aus:

„Ich habe mich davon überzeugt: Auftragsgemäß standen im Gartenausgang neun oder zehn Kanister Benzin" (Joachimsthaler (2004): 213). Er gab an, dass *„wohl sämtliche neun oder zehn bereitgestellten Kanister (...) entleert worden"* seien (Joachimsthaler (2004): 321). Karl Schneider, der Vertreter Kempkas, berichtete über die Tage unmittelbar vor Hitlers Tod: *„Am 28. oder 29. April dieses Jahres erhielt ich von Hitlers Sekretariat telefonisch vom diensthabenden Telefonisten (ich kenne seinen Namen nicht) die Anweisung, alles Benzin, das ich besaß, zum Bunker des Führers zu schicken. Um diesen Befehl auszuführen, schickte ich 8 Kanister (20-Liter-Kanister) mit Benzin in den Führerbunker. In der Nacht des 28. oder 29. April erhielt ich vom diensthabenden Telefonisten (ich weiß nicht, von wem) telefonisch den Befehl aus dem Hitler-Sekretariat, Feuerfackeln in den Führerbunker zu schicken, und ich schickte dorthin acht Feuerfackeln aus meinem Besitz"* (Winogradow, Pogonitz (2000): 35).

Der Zahntechniker Fritz Echtmann, der später mit Schneider in Moskau inhaftiert war, sagte 1954 aus, Schneider habe ihm erzählt, er *„habe 120 Liter in sechs* [sic!] *Kanistern geliefert. Mehr habe er nicht gehabt"* (Joachimsthaler (2004): 298).

Der Historiker Joachim C. Fest schreibt dagegen, dass *„bis zu zehn Kanister des bereitgestellten Benzins"* über die Toten geleert wurden (Fest/Eichinger (2002): 137ff). Der Kriminalsekretär und SS-Unterscharführer Maximilian Kölz sagte 1954 aus: *„Bald darauf sind dann, während ich mich wieder am oberen Ende der Treppen befand, mehrfach Benzinkanister vom Vorbunker die Treppe in den Mittelgang hinuntergetragen worden"* (Joachimsthaler (2004): 296). SS-Oberscharführer Johann Bergmüller bestätigt dies:

> *„Bald darauf* [nachdem die Leichen nach oben getragen worden sind] *haben mehrere Männer, vom oberen Bunker* [Vorbunker] *her kommend, je zwei Kanister – normale Benzinkanister – durch den Mittelgang des unteren Bunkers* [Führerbunker] *in Richtung zum Garten getragen"* (Joachimsthaler (2004): 297). Elektromaschinenmeister Johannes Hentschel 1955: *„Am 29. April brachten Linge, Günsche und Kempka acht bis zehn gefüllte Benzinkanister in den Maschinenraum. (...) Am 30. April nachmittags – es war wohl zwischen 15 und 16 Uhr – haben dann Günsche und Linge sechs bis acht dieser Kanister wieder geholt"* (Joachimsthaler (2004): 299). Und Vizeadmiral Hans-Erich Voss 1955: *„Ich selbst hatte am 29. April 1945 im oberen Teil des Führerbunkers etwa zwölf Kanister stehen sehen, die am 30. April nicht mehr dort waren"* (Joachimsthaler (2004): 299).

SS-Mann Harry Mengershausen, der am 30. April 1945 Dienst im Beobachtungsturm im Garten hatte, sagte 1956 aus: *„Ich schritt den Gang entlang, an dem die Küche und das (...) Speisezimmer lagen. Außerdem beobachtete ich den Garten, weil achtzig Meter vom (...) Speisezimmer entfernt der Führerbunker lag. (...) Ich betrat gerade die Terrasse – sie war etwa sechzig bis achtzig Meter vom Bunker entfernt – als ich plötzlich sah, wie aus dem Notausgang des Bunkers (...) Günsche und (...) Linge die Leiche Hitlers heraustrugen und sie zwei Meter vor dem Ausgang niederlegten. Sie kehrten um und trugen einige Minuten später die tote Eva Braun heraus, die sie daneben legten. In der Nähe der Leichen standen zwei* [sic!] *Zwanzig-Liter-Kanister mit Benzin"* (Doernberg (2005): 105f). Joachimsthaler hält Mengershausen aufgrund einiger nachweislich falschen Angaben für unglaubwürdig. Auch kann er die Leichen (Hitler ist in eine Decke gehüllt) aus der Entfernung nicht erkannt haben. Allerdings ist seine Entfernungsangabe (60 bis 80 Meter) von der Stelle der Terrasse (östliches Ende, Übergang zum Säulengang vor dem großen Speisesaal) korrekt, sie betrug exakt 74 Meter. Harry Mengershausen wollte weiter beobachtet haben, dass *„die Leichen nicht immer wieder neu mit Benzin übergossen* [worden sind], *sondern dass vom Bunkerausgang wiederholt Kanister in Richtung der Leichen geworfen worden seien"*

(Frank (2005): 310). Er habe den Dienst am Ausgang weiter versehen, und zwar *„mit einem Unterscharführer des SS-Begleitkommandos namens Glanzer. Mit diesem habe er dann zwei noch auf dem Treppenabsatz abgestellte Benzinkanister über den beiden Leichen ausgeleert. Das Feuer sei zu diesem Zeitpunkt vollkommen verlöscht* [sic!] *gewesen. Er habe dann ein Stückchen Papier genommen, dieses angezündet und die Leichen wieder in Brand gesetzt. Beim Entzünden* [gab es eine] *leichte Verpuffung. Danach zunächst* [eine] *große Flamme, die dann kleiner wurde. (...) die Leichen seien nicht in einem Trichter gelegen, die Ablagestelle vielmehr noch ebenerdig gewesen“* (Joachimsthaler (2004): 325f).

Laut Joachimsthaler ist *„Mengershausen als Zeuge fast nicht* [zu] *beachten“* (Joachimsthaler (2004): 312). Mengershausen widersprach mehrfach der These von Joachimsthaler, es seien keinerlei Überreste vorhanden gewesen: *„Unmittelbar vor der Tür (...) lagen die beiden Leichen brennend, und zwei oder drei* [sic!] *Benzinkanister lagen leer rechts vorn beim Ausgang. (...) Das Feuer sei fast niedergebrannt* [sic!] *gewesen, es seien nur noch ganz kleine* [sic!] *Flämmchen gewesen, weil der größte Teil* [sic!] *des Benzins im Sande versickert war. Die Körper seien noch vollständig zusammenhängend* [sic!] *und nicht wesentlich* [sic!] *geschrumpft (...) gewesen“* (Joachimsthaler (2004): 326). SS-Rottenführer Hermann Karnau sagte 1953 aus, dass *„beide Leichen, obwohl sie in Flammen standen, gut*]sic!] *zu erkennen waren. Vier* [sic!] *Benzinkanister lagen neben den Leichen“* (Winogradow, Pogonitz (2000): 319).

SS-Mann Erich Mansfeld, zurückgekehrt in den Beobachtungsturm, beobachtet durch die nach dem Gartenausgang gelegene Turmluke, *„dass mehrere Männer der Leibstandarte – ich meine mich zu erinnern, dass Jansen dabei war – aus Richtung Alte Reichskanzlei dem Gartenausgang zueilten. Diese Männer trugen Kanister. (...) Ich sah weiter, wie aus dem Gartenausgang des Bunkers mehrere Kanister Benzin durch die Luft nach den Leichen geworfen wurden und dort niederfielen. (...) Ich habe mich noch bis gegen 18 Uhr im Turm befunden. In dieser Zeit haben die Leichen weiter gebrannt. Wiederholt* [sic!] *habe ich noch Kanister aus dem Gartenausgang in Richtung auf die Leichen herauswerfen sehen“* (Joachimsthaler (2004): 325). Mansfeld wird einige Zeit später im Turm durch Karnau abgelöst. Beide gehen sich die Leichen anschauen. Jetzt sind die unteren Teile der beiden Körper schon weggebrannt und Hitlers Schienbeine sind sichtbar. Eine Stunde später geht Mansfeld noch einmal zu den Leichen. Sie brennen immer noch, aber es sind nur kleine Flammen zu sehen (Trevor-Roper (1995): 195). Angeblich werden wurden die zunehmend verkohlten Körper von SS-Männern immer wieder mit Benzin übergossen. Dabei muss jeweils abgewartet werden, bis der alte Brennstoff völlig verbraucht ist, erst dann kann die Leiche erneut mit frischem Benzin übergossen und angezündet werden (Frank (2005): 249).

Die Aussagen von Mengershausen und Mansfeld, dass *„wiederholt Kanister in Richtung der Leichen geworfen"* beziehungsweise *„aus dem Gartenausgang des Bunkers mehrere Kanister Benzin durch die Luft nach den Leichen geworfen"* worden sind, sind unglaubwürdig. Der Wehrmachtskanister hatte einen Sicherheitsverschluss, der dafür sorgte, dass er sich, wenn ein geöffneter Behälter versehentlich umfiel, wieder schloss, damit nicht alles Benzin austreten konnte. Zudem hätte ein Mann, der aufgrund des Beschusses den Gartenausgang nicht verlassen konnte, aus dem Stand den 24,5 Kilo schweren Kanister (Leergewicht 4,5 Kilo plus 20 Kilo Benzin) etwa vier bis viereinhalb Meter werfen müssen. Selbst wenn ihm das gelungen wäre, hätte, je nach Lage, in der der Kanister aufkam, maximal die Hälfte des Benzins auslaufen können (Persönliche Auskunft von Feuerwehrmann Michael Laufenburg vom 3. Januar 2022). Man hätte die Kanister nur zu den Leichen werfen können, wenn sie beispielsweise nur halb gefüllt gewesen wären. Dann wiederum wäre unter den vorherrschenden Umständen die so zugeführte zusätzliche Menge Benzin nicht erheblich gewesen.

Es kann davon ausgegangen werden, dass mindestens fünf und maximal zehn bis zwölf Kanister über den Leichen entleert wurden. Joachimsthaler nimmt an, dass mindestens 300 Liter Benzin (15 Kanister) oder mehr zur Verfügung standen (Joachimsthaler (2004): 301f) und eine Benzinmenge von 150 bis 200 Liter auf eine Bodenfläche von etwa 2,5 Quadratmetern ausgegossen wurde. Das Benzin wurde von den Decken und den Kleidungsstücken der Toten aufgesaugt, ein Teil sammelte sich in Hohlräumen zwischen den Leichen und den Extremitäten. Dadurch flossen eine Menge von *„über 100 Liter Benzin"*, von den Leichen direkt in die Umgebung des Ablageplatzes, dessen lockerer Sandboden eine erhebliche Saugfähigkeit besaß (vgl. Joachimsthaler (2004): 329f).

Das Benzin entzündete sich mit einer hohen Stichflamme (eine Feuersäule, die kaminartig nach oben abzieht) und starker Rauchentwicklung, jedoch ohne Explosionsgeräusch. Bei einem Benzindampf-Luft-Gemisch gibt es weder eine Verpuffung noch eine Explosion (Joachimsthaler (2004): 332), weil nur die Gase mehr oder weniger lautlos verbrennen. Es faucht mehr, als dass es knallt. Tatsächlich wird starker Rauch entstanden sein, da Benzin auf Erdölbasis beruht (Persönliche Auskunft von Feuerwehrmann Michael Laufenburg vom 1. März 2022). Wenn Fest schreibt: *„Mit einem lauten Verpuffungsknall schlägt unmittelbar darauf eine mächtige Stichflamme empor"* (Fest/Eichinger (2002): 137ff), ist das also unwahrscheinlich. Die Größe dieser Stichflamme ist abhängig von Benzinmenge und Dauer bis zum Anzünden. Je mehr Gase sich durch längere Wartezeit bilden können, umso höher und intensiver sind die Stichflamme und das Fauchen (Persönliche Auskunft von Feuerwehrmann Michael Laufenburg vom 1. März 2022). Mit dem Hochschlagen der Stichflamme heben sich an Hitlers Leiche Oberkörper und Beine (Joachimsthaler (2004): 324).

Bei einer offenen Verbrennung von menschlichen Körpern mit Benzin brennt zunächst das überschüssige Benzin ab, wobei bereits eine starke Durchhitzung der Leiche eintritt. Wirken nach Verbrennung der Kleidung offene Flammen auf die Körper ein, kommt es letztlich zur Verkohlung, da das Eiweiß der Körpermuskulatur gerinnt. Im Unterhautgewebe bildet sich Wasserdampf, der Druck kann erheblich ansteigen, sodass die Haut an vielen Stellen aufplatzt. Insgesamt kommt es aufgrund erheblicher Substanzverluste (Wasser, Fett) zu starken Schrumpfungen der verkohlten Leiche (Joachimsthaler (2004): 348f). Laut Obduktionsbericht maß Hitlers Leiche 165 Zentimeter, zu Lebzeiten war er 175 Zentimeter groß. Die Leiche ist also nur um etwa zehn Zentimeter geschrumpft, was ebenfalls darauf hindeutet, dass nicht so viel Benzin auf den Körper einwirken konnte, dass dieser intensiver oder gar vollständig verbrannte. Erst bei einer längeren und andauernden Verbrennung verkohlen die Weichteile fast völlig und übrig bleiben nur brüchige, kalzinierte Knochen. Hinzu kommt, dass das Feuer im Garten der Reichskanzlei immer wieder ausging und erst nach einiger Zeit wieder entfacht wurde. Die Leichen brannten eine unbestimmte Zeit lang, auf jeden Fall aber weniger als zweieinhalb Stunden.

Zerstörerischen Schaden können die Flammen generell nicht angerichtet haben, denn frische Leichen brauchen hohe Temperaturen, um vollständig zu brennen. Eine Benzinflamme erreicht eine Temperatur von 800-1300° Celsius. Im Innern der Flamme (dort, wo die Gase entstehen, die Spitze der bläulichen Zone) etwa 1300° Celsius und am höchsten Punkt der Gase (gelborangefarbene Zone im oberen Teil der Flamme) bis 800° Celsius (Persönliche Auskunft von Feuerwehrmann Michael Laufenburg vom 1. März 2022). Diese Temperatur wird aufgrund der äußeren Umstände bei der Verbrennung von Hitlers Leiche dauerhaft nicht erreicht worden sein. Erst ab einer Dauertemperatur von etwa 780 Grad Celsius verbrennen aber auch Knochen, weshalb Leichen in einem Krematorium mit optimalen Bedingungen bei einer Temperatur von nahezu 1.200 Grad Celsius eingeäschert werden. Auch der Obduktionsbericht von Eva Hitler (Akte Nr. 13) liefert eindeutige Hinweise darauf, dass die Leichen nur äußerlich verkohlt und nicht vollständig verbrannt waren: *„B. Innere Untersuchung (...) Im Herzbeutel bis zu 3 cm³ Blut. Herzmuskel gekocht* [sic!], *graurot. Klappen dünn, glänzend. In den Herzräumen ein wenig dunkelflüssiges* [sic!] *Blut vorhanden. Lungenarterie frei. (...) Lage der Organe der Bauchhöhle normal"* (Besymenski (1982): 350). Von Eva Hitlers Gebiss sind neben Goldbrücken auch *„vorn der erste und zweite künstliche Mahlzahn"* erhalten geblieben (Besymenski (1982): 349). Zur Zerstörung des Gebisses durch Feuer äußerte ein befragter Experte: *„Zahngold schmilzt bei einer Leichenverbrennung durch Benzin grundsätzlich nicht. Bei Eva Hitler sind Kunststoffzähne auf Prothesensätteln bei Zahnlosigkeit im Seitenzahnbereich vorhanden. Je nachdem wie tief die Flammen von der Wangenmuskulatur in die Kieferknochen vordringen, ist ein Anschmelzen bis hin zum Verbrennen denkbar. Letzteres jedoch nur, wenn beispielsweise wie bei einer* *rituellen Verbrennung die Leiche auf reichlich geschichtetem Holz verbrannt wird“* (Persönliche Auskunft von Prof. Gyula Takacs vom 24. Januar 2022).

SS-Gruppenführer Johann Rattenhuber notierte in seinen Aufzeichnungen: *„Ein SS-Mann, der zusätzlich Treibstoff beschafft hatte, teilte mir mit, er habe die Leichen nicht restlos verbrennen können, weil die Temperatur nicht hoch genug* [sic!] *gewesen sei. Deshalb sei die Beerdigung erfolgt“* (Völklein (1998): 74). Auch Günsche bestätigte, dass von einer intensiven Verbrennung nicht die Rede sein konnte, wie sich Rochus Misch erinnerte: *„Irgendwann stieß Günsche zu uns, berichtet knapp von der Verbrennung. Es musste schnell gehen. Mehr als die Leichen einfach hinzulegen, Benzin über sie zu gießen und dies zu entzünden, war unter dem Dauerbeschuss der Artillerie nicht zu machen. Zumindest einen kleinen Erdaushub hätte man doch machen müssen, sagt er* [Misch] *zu Günsche. Der zuckt nur die Schultern“* (Misch (2008): 222ff).

Die Sowjets schlussfolgerten in ihrem Bericht über Hitlers Tod: *„Die meisten der Anwesenden waren mehr mit ihrem eigenen Seelenheil als mit der Durchführung dieses Rituals beschäftigt, und einer der Wächter beklagte sich insbesondere über die allgemeine Gleichgültigkeit. Wie oft die Leichen mit Benzin übergossen worden sind und wie lange sie brannten, ist unbekannt. (...) Günsche sagte (...) aus, dass die Leichen verbrannten, bis nichts mehr übrig war. Wahrscheinlicher ist, dass sie verbrannt wurden, bis sie unkenntlich waren“* (Winogradow, Pogonitz (2000): 303). Hitlers Gefolgsleuten ging es also – entgegen seinem ausdrücklichen Befehl – weniger um eine rückstandslose Verbrennung zu Urnenasche als vielmehr darum, die Toten vor pietätloser Darstellung und Schändung (wie im Falle Benito Mussolinis und Clara Pettaccis) zu schützen. Mussolini und seine Geliebte waren am 28. April 1945 erschossen worden. Ihre Leichen wurden einen Tag später in Mailand öffentlich zur Schau gestellt und geschändet. Am Abend des 29. April hatte Hitler via BBC diese Nachricht erhalten (Joachimsthaler (2004): 200).

Johann Rattenhuber, Chef des RSD und damit verantwortlich für den Personenschutz Hitlers, hielt sich in den späteren Nachmittags- und Abendstunden des 30. April im Führerbunker auf (Joachimsthaler (2004): 249). Auch er sagte aus: *„Die Körper von Hitler und Eva Braun brannten schlecht* [sic!] *und ich ging hinunter und kümmerte mich um weiteren Brennstoff. Als ich wieder nach oben kam, waren die Leichen schon ein wenig mit Erde bedeckt, und der Posten Mengershausen erklärte mir, dass es bei diesem unerträglichen Gestank unmöglich sei, Wache zu halten“* (Doernberg (2005): 107). Hatte Mengershausen möglicherweise, um dem *„unerträglichen Gestank“* entgegenzuwirken, die brennenden Körper mit *„ein wenig mit Erde bedeckt“* – und damit den Verbrennungsvorgang unterbrochen? Nach seiner mehr als zehn Jahre dauernden

Gefangenschaft in mehreren russischen Gefängnissen erklärte Rattenhuber 1955, dass er bei all den Ereignissen nicht anwesend gewesen sei (Joachimsthaler (2004): 327). Wahrscheinlich erscheint allerdings, dass Rattenhuber den Sowjets gegenüber die Wahrheit sagte und erst nach seiner Rückkehr nach Deutschland gelogen hat. Wäre er von den Sowjets der Lüge überführt worden, beispielsweise durch ihm widersprechende Aussagen anderer, überführt worden, hätte das tödliche Konsequenzen für ihn haben können. Und es erscheint möglich und nachvollziehbar, dass er nach seiner Rückkehr und nach zehn Jahren Haft, nicht mehr mit seiner Vergangenheit konfrontiert werden wollte und seine Anwesenheit am 30. April 1945 im Garten der Reichskanzlei schlicht leugnete.

Am 1. Mai 1945, einen Tag nach dem Suizid Adolf Hitlers und seiner Frau Eva, wird auch das Ehepaar Goebbels, nicht aber die Kinder, verbrannt. Dazu muss neues Benzin herbeigeschafft werden. Garagenmeister Karl Schneider, nachdem er von den Sowjets in den Garten der Reichskanzlei gebracht wurde, über den 2. Mai 1945: *„Um den Gartenausgang herum lagen zwölf* [sic!] *leere Benzinkanister"* (Joachimsthaler (2004): 84). Weiter sagte er aus, dass er *„am Abend des 1. Mai (...) erneut aufgefordert worden sei, Benzin zu besorgen."* Er, Schneider, habe *„die Tanks der Autos geleert, es wurden nur noch vier* [sic!] *Kanister voll"* (Doernberg (2005): 47). Die Aufforderung dazu sei telefonisch von SS-Brigadeführer Alwin-Broder Albrecht gekommen, die Lieferung sollte in den Führerbunker erfolgen. Schneider in einer anderen Aussage: *„Am Abend des 1. Mai 1945 erhielt ich am Telefon den Befehl, alles in meinem Besitz befindliche Benzin (...) an den Führerbunker zu schicken. Ich habe vier* [sic!] *Kanister mit Benzin an Hitlers Bunker geschickt"* (Winogradow, Pogonitz (2000): 35). Joachimsthaler folgert, dass mit dem noch vorhandenen und dem nun gelieferten Benzin das Ehepaar Goebbels verbrannt und die Einrichtung des Lagevorraums des Führerbunkers angezündet worden ist (Joachimsthaler (2004): 304). Das bestätigt die Aussage von SS-Hauptsturmführer Günther Schwägermann: *„Es waren einige Kanister Benzin zur Stelle, von denen aber nur ein Teil* [sic!] *für die Verbrennung der Leichen verwendet worden ist. (...) Den Rest des Benzins habe ich dann mit den beiden Leuten im Mittelgang des Führerbunkers ausgegossen und angezündet"* (Joachimsthaler (2004): 303f).

Abb. 33 Sowjetische Soldaten zeigen auf die (vier) Benzinkanister. Links das Gitter über dem Gully vor dem Gartenausgang, rechts die Begräbnisgrube. (8)

Abb. 34 Die vier Benzinkanister liegen nun dicht beim Gully. Auffällig sind der unterschiedliche Zustand und die unterschiedlichen Farben. (10)

Abb. 35 Die Benzinkanister liegen nun in der Begräbnisgrube. Deutlich sind auch hier die farblichen Unterschiede zu erkennen. (44)

Abb. 36 Vor dem linken, im Bau befindlichen Beobachtungsturm liegen fünf Benzinkanister. (43)

Abb. 37 5. Juli 1945: Alliierte Soldaten vor dem Gartenausgang. Zwei Benzinkanister stehen – ein weiterer Beleg, dass sie bewegt worden sind. (14)

Abb. 38 Die Begräbnisgrube, in ihr ist ein Benzinkanister zu sehen. (26)

Der Ministerialdirektor im Reichspropagandaministerium Hans Fritzsche sagte 1956 dem Amtsgericht Berchtesgaden gegenüber aus, dass er am 3. Mai von den Sowjets in den Garten der Reichskanzlei geführt wurde, wo er *„zahlreiche* [sic!] *Benzinkanister, von denen einer noch gefüllt* [sic!] *war"* sah (Joachimsthaler (2004): 385). Auf allen Fotografien und Filmaufnahmen, die die Verbrennungs- und Begräbnisstelle zeigen, sind allerdings nur einer, drei oder vier Benzinkanister zu sehen – und zwar stets dieselben. Nur auf einem Foto (siehe Abb. 36) sind eventuell fünf Kanister erkennbar. Aufgrund der Lage und den Merkmalen (Einschusslöcher) an einem Kanister sind diese identifizierbar und es ist deutlich zu erkennen, dass sie mehrfach bewegt worden sind. Es handelt sich vielleicht um die vier Kanister, mit denen das Ehepaar Goebbels verbrannt worden ist. Wo die anderen angeblich zehn bis zwölf zur Verbrennung des Ehepaars Hitler genutzten Kanister geblieben sind, ist unbekannt.

Im Garten der Reichskanzlei

Eines der Hauptargumente derjenigen (allen voran Günsche, Joachimsthaler und Kempka), die behauptet haben, es seien (bis auf die Zähne) nach dem Verbrennen keinerlei Überreste einer Leiche Hitlers vorhanden gewesen, ist der Hinweis auf die im (gemeinsamen) Garten der Alten und Neuen Reichskanzlei Ende April 1945 herrschenden Umstände. Diese Umstände und die große Menge Benzin hätten dazu geführt, dass die sterblichen Überreste physisch völlig vernichtet worden wären. Bereits während des Anzündens der Leichen sollen chaotische Verhältnisse geherrscht haben. Für den Augenzeugen Kempka stand fest: *„Durch das ununterbrochene Artilleriefeuer wurden alle Spuren* [der Leiche Hitlers] *verwischt"* (DER SPIEGEL 30/1992, *Hitlers letzte Reise*, S. 110). Es stellt sich daher die Frage, wie gravierend diese äußeren Umstände objektiv waren und welche Zerstörungen sie am Leichnam Hitlers angerichtet haben können. Fest schreibt von einem *„herrschenden Feuersturm"* sowie von *„Geschosseinschlägen"*, *„fortdauernde*[r] *Beschießung und der lodernden Brände ringsum, unter dem Hagel von Splittern, Mauerbrocken und herumfliegendem Erdreich"* (Fest/Eichinger (2002): 139). Die Autoren Eberle und Uhl geben an, dass *„starker Artilleriebeschuss"* herrschte (Eberle/Uhl (2005): 447ff). Auch „Der Spiegel" schreibt von *„Einschlägen von Artilleriegeschossen"* (DER SPIEGEL 35/2004, S. 68). Die WELT stellt fest: *„Fast ununterbrochen gehen Granaten auf den Garten der Neuen Reichskanzlei nieder"* (DIE WELT (11. Juni 2020): *Adolf Hitler – Die letzten Tage des Diktators*. Abgerufen am 20. Dezember 2021 von https://www.youtube.com/watch?v=fEaXxJzmwxs). Für den Augenzeugen Kempka stand fest: *„Durch das ununterbrochene Artilleriefeuer* *wurden alle Spuren* [der Leiche Hitlers] *verwischt"* (DER SPIEGEL 30/1992, *Hitlers letzte Reise*, S. 110).

Otto Günsche sprach nach seiner Haftentlassung 1956 davon, dass die Verhältnisse *„furchtbar"* gewesen seien, da die Rote Armee *„mit Stalinorgeln"* (sowjetischer Mehrfachraketenwerfer BM-13 ‚Katjuscha') *„Flammenöl"* in den Garten geschossen hätten, das *„beim Aufschlagen der Granaten durch Phospor gezündet"* wird. Der Garten habe zeitweise *„einem Explosions- und Flammenmeer"* geglichen; *„die umliegenden Gebäude brannten noch von einem vorhergehenden Luftangriff an mehreren Stellen"* (Joachimsthaler (2004): 332). Diese Aussage wird von vom Juristen und Autor Mario Frank ungeprüft übernommen (Frank (2005): 249). Dabei wird ignoriert, dass während der Schlacht um Berlin keine Luftangriffe mehr geflogen werden konnten, um die eigenen Truppen nicht zu gefährden, und der letzte Luftangriff auf die Reichshauptstadt durch die britische Royal Air Force bereits am 21. April 1945 um 02:43 Uhr endete (Demps (2012): 284). Es ist absolut unwahrscheinlich, dass in den getroffenen Häusern neun Tage später noch brennbares Material vorhanden war. Dazu kommt, dass die Neue Reichskanzlei noch weitestgehend intakt, die Alte Reichskanzlei dagegen völlig zerstört war. Auch war ein zielgenaues Abschießen von Raketen auf das etwa vier Hektar große Areal der Reichskanzlei unmöglich, da Mehrfachraketenwerfer damals weniger präzise waren als normale Artillerie. Bei dem von Günsche geschilderten Szenario hätte es im Garten zudem keine Bäume mehr geben dürfen – die aber sind auf Fotografien vom Mai/Juni 1945 noch deutlich zu erkennen. In einem Artikel in der russischen Zeitung „Prawda" hieß es 2015 glaubhaft: *„Zu dieser Zeit beschoss die sowjetische Artillerie auch die Reichskanzlei und Schrapnelle* [mit Metallkugeln gefüllte Granaten] *flogen durch den Garten"* (Prawda, Moskau, Vladimir Jancura (05. Mai 2015): *Hitlers Selbstmord markierte das Ende des Dritten Reiches.* Abgerufen am 7. Januar.2022 von https://zurnal-pravda-sk.translate.goog/neznama-historia/clanok/354022-hitlerova-samovrazda-znamenala-koniec-tretej-rise/?_x_tr_sl=sk&_x_tr_tl=de&_x_tr_hl=de&_x_tr_pto=sc).

Günsche sagte 1956 weiter aus, dass *„die Überreste (...) verstreut* [wurden] *und Granateneinschläge* [ihnen] *den Rest gegeben"* hätten. Er gestand jedoch ein, sich nicht persönlich davon überzeugt zu haben. Vermutlich wollte er nicht zugeben, dass er sich entgegen dem Befehl Hitlers nicht ordnungsgemäß um die Leichenbeseitigung gekümmert hatte (Joachimsthaler (2004): 352f). Joachimsthaler bezieht sich jedoch trotzdem auf Günsche und schreibt: *„Wegen des sehr starken und anhaltenden Artilleriebeschusses konnten – wenn überhaupt vorhanden – die Überreste (...) nicht weit weggebracht werden. (...) Eine genaue Lokalisation der Stelle (...) ist nicht möglich, da sie durch die Explosionen, Granat- und Bombensplitter des bis in die Nacht des 1. Mai (rund 35 Stunden lang) andauernden und anhaltenden schweren Beschusses* *zerstreut und zerstört worden sind. (...) Es ist aber erwiesen, dass die Russen bei der konzentrierten Suche nach den Überresten von Hitler in der Umgebung des Bunkerausganges Zahnbrücken (...) gefunden haben"* (Joachimsthaler (2004): 343). Der *„Garten der Reichskanzlei und die Umgebung des Bunkers"* waren ihm zufolge *„ein einziges Trichterfeld"* (Joachimsthaler (2004): 344).

Auch Fest schließt sich dem an und behauptet, dass *„die Leichen nie gefunden"* worden seien und nach Hitlers Tod noch *„mehr als zehn Stunden"* eine *„fortgesetzte Beschießung der Reichskanzlei und des Gartengeländes"* stattgefunden habe. Er schlussfolgert: *„Sowohl die Sprenggranaten, von denen das Erdreich noch mehrfach* [sic!] *umgepflügt worden war, als auch die Geschosse mit Flammenöl, die im Aufschlag explodierten und verheerende Brände auslösten, haben auch die letzten erkennbaren Überreste beseitigt. Was im Geröll gefunden wurde, waren einige Gebissteile Hitlers und die untere Kunststoffbrücke Eva Brauns"* (Fest/Eichinger (2002): 187f). Auch Hitlers Fahrer Erich Kempka sagte 1956 aus, dass *„der Sandboden des Gartens der Reichskanzlei (...) von Granateinschlägen umgepflügt"* gewesen sei (Joachimsthaler (2004): 356).

Entgegen diesen Darstellungen zeigen unmittelbar nach Kriegsende aufgenommene Luftaufnahmen und Fotografien, dass im Garten der Reichskanzlei keine großen Bombentrichter von Spreng- oder Brandbomben zu sehen sind. Die Durchmesser der Einschlagtrichter waren dafür viel zu klein. Das Dach des langen Mittelbaus mit Hitlers Arbeitszimmer war nur leicht beschädigt, die zum Garten hin liegende Terrasse, das Wasserbecken und seine unmittelbare Umgebung gar nicht. Sogar die Gartenwege sind noch deutlich erkennbar. Nicht einmal das Dach der sich in unmittelbarer Nähe des Gartenausgangs des Führerbunkers befindlichen Pergola wirkt beschädigt und es gibt auch keine Rauchspuren am Beton des Gartenausgangs. Im gesamten Garten sind noch über 40 Bäume beziehungsweise Baumgruppen mit vielen Ästen und Blättern sichtbar, auch vor dem Gartenausgang. Ein Baum steht in unmittelbarer Nähe der Verbrennungsstelle; der dicht daneben zu erkennende Betonmischer wirkt intakt.

Genährt wurden die Behauptungen, Hitler Leiche sei nicht gefunden worden, nicht zuletzt durch das Interview mit dem ehemaligen russischen Oberstleutnant Iwan Issajewitsch Klimenko, der 20 Jahre später, im Mai 1965, erklärte: *„Wir gehörten den angreifenden Abteilungen General* [Wassili Iwanowitsch] *Kusnezows an. Von der anderen Seite rückten zur Reichskanzlei die Abteilungen der 301. Division vor, die General* [Alexei Innokentjewitsch] *Antonow befehligte. Am 30. April um 1 Uhr 30 Minuten befahl das Oberkommando den angreifenden Truppen, das Artilleriefeuer auf das Gebäude der Reichskanzlei zu konzentrieren. Innerhalb weniger Minuten waren die oberen Stockwerke* [sic!] *des Gebäudes von den Geschossen heruntergemäht. Nach dem Artillerietrommelfeuer begannen die Soldaten mit dem Sturm und nahmen* *die Reichskanzlei schnell ein“* (DER SPIEGEL, 19/1965: *„Wie ich die Leiche Hitlers fand“*). Das ist (siehe Kapitel Die Besetzung der Reichskanzlei) frei erfunden: Es hat nie einen Sturmangriff auf das Gebäude gegeben.

Dass die Zerstörungen weit weniger gravierend gewesen sind, als von Günsche und anderen behauptet, beweisen auch Aussagen, dass zahlreiche Leichen im Garten gefunden worden seien. Hans Fritzsche, Ministerialdirektor im Reichspropagandaministerium, sagte später aus, dass er am 3. Mai in den Garten der Reichskanzlei geführt wurde, wo er *„etwa 15* [sic!] *mehr oder weniger zerstörte Leichen herumliegen sah“* (Joachimsthaler (2004): 385). Der russische Oberstleutnant Julius K. Klausen erinnerte sich, *„dass man viele* [sic!] *Leichen* [im Garten] *gefunden habe“* (Joachimsthaler (2004): 356). Verschiedene Zeugen sagen also völlig unabhängig voneinander aus, dass in der *„Umgebung des Bunkerausgangs 13 bis 15 Leichen bzw. Überreste von Leichen gefunden worden seien, die zum Teil* [sic!] *nicht mehr zu identifizieren gewesen seien“* (Joachimsthaler (2004): 352). Auch im weiteren Bereich des Gartengeländes wurden *„zahllose* [sic!] *Tote, verbrannte oder verstümmelte menschliche Überreste“* gefunden (DER SPIEGEL 12/2002, S. 76 und 78). Insgesamt haben die Sowjets bis zum November 1945 100 bis 160 Leichen (überwiegend aus dem Lazarett der Neuen Reichskanzlei) obduziert (Joachimsthaler (2004): 260). Aber ausgerechnet die Leiche von Hitler soll völlig zerstört worden sein? Für Joachimsthaler ist das *„einfach ein Zufall, eine Ironie des Schicksals“*. Für ihn steht fest, dass *„die Überreste der Leiche Hitlers (...) nie gefunden“* worden sind (Joachimsthaler (2004): 7). Joachimsthaler unterliegt hier dem Fehler, Informationen so auszuwählen, zu ermitteln und zu interpretieren, dass diese seine eigenen Erwartungen erfüllen.

Das wegen der widrigen Umstände im Garten die Leiche Hitlers von Panzerkommandant SS-Oberscharführer Georg Diers durch zwei Tellerminen zerstört worden ist: *„Der Körper wurde völlig zerlegt“* (Passauer Neue Presse, Martin Rutrecht (2. Juli 2022): Kelheimer Historiker: Hitlers Leiche wurde gesprengt), ist ebenfalls unglaubwürdig, denn zum Auslösen einer Tellermine war ein Druck von 210 Kilogramm nötig (Terry Gander, Peter Chamberlain: *Enzyklopädie deutscher Waffen. 1939–1945.* Spezialausgabe, 2. Auflage, S. 355. Motorbuchverlag, Stuttgart 2006).

Das erste Begräbnis

Die Leichen von Adolf und Eva Hitler brannten mit Unterbrechungen von etwa 16:00 bis etwa 18:20 Uhr. Laut SS-Rottenführer Hermann Karnau bewegte sich *„das Fleisch auf und ab“*. Karnau sagte 1953 aus: *„Gegen 18 Uhr bin ich nochmals an die Stelle (...) Ich sah, wie Hitler und Eva Braun so weit verbrannt waren, dass das markante Knochengestell noch zu sehen war. Die Benzinkanister lagen an Ort und Stelle, wo sie vorher lagen; und vor einer Zementmaschine (...) war die Erde frisch aufgeworfen. Ich nehme an, dass (...) die Reste da reingeworfen wurden“* (Joachimsthaler (2004): 333f). SS-Rottenführer Erich Mansfeld erklärt 1954: *„Karnau erschien dann gegen 18 Uhr beim* [Beobachtungs-] *Turm. Er rief mich an, ich solle doch herunterkommen (...). Wir begaben uns hierauf zum Verbrennungsplatz. Dort sahen wir zwei verkohlte* [sic!], *zusammengeschrumpfte Leichen, die nicht mehr zu identifizieren waren“* (Joachimsthaler (2004): 335). Obwohl Adjutant Otto Günsche und Diener Heinz Linge von Hitler persönlich beauftragt waren, für die Verbrennung bis zur völligen Vernichtung zu sorgen, hat sich offensichtlich keiner der beiden vom finalen Zustand der Überreste überzeugt (Joachimsthaler (2004): 333).

Vermutlich wollten sich beide den Anblick des verbrennenden „Führers“, zu dem sie jahrelang eine enge Bindung gehabt haben, ersparen. Günsche beauftragt deshalb SS-Hauptsturmführer Ewald Lindloff, die Leichen an geeigneter Stelle zu vergraben (Frank (2005): 249). Dazu sagte Günsche 1956 aus, dass er diesen Auftrag *„am frühen Abend“* erteilt habe und ihm *„bald darauf“* auch Vollzug gemeldet worden sei (Fest/Eichinger (2002): 143f). Und weiter: *„Den Verbleib der Überreste habe ich dahingehend geregelt, dass ich den Obersturmführer* [tatsächlich SS-Hauptsturmführer] *Lindloff beauftragt habe, sie im Garten an geeigneter Stelle zu vergraben. (...) Lindloff hat mir im weiteren Verlauf des Tages gemeldet, dass er meinen Auftrag gemeinsam mit einem anderen Angehörigen des Begleitkommandos ausgeführt habe. (...) Ich meine mich zu erinnern, dass es der* [SS-]*Obersturmführer Hans Reißer gewesen ist. Lindloff hat mir (...) berichtet, dass die Leichen bereits nach 30 Minuten schon verkohlt und aufgerissen waren. Die Überreste, die in einem scheußlichen Zustand waren, hätten auch klaffende Wunden aufgewiesen“* (Joachimsthaler (2004): 346). Dazu SS-Obersturmführer Hans Reißer 1956: *„Günsche hat mir den Auftrag gegeben, die Überreste der beiden Leichen zu beseitigen, wenn alles vorbei ist, und zwar gemeinsam mit dem* [SS-]*Obersturmführer Ewald Lindloff. Etwa eineinhalb Stunden später hat mir Otto Günsche dann gesagt, dass nichts mehr nötig sei, Lindloff habe es bereits besorgt“* (Joachimsthaler (2004): 347).

Abb. 39 Im Vordergrund die Begräbnisgrube, Blickrichtung nach Süden. Im Hintergrund der Speisesaal der Neuen Reichskanzlei. (23)

Abb. 40 Ein britischer Soldat schaut in die Begräbnisgrube. In ihr liegen zwei Benzinkanister. Im Hintergrund der fertige Beobachtungsturm. (30)

Abb. 41 Amerikanische Offiziere an der Begräbnisgrube. Rechts liegen Äste, es ist die Stelle, an der die Grube (rechts am Bildrand) einen Linksknick aufweist. (43)

Abb. 42 Ein sowjetischer Soldat steht in der Begräbnisgrube; links vier Benzinkanister, im Hintergrund ein Betonmischer. Links steht ein sowjetischer Wachsoldat, rechts auf dem Sandaushub der Grube westalliierte Soldaten. Blickrichtung nach Süden. Im Hintergrund der Speisesaal der Neuen Reichskanzlei. (24)

Abb. 43 Dieselbe Szene mit anderen Personen. (23)

Laut dem Historiker Werner Maser teilte Günsche ihm mit: *„Der verkohlte Leichnam, vom Gesicht war nichts mehr vorhanden, von dem zerschmetterten Kopf nur noch ein grauenhaft verkohlter Rest, wurde auf eine Zeltplane geschoben, unter starkem sowjetischem Artilleriefeuer in dem großen Gräberfeld um die Reichskanzlei in einen Granattrichter vor dem Bunkerausgang hinabgelassen, Erde darauf gedeckt und mit einem Holzstampfer festgestampft"* (Maser (1974): 523). Da Günsche selbst nicht anwesend war, kann er die Information nur von Lindloff erhalten haben, dem Mann, der als Totengräber Hitlers bezeichnet werden kann. Kein Mensch außer Lindloff, der zwei Tage später fiel, wusste aus eigener Anschauung, wie die Leiche Hitlers bei dessen Begräbnis ausgesehen hat (Joachimsthaler (2004): 343). Von einem runden Granattrichter kann indes keine Rede sein, die Grube, in der das Begräbnis erfolgte, war erwiesenermaßen länglich.

Die Leichen wurden laut Fest *„nach Einbruch der Nacht"* begraben (Fest/Eichinger (2002): 143f). Diese Zeitangabe kann nicht stimmen. Die Sonne ging an diesem Tag gegen 20:30 Uhr unter, Lindloff dagegen meldete Günsche bereits gegen 18:30 Uhr den Vollzug der Beseitigung der Überreste (Joachimsthaler (2004): 339). Das erste Begräbnis der Leichen erfolgte also vor 18:30 Uhr (Großbölting/Schmidt (2011): 89). Die Grube, in der das Ehepaar Hitler begraben wurden, war knapp einen Meter tief, wie sich aus der Analyse der Bilder und Filmaufnahmen ergab. Sie wurde von zwei Männern des RSD ausgehoben (DIE WELT, Sven Felix Kellerhoff (29. April 2016):

Warum Hitler und Eva Braun zehn Mal begraben wurden.). Laut russischen Berichten war die *„vorbereitete Grube (...) etwa fünf Meter vom Ausgang des Bunkers entfernt“* (Prawda, Moskau, Vladimir Jancura (05. Mai 2015): *Hitlers Selbstmord markierte das Ende des Dritten Reiches.* Abgerufen am 07. Januar 2022 von https://zurnal-pravda-sk.translate.goog/neznama-historia/clanok/354022-hitlerova-samovrazda-znamenala-koniec-tretej-rise/?_x_tr_sl=sk&_x_tr_tl=de&_x_tr_hl=de&_x_tr_pto=sc).

Der ehemalige Hitlerjunge Armin D. Lehmann erinnerte sich 2005 in seiner Autobiografie an seinen Einsatz in den letzten Kriegstagen vor dem Führerbunker: *„Der Boden schien zu dampfen. Offenbar hatte man Sand auf die brennenden Leichen geschaufelt, doch nicht genug, um das Schwelen zu ersticken. Die Umgebung glich eher einem Schuttabladeplatz als einem Garten. Abfall, Stein- und Metallfragmente und mehrere* [sic!] *noch nicht beerdigte Leichen lagen herum. Ich erinnere mich auch an eine Betonmischmaschine und ein ausgebranntes Auto, beide waren von Kugeln durchsiebt“* (Lehmann (2005): 308). SS-Mann Erich Mansfeld bemerkte um Mitternacht die *„neue rechteckige Form eines Bombenkraters in der Nähe des Bunkernotausgangs“* und schloss darauf, dass dort die Leichen begraben worden waren (Trevor-Roper (1995): 20).

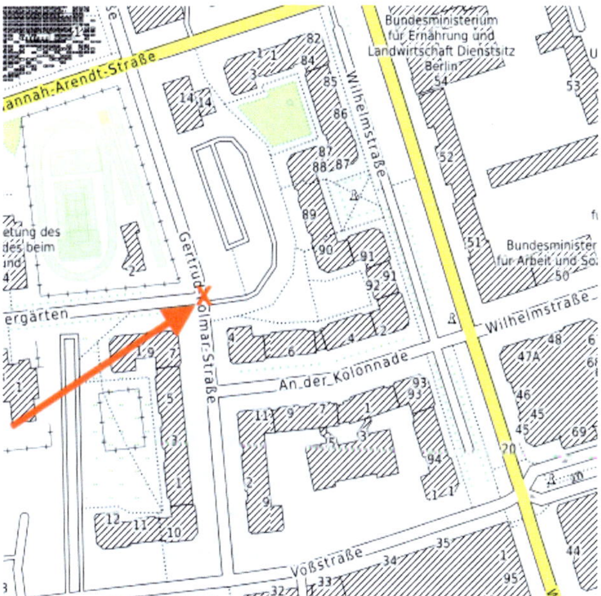

Abb. 44 Heutige Verortung des Verbrennungs- und ersten Begräbnisortes (Gertrud-Kolmar-Straße / Einmündung In den Ministergärten. Oben die Hannah-Arendt-Straße, rechts die Wilhelmstraße, unten die Voßstraße. (Openstreetmap, Database Contents License (DbCL) 1.0)

Abb. 45 Die Stelle an der Gertrud-Kolmar-Straße mit Blickrichtung nach Nordosten. (25)

Abb. 46 Gleiche Perspektive mit eingeblendeter historischer Aufnahme des Gartenausgang des Führerbunkers. (25)

Abb. 47 Gertrud-Kolmar-Straße Blickrichtung nach Norden mit auf dem Asphalt eingezeichneten linken (unfertigem) Beobachtungsturm und dem Gartenausgang mit Türspalt. Im Hintergrund links oben die Rückseite der Botschaft der USA, davor (nicht sichtbar) das Holocaustdenkmal. (2)

Abb. 48 Gleiche Perspektive mit Blickrichtung nach Westen (In den Ministergärten). Im Vordergrund der markierte Gartenausgang mit Türöffnung. (2)

Abb. 49 Gertrud-Kolmar-Straße mit Blickrichtung nach Südosten; im Hintergrund die Informationstafel des Führerbunkers. Eingeblendet die Begräbnisstelle. (25)

Abb. 50 2022: Die Verbrennungs- und Begräbnisstelle im Kreuzungsbereich der Gertrud-Kolmar-Straße und In den Ministergärten. Blickrichtung nach Südwesten (aus dem Gartenausgang nach halblinks). (2)

IV Exhumierungen und Begräbnisse – Chronologie einer Odyssee

Die Eilmeldung

Moskau, Dienstag, 1. Mai 1945

Nach Mitternacht, am frühen Morgen des 1. Mai 1945, wird General Hans Krebs zum Gefechtsstand des Befehlshabers der 8. sowjetischen Gardearmee General Wassili Iwanowitsch Tschuikow in den Schulenburgring 2 in Berlin-Tempelhof entsandt, wo er kurz vor drei Uhr morgens eintrifft. Er überreicht Tschuikow einen von Hitlers Sekretär Martin Bormann gegengezeichneten Brief des neuen deutschen Reichskanzlers Joseph Goebbels an Stalin, in dem dieser schreibt: *„Ich teile dem Führer des Sowjetvolkes als dem ersten Nichtdeutschen mit, dass heute, am 30. April 1945, der Führer des deutschen Volkes, Adolf Hitler, um 15.50 Uhr von eigener Hand verschieden ist.“* Tschuikow informiert sofort Marschall Georgi Konstantinowitsch Schukow, Kommandeur der 1. Belorussischen Front. Dieser ruft sofort in Moskau an (DER SPIEGEL 15/1995, *Hitlers Höllenfahrt*, S. 178). Um 05:05 Uhr Moskauer Zeit (03:05 Uhr deutscher Zeit) empfängt General Sergei Leonidowitsch Sokolow von der Operativverwaltung des Generalstabes der Roten Armee (Völklein (1998): 46) folgendes Telefontelegramm: *„Sehr dringend, streng geheim! Von Gen. Schukow. An Genossen Stalin. Im Stab der 8. Garde-Armee tauchte der Chef des Generalstabs des Heeres, General der Infanterie Kreps* [Krebs], *auf, der Folgendes erklärte: Am 30.4. um 15:50 Uhr Berliner Zeit hat Hitler sein Leben durch Selbstmord beendet“* (Eberle, Uhl (2005): 462f). Das Telegramm bekommt die Eingangsnummer 9/1253 und liegt heute im Dossier Nr. 41-Sh/2-w/I des russischen Präsidentenarchivs (Völklein (1998): 46f). Es wird sofort an Stalins persönlichen Sekretär Alexander Nikolaevich Poskrebyshev übergeben (Eberle/Uhl (2005): 462f).

Poskrebyshev lässt Stalin wecken und informiert ihn über den Inhalt (Frank (2005): 256). Stalins erster Kommentar lautet: *„Ist es also mit ihm zu Ende. Schade, dass wir ihn nicht lebend gekriegt haben. Wo ist Hitlers Leichnam?"* (Eberle, Uhl (2005): 462f). Er will den Tod Hitlers bestätigt wissen und befiehlt der Spionageabwehreinheit der Roten Armee, SMERSch (SMERt Schpionam – Tod den Spionen), den Leichnam zu finden. Die Leitung der SMERSch liegt bei General Wiktor Semjonowitsch Abakumow. Er ist der Verantwortliche für die Fahndung nach Hitler und sollte ihn und die anderen Naziführer möglichst lebend gefangen nehmen (DER SPIEGEL 30/1992, *Hitlers letzte Reise*, S. 112). Der sowjetische Nachrichtendienst weiß seit dem 30. April, dass sich Hitler und Goebbels in der Reichskanzlei aufhalten. An diesem Tag ist der Marinegefreite Paul Marzers, Angehöriger eines SS-Bataillons, bei einem Straßenkampf in Berlin gefangen genommen worden und hat den Sowjets berichtet, dass sich Hitler, Goebbels und andere vor dem 28. April noch in der Reichskanzlei aufgehalten haben (Winogradow, Pogonitz (2000): 6f).

Um 21:30 Uhr macht der Sender Hamburg das deutsche Volk darauf aufmerksam, dass *„eine ernste und wichtige Ankündigung"* folge (Trevor-Roper (1995): 201). Um 22:26 Uhr meldet der Großdeutsche Rundfunk Hitlers Tod: *„Aus dem Führerhauptquartier wird gemeldet, dass unser Führer Adolf Hitler heute Nachmittag in seinem Befehlsstand in der Reichskanzlei, bis zum letzten Atemzuge gegen den Bolschewismus kämpfend, für Deutschland gefallen ist"* (Großbölting/Schmidt (2011): 81). Es dauert nur 19 Minuten, bis die britische BBC ihr laufendes Programm unterbricht. Eingeleitet wird die neue Nachricht um 21:45 britischer Zeit (22:45 Uhr deutscher Zeit) von den Glocken des Big Ben in London. Die Nachricht beginnt mit den Worten: *„We are interrupting this program to bring you a news flash."* (*„Wir unterbrechen dieses Programm, um Ihnen eine Eilmeldung zu überbringen"*) Der Ausdruck *„News Flash"* (*„Eilmeldung"*) wird damals in der BBC selten im Radio verwendet, da er als amerikanisch gilt. Vermutlich handelt es sich um einen sogenannten Simulcast – eine gleichzeitige Ausstrahlung auf allen BBC-Programmen inklusive den Übersee- und den Armeesendern. Es folgt: *„This is London calling with a new flash. German radio has just announced that Hitler is dead. I repeat that. German radio has just announced that Hitler is dead."* (*„Hier ist London mit einer Eilmeldung. Der deutsche Rundfunk hat soeben gemeldet, dass Hitler tot ist. Ich wiederhole das. Der deutsche Rundfunk hat soeben bekannt gegeben, dass Hitler tot ist"*) (SWR 2 Archivradio: *BBC meldet Hitlers Tod*. Abgerufen am 29. Januar 2022 von https://www.swr.de/swr2/wissen/archivradio/bbc-meldet-hitlers-tod-1945-100.html).

Die Besetzung der Reichskanzlei

Berlin-Mitte, Mittwoch, 2. Mai 1945

In der Nacht zum 2. Mai 1945, zwischen 00.50 und 01.50 Uhr morgens, beendet der Großdeutsche Rundfunk aus der Berliner Masurenallee das Programm mit den Worten: *„Wir grüßen alle Deutschen und gedenken des tapferen deutschen Soldatentums zu Lande, zu Wasser und in der Luft. Der Führer ist tot, es lebe das Reich"* (Die ZEIT, Dr. Volker Ullrich (2. Mai 2020): *Adolf Hitlers Tod: Stalin wollte es nicht glauben.*). Das Regierungsviertel um die Wilhelm- und Voßstraße ist noch in der Nacht zuvor Schauplatz von Kämpfen gewesen, nun schweigen auch hier die Waffen. Über die Reichskanzlei senkt sich eine gespenstische Ruhe und die wenigen noch verbliebenen Insassen zittern dem Eintreffen der ersten Rotarmisten entgegen. Die Londoner lesen unterdessen in der „Times" einen ersten Nachruf auf Hitler (Trevor-Roper (1995): 6). Auch der „Daily Express" berichtet: *„Die Deutschen geben die Nachricht heraus, von der alle hoffen, dass sie wahr ist: HITLER IST TOT"* (Express, London, Dominic Midgley (15. September 2014): *Hitler's final moments uncovered: How the Daily Express reported his death 69 years ago.*).

Die amtliche russische Nachrichtenagentur TASS dagegen bezeichnet die im deutschen Rundfunk am Vorabend verbreitete Nachricht von Hitlers Tod als *„einen neuen Faschistentrick"*. Sie ist sich sicher: *„Durch die Verbreitung von Meldungen über Hitlers Tod hoffen die deutschen Faschisten offensichtlich, Hitler die Möglichkeit zum Abtritt von der politischen Bühne und zum Verschwinden zu geben"* (Trevor-Roper (1995): 29f). Stalin wollte Hitler lebendig und weigert sich, die Tatsache dessen Suizids zu akzeptieren (Besymenski (1995): 79). General Helmuth Weidling ordnet als Kampfkommandant von Berlin am 2. Mai die Einstellung der Kampfhandlungen in Berlin für 13:00 Uhr an und bestätigt am Morgen den Tod Hitlers noch einmal ausdrücklich. Doch auf sowjetischer Seite bleibt man dennoch misstrauisch (Die ZEIT, Dr. Volker Ullrich (2. Mai 2020): *Adolf Hitlers Tod: Stalin wollte es nicht glauben.*).

Gegen 09:00 Uhr am Morgen des 2. Mai erreichen laut Aussage des Maschinenmeisters und Cheftechnikers der Reichskanzlei Johannes Hentschel, dem letzten Bunkerinsassen, erste sowjetische Soldaten den Führerbunker. Dass dies nicht schon eher geschehen ist, erklärt sich durch die Umstände, dass für die Rote Armee die am Nachmittag des 30. April erfolgte Erstürmung des Reichstags („Objekt 105") ein wichtigeres Symbol war als die Reichskanzlei („Objekt 153"). Die Reichskanzlei ist bei der Roten Armee weder populär noch bekannt. Stalins Wahl fiel auch deshalb auf den frei stehenden Reichstag, weil die Truppe ein erkennbares Ziel haben sollte (Besymenski (1995):

6). Der Reichstag besaß eine auffällige Kuppel, auf der die Sowjets am 30. April die rote Fahne hissten. Zudem vermuteten sie Hitler gar nicht mehr in Berlin (Kellerhoff (2005): 193f). So vernimmt Hentschel erst am Morgen des 2. Mai russische Stimmen: Ein Dutzend junge tuschelnde und kichernde Frauen, Angehörige eines sowjetischen Sanitätskorps, dringen in das Gebäude ein. Sie scheinen sich vor allem für zurückgelassene Frauengarderobe zu interessieren. Gegen 10:00 Uhr rücken durch den Keller der Alten Reichskanzlei zwei sowjetische Offiziere mit gezückten Pistolen vor und treffen im Vorbunker auf Hentschel. Einer der Rotarmisten ist Major Boris Polewoi, der erste sowjetische männliche Offizier im Führerbunker. Hentschel wird kurz darauf festgenommen (DER SPIEGEL 35/2004, S. 53).

Kurz nach 15:00 Uhr besetzen Truppen der 301. und der 248. Schützendivision von der 3. Stoßarmee der 1. Belorussischen Front, ohne auf Widerstand zu stoßen, die Neue Reichskanzlei. Um das Gebäude wird nicht gekämpft und Major Nikulin hisst die sowjetische Fahne auf dem Dach (Besymenski (1995): 8). Pioniereinheiten suchen das Gelände vorsichtig nach Minen und die Keller und Bunker nach möglichen Sprengladungen ab. Ihnen folgt eine Abteilung der SMERSch. Ihr Auftrag lautet, die Leiche Hitlers zu finden und sie zu identifizieren (Die ZEIT, Dr. Volker Ullrich (2. Mai 2020): *Adolf Hitlers Tod: Stalin wollte es nicht glauben.*). Die Truppe wird von Oberstleutnant Iwan Klimenko angeführt, Führer der SMERSch-Abteilung des 79. Schützenkorps der 1. Weißrussischen Front, die an diesem Tag im Gefängnis Plötzensee (Berlin, Charlottenburg-Nord, heute Friedrich-Olbricht-Damm 16) ihre Tätigkeit aufnimmt (Besymenski (1982): 318). Nach einer ersten Inspektion der unterirdischen Bunker steigen Oberstleutnant Klimenko, Major Boris Alexandrowitsch Bystrow und Major Chasin in den Garten hinauf (Doernberg (2005): 47). Die anwesende sowjetische Dolmetscherin Jelena Moissejewna Rschewskaja erinnerte sich: *„Unzählige Geschosse haben die Erde zerwühlt und die Bäume verstümmelt. Wir treten auf verkohlte Zweige, schreiten über rußgeschwärzten Rasen. Überall liegen Glassplitter, zerbrochene Ziegel"* (Die ZEIT, Dr. Volker Ullrich (2. Mai 2020): *Adolf Hitlers Tod: Stalin wollte es nicht glauben.*).

Gegen 17 Uhr entdeckt die Gruppe in der Nähe des Gartenausgangs die halb verkohlten Leichen von Joseph und Magda Goebbels. Dazu SMERSch-Gruppenführer Klimenko: *„Meine Aufklärergruppe setzte Schritt für Schritt die Untersuchung des Kellers fort. Wir sahen in alle Winkel, Eingänge, Geheimräume, entdeckten zahlreiche Gefangene, darunter allein gegen 100 Oberste, aber wir fanden im Keller weder Hitler noch Goebbels. Danach gingen wir auf den Hof der Reichskanzlei und suchten das ganze Gelände Meter für Meter ab. Unweit des Bunkers fanden wir bald die verbrannten Leichen von Goebbels und seiner Frau. Sie waren nicht einmal mit Erde bedeckt. Magda Goebbels war viel stärker vom Feuer verunstaltet, da der Wind anscheinend von der Seite aus* *geweht hatte, wo sie lag. Zwischen ihnen lagen Papier und verbrannte Lumpen"* (DER SPIEGEL, 19/1965: *„Wie ich die Leiche Hitlers fand"*). Da die Soldaten keine Bahre haben, werden die Leichen des Ehepaars Goebbels auf eine ausgehängte Tür gelegt, zu einem Lastwagen getragen und in die Direktorenvilla des Gefängnisses Plötzensee transportiert (Besymenski (1982): 147, 318). Dort, in der Küche der Wohnung des Aufsehers, verbleiben die Leichen bis zur offiziellen Identifizierung (Besymenski (1995): 82). Klimenko weiter: *„Die ganze Nacht vom 2. zum 3. Mai verhörte ich Gefangene, die im Tiergartenbezirk festgenommen worden waren. Es waren hauptsächlich Regierungsbeamte, Generäle, Offiziere"* (DER SPIEGEL, 19/1965: *„Wie ich die Leiche Hitlers fand"*).

Nach der Bergung der Leichen des Ehepaars Goebbels gibt der Leiter der SMERSch-Abteilung der 3. Stoßarmee, Oberst Andrei Seliwerstowitsch Miroschnitschenko, unter Berücksichtigung der vorliegenden Informationen über den Selbstmord Hitlers den Befehl, die operativen Fahndungsgruppen zu verstärken. Diese werden angewiesen, das Gebiet um die Reichskanzlei gründlicher zu inspizieren und Personen festzunehmen, die über Hitlers Schicksal Auskunft geben könnten (Winogradow, Pogonitz (2000): 8). Außer Klimenko fahnden nun mehrere andere Suchtrupps nach Hitlers Leiche. Der stellvertretende Leiter der SMERSch-Abteilung, der erfahrene Geheimpolizist Oberst Vasilij Gorbušin, bekommt vom Stellvertreter des Kommandanten der 1. Weißrussischen Front, Generaloberst Iwan Alexandrowitsch Serow, persönlich den Auftrag, sich auf die Suche nach Hitlers Leichnam zu machen. Unter den Suchkommandos kursiert das Gerücht, der sowjetische Stadtkommandant von Berlin, Generaloberst Nikolai Erastowitsch Bersarin, habe demjenigen den Titel eines „Helden der Sowjetunion" versprochen, der den Körper findet (Alisa Argunova (17. Mai 2005): *Die acht Bestattungen Hitlers: Russische Dokumente und Berichte*. AaO).

Die Suche nach Hitlers Leiche

Berlin, Donnerstag, 3. Mai 1945

Im Vorbunker finden die Sowjets die Leichen der vier- bis zwölfjährigen Goebbels-Kinder, fünf Mädchen und ein Junge: Helga Susanne, Hildegard Traudel, Helmut Christian, Holdine („Holde") Kathrin, Hedwig („Hedda") Johanna und Heidrun („Heide") Elisabeth. Sie liegen noch in ihren Nachthemden auf den Betten, wo sie zwei Tage zuvor auf Veranlassung ihrer Mutter mit Blausäure umgebracht worden sind. Zur Identifizierung der Leichen wird Vizeadmiral Hans-Erich Voss herangezogen (Die ZEIT, Dr. Volker Ullrich (2. Mai 2020): *Adolf Hitlers Tod: Stalin wollte es nicht glauben.*). Auch die verkohlte Leiche von General Krebs, der sich nach seiner Rückkehr in den Führerbunker umgebracht hat, wird entdeckt. Klimenko lässt diese Leichen ebenfalls nach Plötzensee transportieren (Besymenski (1982): 147). In der Nähe des Gartenausgangs entdecken andere Rotarmisten die Leiche eines gefallenen deutschen Soldaten. Sie präparieren sie, womöglich mit Hilfe eines Maskenbildners, als toten Hitler (DER SPIEGEL 12/2002, S. 76 und 78). Dann legen sie den Körper dekorativ zwischen Trümmerbrocken neben einem herabgestürzten steinernen Hoheitsadler links neben dem Eingang im Ehrenhof der Neuen Reichskanzlei. Für den nächsten Tag laden sie Medienvertreter ein.

Zusammen mit Vizeadmiral Voss geht Klimenko durch den Garten. Vor einem mit Leichen gefüllten Löschwasserbecken soll Voss gerufen haben: *„Oh, da ist Hitlers Leiche!"* (DER SPIEGEL 15/1995, *Hitlers Höllenfahrt*, S. 180). Es ist bereits Abend, die Lichtverhältnisse sind schlecht und die Leiche kann eine gewisse Ähnlichkeit mit Hitler gehabt haben. Aber die Suche wird fortgesetzt. Jelena Rschewskaja, die Dolmetscherin, erinnert sich: *„Immer wieder tasten wir den verödeten Bunker Meter um Meter ab. Umgestürzte Tische liegen umher, zerschlagene Schreibmaschinen, Glas klirrt und Papier raschelt unter den Füßen. Wir durchsuchen Zellen und Zimmer, die langen Korridore. Wir tasten uns an den beschädigten Betonwänden entlang und tappen durch Pfützen, die sich in den Gängen sammeln. Die Luft ist feucht und drückend, die Ventilatoren arbeiten nicht mehr. Das Atmen fällt schwer"* (Die ZEIT, Dr. Volker Ullrich (2. Mai 2020): *Adolf Hitlers Tod: Stalin wollte es nicht glauben*). Die Sowjets erhalten im Keller des Krankenreviers der Reichskanzlei von Erich Habermann, einem Wachmann in Zivilkleidung, die Bestätigung über Hitlers Tod. Habermann verweist darüber hinaus auf die Krankenschwester Elisabeth Lindhorst. Diese wird daraufhin von den Sowjets festgenommen. Sie trägt Gegenstände bei sich, die Hitler gehört haben: eine goldene Taschenuhr, ein Porträt der Mutter Hitlers, sein Parteiabzeichen und ein Eisernes Kreuz aus dem Jahr 1914 (Winogradow, Pogonitz (2000): 7). Es ist unbekannt, wie sie an die Gegenstände gekommen ist. Über den Verbleib Adolf Hitlers kann Lindhorst keine Angaben machen.

Fund und zweites Begräbnis

Berlin, Freitag, 4. Mai 1945

Am Freitag, 4. Mai, vier Tage nach Hitlers Tod, fährt Oberstleutnant Klimenko mit sechs Zeugen der Geschehnisse im Bunker noch einmal in die Reichskanzlei. Die am Vortag entdeckte Leiche liegt jedoch nicht mehr im Löschwasserbecken. Klimenko erinnerte sich: *„Etwa gegen 11 Uhr kehrte ich zusammen mit sechs Zeugen in den Garten der Reichskanzlei zurück. Ich wollte ins Gebäude, man ließ mich aber nicht hinein, (...) ich musste erst (...) in einen anderen Flügel der Reichskanzlei gehen. Wir gingen in den Garten, zum Bunkerausgang. Soldat Iwan Tschurakow stieg nebenan in einen Trichter, der mit verbranntem Papier übersät war. Er meldet ‚hier sind Beine zu sehen'. Wir begannen, sie freizuschaufeln und zogen aus dem Trichter zwei Leichen hervor"* (Besymenski (1982): 161f). Soldat Iwan Dmitrijewitsch Tschurakow gräbt *„drei Meter vor dem Eingang zum privaten Luftschutzkeller Hitlers"*, so seine Meldung, aus einem Bombentrichter zwei Körper aus (DER SPIEGEL 15/1995, *Hitlers Höllenfahrt*, S. 180). Anwesend sind auch Ivan Curakov, Hauptmann Derjabin und Chauffeur Cibochin (Doernberg (2005): 19).

Jelena Rschewskaja berichtet über die Ereignisse am 4. Mai: *„Es ist hell und windig. Im Garten nahe dem Notausgang stehen im Kreise die Rotarmisten Tschurakow, Olejnik, Serouch, Olt. Klimenko und Oberleutnant Panassow. Soldat Tschurakow ist auf einen Bombentrichter aufmerksam geworden. Der Trichter liegt links vor dem Eingang des Führerbunkers. Die Erde im Trichter ist weich und locker, eine geladene Panzerfaust ist hinuntergerollt, und etwas ragt aus dem Boden, was eine graue Decke sein könnte. Als er in den Trichter springt, landet er auf den halbverkohlten* [sic!] *Leichen eines Mannes und einer Frau, die mit einer dünnen Erdschicht bedeckt sind. Der Soldat ruft Kameraden zu Hilfe. Zu viert ziehen sie die Körper heraus. Auf einer grauen, mit Erde beschmierten Decke liegen vom Feuer verstümmelte, schwarze menschliche Überreste. Ein grausiger Anblick"* (Doernberg (2005): 80ff).

> Dazu noch einmal Klimenko: *„An dem Morgen, als die zur Identifizierung Geladenen (...) die Leiche von Hitlers Doppelgänger besichtigten, suchten meine Aufklärer den Hof der Reichskanzlei Meter für Meter ab. Unter Leichen, Schutthaufen, umgestürzten Pfeilern und eingestürzten Bauten, in der Nähe des Betonmischers, in dem man noch vor einigen Tagen Zement zur Verstärkung der Bunkerüberdeckungen bereitet hatte, entdeckte der Soldat Tschurakow, ungefähr drei bis vier Meter vom Eingang des Führerbunkers entfernt, einen Trichter, auf dessen Boden eine Panzerfaust lag. Aus Vorsichtsgründen beschloß man, sie*

herauszuholen und zu entschärfen – rundherum waren ja Menschen, und es hätte ein Unglück geben können. Tschurakow beugte sich hinab, um den Stiel der Waffe zu, fassen, und wollte gerade aus dem Trichter herausklettern, als er plötzlich die mit einer grauen Decke bedeckten nackten Beine einer Leiche aus der Erde ragen sah. Wir entfernten die Erdschicht und erblickten die verbrannten Leichen eines Mannes und einer beinahe nackten Frau. Damals dachten wir, im blauen Speisesaal läge die Leiche Hitlers, und schenkten daher dem neuen Fund keine sonderliche Beachtung. Ich ließ sie wieder zuschütten" (DER SPIEGEL, 19/1965: *„Wie ich die Leiche Hitlers fand"*). Die Leichen werden also ein zweites Mal in derselben Grube begraben, nachdem Klimenko gehört hat, Hitlers Leiche sei bereits im Gebäude der Reichskanzlei gefunden worden und werde gerade gefilmt. Anschließend fährt er mit seiner Truppe nach Plötzensee zurück.

Die von den Sowjets am Vortag präparierte Leiche wird der Weltöffentlichkeit als spektakuläre Trophäe dargeboten: Es ist die „Wasserbeckenleiche", die als vermeintlicher Hitler gefilmt wird. Später widerrufen die Sowjets ihren Fund, sprechen erst von einem *„Double"*, dann von einer *„Fälschung"*. Eine Zeitlang ist offenbar erwogen worden, einen anderen Toten als Hitler zu präsentieren, doch fällt einem der hinzugezogene Experten rechtzeitig auf, dass der Mann gestopfte Socken trägt, was sofort Zweifel an der Identität weckt (DER SPIEGEL 12/2002, S. 76 und 78). Auch 60 Jahre später sprechen russische Medien noch von einem möglichen Doppelgänger: *„Besonders verwirrte alle der Umstand, dass nach der Eroberung der Reichskanzlei am 4. Mai 1945 der Leichnam eines Führer-Doppelgängers, Gustav Wehler, aufgefunden worden war"* (Alisa Argunova (17. Mai 2005): *Die acht Bestattungen Hitlers: Russische Dokumente und Berichte.* AaO). Der Sowjetdiplomat Andrei Andrejewitsch Smirnow, später Botschafter in Bonn, stellte allerdings eindeutig fest: *„Natürlich konnte jeder, der Hitler schon einmal gesehen hatte, erkennen, dass er es nicht war"* (Besymenski (1995): 86f).

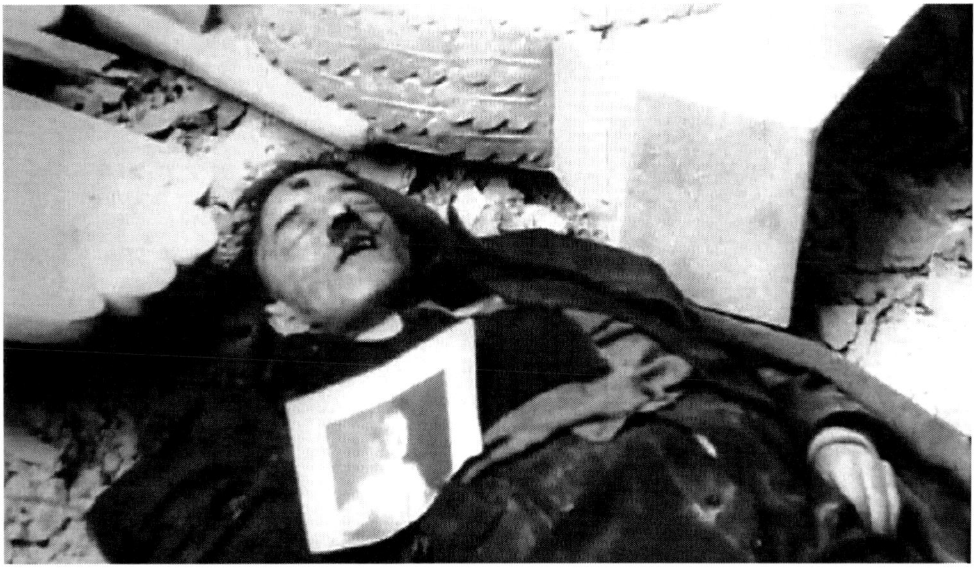

Abb. 51 Dieser durch einen Schuss in die Stirn getötete Mann wird von den Sowjets der internationalen Presse als vermeintliche Leiche Hitlers präsentiert. Auf der Brust liegt ein Porträtbild Hitlers. (10)

Am Abend erfährt Klimenko, dass die den Medien präsentierte Leiche doch nicht die von Hitler sein kann, und beschließt, am nächsten Morgen noch einmal in die Reichskanzlei zu fahren. Er weiß nichts von dem Gespräch, das an diesem Tag in Stalins Büro in Moskau stattfindet. Anwesend sind der sowjetische Generalstabschefs General Alexei Innokentjewitsch Antonow und der Chef der Operationsabteilung und stellvertretende Chef des Generalstabes General Sergei Matwejewitsch Schtemenko. Man erörtert den Inhalt der Meldungen aus Berlin. Stalin erklärt, den Berichten über Hitlers Tod solle nicht geglaubt werden (Besymenski (1995): 108). In der Folge fördert er bewusst den Umstand, dass die verschiedenen sowjetischen Sicherheitsbehörden nicht miteinander kooperieren. So erhält er unterschiedliche, unabhängig voneinander erstellte Fachberichte und kann das endgültige Urteil allein fällen.

Der erste Transport

Berlin-Mitte – Berlin-Plötzensee, Samstag, 5. Mai 1945

Am Vormittag des 5. Mai gegen elf Uhr erreicht Klimenko abermals mit sechs Untergebenen den Garten der Neuen Reichskanzlei. Die Männer gehen zum Löschwasserbecken, finden aber dort keine Leiche mehr. Als sie das Gebäude betreten wollen, werden sie nicht hineingelassen. Das Gelände ist inzwischen an die 5. Stoßarmee übergeben worden. Klimenko muss sich in das Büro des Kommandanten begeben, das sich am anderen Ende der Reichskanzlei befindet, um einen Passierschein zu erhalten. Er und seine Untergebenen passieren dabei eine Halle, in der die Leiche eines Mannes liegt, der wie Hitler aussieht. Von den sechs anwesenden Deutschen, deren Identität nicht bekannt ist und die diese Leiche begutachten, sagt nur einer, es *„könnte"* Hitler sein. Die anderen weisen das kategorisch zurück (Besymenski (1995): 84).

Anschließend kehrt Klimenko mit seinen Männern in den Garten zu der Stelle zurück, wo sie am Vortag die beiden Leichen ausgegraben haben. Dabei sind Klimenkos Stellvertreter, Hauptmann Derjabin, und der Chauffeur Zibotschkin. Die Grube wird erneut aufgegraben und beide Leichen herausgeholt, worüber ein Protokoll angefertigt wird, datiert auf den 5. Mai, obwohl der eigentliche Fund bereits am Vortag gemacht worden ist (Alisa Argunova (17. Mai 2005): *Die acht Bestattungen Hitlers: Russische Dokumente und Berichte.* AaO). Es ist ein Zugführer der Abwehrabteilung des 79. Schützenkorps, Oberleutnant Alexej Panassow, der die beiden Leichen erneut ausgräbt (Die ZEIT, Dr. Volker Ullrich (2. Mai 2020): *Adolf Hitlers Tod: Stalin wollte es nicht glauben.*). Zudem werden auch zwei Hunde exhumiert, die tiefer im Trichter liegen (Besymenski (1982): 166).

Abb. 52 5. Mai 1945: Der sowjetische Hauptmann Derjabin und sein Chauffeur Zibotschkin beim Ausgraben der Leichen von Adolf und Eva Hitler. (23)

Klimenko erinnerte sich 1965: *„Nachts, nach dem Mißgeschick mit dem ‚Fund'* [der Leiche im Löschwasserbecken] *von Voss, ließ ich mir noch einmal die Aussagen der SS-Leute durch den Kopf gehen. Ich beschloss, noch einmal zu dem Trichter zu gehen, in dem die Panzerfaust lag. Es sah mir sehr nach der Stelle aus, von der die SS Leute mehrmals gesprochen hatten. Am nächsten Morgen* [5. Mai] *gruben wir den Trichter auf und erblickten wieder die zwei halbverbrannten, in eine graue Decke gewickelten Leichen. Etwas tiefer waren zwei Hunde vergraben. Die* [deutschen] *Wachleute, die an der Identifizierung teilnahmen, behaupteten steif und fest, das seien die Leichen von Hitler und Eva Braun. (...) Die Leichen Hitlers und Eva Brauns blieben die ganze Zeit über in der Reichskanzlei. Wir baten Mengeshausen* [Harry Mengershausen], *uns die Stelle zu zeigen, an der die Leichen von Hitler und Eva Braun vergraben worden waren. Auf dem Hof der Reichskanzlei ging der SS-Mann auf jenen Trichter zu, wo wir die halbverbrannten* [sic!] *Leichen gefunden hatten. Danach beschlossen wir, ein entsprechendes Protokoll aufzunehmen. Hier ist ein Auszug daraus: ‚Wir, die Unterzeichneten, Oberstleutnant Klimenko, Soldat Oleinik, Tschurakow (...) besichtigten unter Teilnahme des zur Identifizierung herangezogenen Harri Mengeshausen die Bestattungsstelle der Leichen des Reichskanzlers Adolf Hitler und seiner Frau.' Die Besichtigung der von dem zur Identifizierung hinzugezogenen Mengeshausen angegebenen Stellen erwies die Richtigkeit seiner Aussagen. (...) Diese Aussagen sind um so glaubwürdiger, als wir aus dem von ihm genannten*

Trichter am 4. Mai 1945 die Leichen eines Mannes und einer Frau sowie die Kadaver zweier vergifteter Hunde zutage förderten. Letztere wurden von anderen Personen als Eigentum Hitlers und seiner Frau Eva Braun, der ehemaligen Privatsekretärin Hitlers, identifiziert" (DER SPIEGEL, 19/1965: *„Wie ich die Leiche Hitlers fand"*).

Oberleutnant Panassow fertigt ebenfalls einen Bericht an (Eberle, Uhl (2005): 464f): *„Ich, der Gardeleutnant Panassow, Alexej Alexandrowitsch, und die Soldaten Tschurakow, Iwan Dmitrijewitsch, Olejnik, Jewgeni Stepanowitsch, und Serouch, Ilja Jefremowitsch, haben in der Stadt Berlin auf dem Gelände von Hitlers Reichskanzlei neben der Stelle, wo die Leichen von Goebbels und seiner Frau entdeckt wurden, unweit von Hitlers privatem Luftschutzbunker zwei verbrannte Leichen (die Leiche einer Frau und die Leiche eines Mannes) aufgefunden und sichergestellt. Die Leichen sind im Feuer stark verkohlt* [sic!], *und es ist unmöglich, sie ohne zusätzliche Angaben zu identifizieren. Die Leichen lagen in einem Bombentrichter, drei Meter vor dem Eingang zum privaten Luftschutzbunker Hitlers, und waren mit Erde überschüttet. Die Leichen werden bei der Abteilung der militärischen Abwehr ‚SMERSch' des 79. Schützenkorps* [in Plötzensee] *aufbewahrt"* (Besymenski (1982): 17).

Noch einmal Klimenko: *„Er* [Hitler] *war besonders stark verbrannt. Das Gesicht war nicht zu erkennen. Die Beine schienen kürzer geworden zu sein. Alles war stark verkohlt."* Jelena Rschewskaja notiert: *„Das ist kein Protokoll über die Auffindung der Leiche. Es stellte nur fest, dass die Stelle, an der wir die Leichen ausgegraben hatten, identisch war mit der Stelle, an die uns der SS-Mann Mengershausen führte und von der er sagte: Hier haben wir die Leichen vergraben."* Sie erinnerte sich weiter, dass die Leichen vom Feuer entstellt waren: *„Das war kein schöner Anblick. Offensichtlich hat man besonders viel Benzin auf das Gesicht gegossen, damit es vollständig entstellt ist. Ansonsten war der Körper zwar stark deformiert, aber er war noch als menschlich und männlicher Körper erkennbar. Außerdem waren alle inneren Organe noch zu erkennen"* (Doernberg (2005): 83). Die Aussage, dass *„offensichtlich (...) besonders viel Benzin auf das Gesicht gegossen"* wurde, bestätigt die Vermutung, dass es SS-Adjutant Otto Günsche in erster Linie darum gegangen war, Hitler so weit zu verbrennen, bis er sicher unkenntlich war.

Im offiziellen Bericht Klimenkos heißt es weiter: *„(...) Wir fanden zwei getötete Hunde und gruben sie aus. (...) 1. Deutscher Schäferhund (Hündin), dunkelgraues Fell, großer Wuchs, am Halse ein Halsband aus einer Kette mit schmalen Gliedern.*

Wunden oder Blut wurden am Kadaver nicht festgestellt. 2. Kleiner Hund (Rüde), schwarzes Fell, ohne Halsband, keine Wunden, Oberkieferknochen gebrochen. Die Hundekadaver befanden sich in einem Bombentrichter, 1,5 Meter voneinander entfernt, und waren leicht mit Erde bedeckt. Es gibt Gründe anzunehmen, dass die Hunde vor fünf bis sechs Tagen getötet wurden, sie strömen keinen üblen Geruch aus, und es fallen auch keine Haare aus. Um Gegenstände zu finden, die auf den Besitzer der Hunde und auf die Ursachen ihres Todes hinweisen könnten, untersuchten wir am Ausgrabungsort der Hundekadaver sorgfältig den Boden. Dabei wurden gefunden: 1. zwei gläserne Ampullen dunkler Farbe für Medikamente; 2. verstreute und versengte Blätter aus Druckschriften und kleine handbeschriebene Papierschnitzel; 3. ein Medaillon aus Metall in Form einer Ellipse auf einer dünnen Kugelkette von 18-20 cm Länge, auf der Rückseite des Medaillons war die Inschrift eingraviert: Laß mich immer bei Dir sein! 4. 600 Mark deutschen Geldes in Hundertmarkscheinen; 5. ein ellipsenförmiges Metallschild mit der Nummer 31907 (...) Hauptmann Derjabin, Gardeoberleutnant Panassow, Sergeant Zibotschkin, die Soldaten Alabudin, Kirillow, Karschak, Gullajew" (Doernberg (2005): 83).

1965 erinnerte sich Klimenko, eine Skizze des Auffindeorts angefertigt zu haben. Er berichtete, sodann wurden *„die Leichen von Adolf Hitler und seiner Frau sowie Aufnahmen der Stelle, die von Mengeshausen genannt worden war, (...) dem Protokoll beigelegt. (...) Nachts wickelten meine Leute die Leichen in eine Decke ein und trugen sie aus der Reichskanzlei hinaus, legten sie in zwei Kisten, stellten sie auf ein Auto und brachten sie in unseren Stab. Soweit über die Operation, die mein Suchtrupp zu erfüllen hatte."* Klimenko bestätigt das Ziel der Fahrt, den sowjetischen Frontstab in Plötzensee: *„Nach der Protokollaufnahme fuhren wir zusammen mit Harri Mengeshausen in den Frontstab"* (DER SPIEGEL, 19/1965: *„Wie ich die Leiche Hitlers fand"*). Die Leichen des Ehepaars Hitler wurden also von dem Gelände der Reichskanzlei nicht sofort (wie bisher vermutet), sondern erst *„später* [sic!] [am 6. Mai 1945] *zur Abwehrabteilung der 3. Stoßarmee im nördlichen Berliner Vorort Buch gebracht"* (Besymenski (1982): 169f). Die erste Station war Klimenkos Quartier im Gefängnis Plötzensee in Charlottenburg-Nord. Die Soldaten erreichen ihr etwa sieben Kilometer entferntes Ziel vermutlich vorbei am Brandenburger Tor, durch den Tiergarten bis zum Großen Stern mit der Siegessäule und über Moabit. Klimenko wohnt mit seinen Leuten im Haus des Gefängnisdirektors von Plötzensee, dem Haus gleich links neben dem Torgebäude (heute Friedrich-Olbricht-Damm 18). In Plötzensee sind bereits die Leichen der Familie Goebbels und die von General Krebs fotografiert und gefilmt worden, bevor sie am 3. Mai nach Berlin-Buch transportiert worden sind (Völklein (1998): 133f).

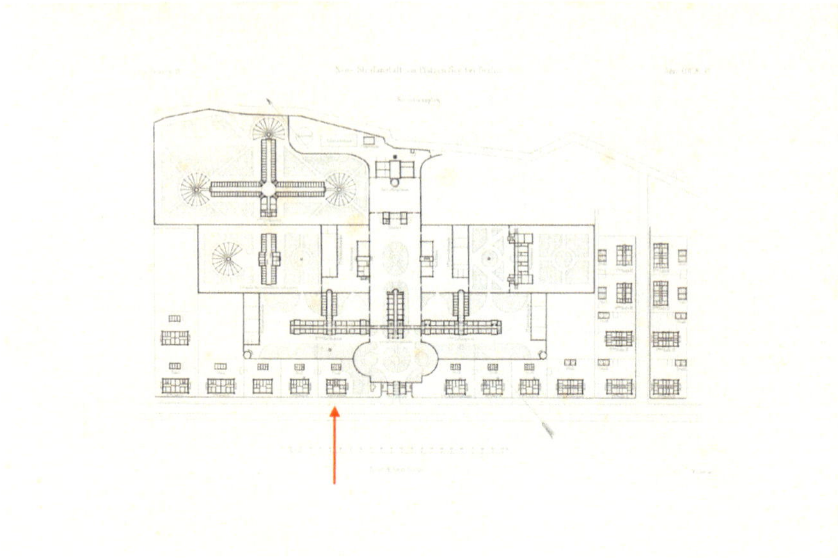

Abb. 53 Plan der „Neuen Straf-Anstalt am Plötzen-See bei Berlin“ (1877). Die Markierung zeigt auf das Haus des Gefängnisdirektors (heute Friedrich-Olbricht-Damm 18). (39)

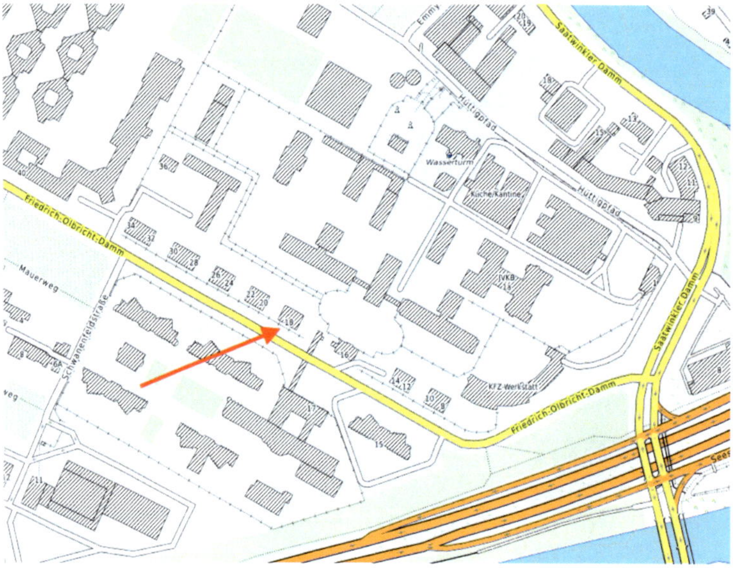

Abb. 54 Heutige Verortung des Gebäudes Friedrich-Olbricht-Damm 18. Rechts der Saatwinkler Damm, unten die Berliner Stadtautobahn A 100. (Openstreetmap, Database Contents License (DbCL) 1.0)

Abb. 55 Berlin, Friedrich-Olbricht-Damm 18 (2022), die erste Station der Leichen nach Verlassen der Reichskanzlei. (2)

Abb. 56 Berlin, Friedrich-Olbricht-Damm 18, Gebäuderückseite (2022). Durch diese Tür wurden die Leichen in das Gebäude transportiert. (2)

Abb. 57 Berlin, Friedrich-Olbricht-Damm 18, Gebäuderückseite (2022). Blickrichtung nach Südosten, im Hintergrund die Justizvollzugsanstalt Plötzensee. (2022) In diesem Hof wurden die Leichen gefilmt und fotografiert. (2)

An diesem Tag werden in Plötzensee auch von den Leichen des Ehepaars Hitler Fotografien, aber keine Filmaufnahmen angefertigt. Es sind die einzigen Fotos der beiden Leichen. Dass sie nicht auf dem Gelände der Reichskanzlei, sondern erst in Plötzensee gemacht worden sind, beweist eindeutig ein Vergleich des Hintergrunds, einer Mauer mit Sockelband und Pflanzen. Die Leiche von General Krebs auf einer Luftschutzliege (Schriftliche Auskunft von Christoph Neubauer vom 15. Dezember 2021) und die von Hitler (in einer Granatenkiste) wurden an exakt derselben Stelle aufgenommen (vgl. Fotos bei Besymenski (1982): 160 und 196). Der Experte für das Areal der Reichskanzlei, Christoph Neubauer, bestätigt: *„Das Foto ist sicherlich nicht in der Nähe des Führerbunkers entstanden. Weder das Sockelband des Gartenausganges noch das der Pergola oder des Speisesaals bzw. Wintergartens passen zu dem auf diesem Foto. (...) Sie passen aber zu den ganzen anderen Fotos die dort* [in Plötzensee] *gemacht wurden"* (Schriftliche Auskunft von Christoph Neubauer vom 6. Dezember 2021).

Abb. 58 Die Holzkiste mit der Leiche Adolf Hitlers. Die Leiche liegt auf der Seite, auf dem linken Arm. Man kann die rechte Schulter, den rechten Arm sowie das rechte Bein und den rechten Fuß erkennen. Das Gesicht ist nicht zu erkennen, nur der nach vorne geneigte Hals. Aufgrund der Sockelleiste im Hintergrund kann das Bild eindeutig in Plötzensee verortet werden. (23)

Um Klarheit um die Leichenfunde zu schaffen, wird von den Sowjets eine Kommission gebildet, die gerichtsmedizinische Expertisen erstellen und die gefundenen Körper, *„die höchstwahrscheinlich die von Hitler und seiner Frau sind“*, obduzieren sollen. Aber die Leichen sind so stark verbrannt, dass eine Identifizierung ohne zusätzliche Informationen unmöglich ist. Deshalb macht sich eine Gruppe von SMERSch-Mitarbeitern – der stellvertretender Abteilungsleiter Oberst Vasilij Gorbušin, Major Boris Alexandrowitsch Bystrow und Dolmetscherin Oberleutnant Jelena Rschewskaja – daran, Zeugen aufzuspüren (Alisa Argunova (17. Mai 2005): *Die acht Bestattungen Hitlers: Russische Dokumente und Berichte*. AaO).

Im Leichenschauhaus

Berlin-Plötzensee – Berlin-Buch, Sonntag, 6. Mai 1945

Klimenko will die Leichen dem Stab der 3. Stoßarmee in Berlin-Buch überstellen (DER SPIEGEL 30/1992, *Hitlers letzte Reise*, S. 113). Buch ist der nördlichste Ortsteil Berlins und gehört heute zum Bezirk Pankow. Ein Militärlastwagen transportiert die sterblichen Überreste des Ehepaars Hitler am 6. Mai von Plötzensee in das Dr.-Heim-Tbc-Krankenhaus Berlin-Buch. Ziel ist das dort eingerichtete sowjetische Armeefeldlazarett 496, das auf dem Krankenhausareal zwischen Wiltbergstraße, Pölnitzweg, Röbellweg und dem Bucher Forst untergebracht ist. Die etwa 20 Kilometer lange Strecke führt wahrscheinlich durch die Stadtteile Wedding, Gesundbrunnen, Pankow, Heinersdorf, Blankenburg sowie Karow oder Buchholz. Jelena Rschewskaja sagte später über den Ort der ersten Lagerung der Leichen in Buch aus: *„Es war nicht in einem Wohnhaus, sondern in einem Schuppen"* (DER SPIEGEL 15/1995, *Hitlers Höllenfahrt*, S. 180). Hierbei kann es sich nur um eine kurze Zwischenlagerung gehandelt haben, denn die Toten werden noch am gleichen Tag im Keller des Leichenschauhauses (Institut für Pathologie, Haus 132) auf Eis gelegt. Das Leichenschauhaus ist im nördlichsten Teil des Krankenhausgeländes untergebracht, genau entgegengesetzt der Zufahrt, die im südlichsten Teil liegt (http://histomapberlin.de/histomap/de/index.html). 700 Meter westlich befindet sich später jahrzehntelang das streng abgeschirmte Regierungskrankenhaus der DDR an der Hobrechtsfelder Chaussee 100.

Abb. 59 Die Krankenhauseinfahrt in Berlin-Buch (1958). (13)

Abb. 60 Die Krankenhauseinfahrt in Berlin-Buch (2022). (2)

Abb. 61 Die Pathologie in Berlin-Buch (2000) (2)

Abb. 62 Die Pathologie in Berlin-Buch vor der Sanierung (2021) (31)

Die Sowjets legen ein Protokoll für die bevorstehende Obduktion an. Dr. Faust Jossifowitsch Schkarawskij soll die gerichtsmedizinische Expertise durchführen (DER SPIEGEL 15/1995, Hitlers *Höllenfahrt*, S. 180). Dass die Leichen des Ehepaars Hitlers nach der kurzen Zwischenlagerung in einem Schuppen im Gebäude der Pathologie auf Eis gelegt wurden, bestätigt der Bericht von Dr. Schkarawskij. Er ist bereits seit dem 3. Mai in Buch, zu einem Zeitpunkt also, bevor Hitler, aber bereits nachdem die Leichen der Familie Goebbels und von General Krebs angeliefert worden sind. Als Schkarawskij in Buch eintraf, wurde ihm kategorisch verboten, die Leichen zu fotografieren. Er erinnerte sich: *„Es war mir ausdrücklich verboten, Fotos von den Leichen zu machen! Verboten!* [Man] *führte mich zu einem kleinen deutschen Häuschen in einem Garten. Das Haus wurde von Wachen bewacht, seine Fenster und Türen waren geschlossen. Als ich das Haus betrat, sah ich im Erdgeschoss neun* [Familie Goebbels und Krebs] *Leichen im Erdgeschoss. Der Raum war von allen Möbeln geräumt. Die Leichen lagen in einer bestimmten Reihenfolge. (...) Das Raumthermometer zeigte +16°C an. Das erste, was ich tat, war, die Fenster zu öffnen, um die Temperatur ein wenig zu senken."* Er befiehlt Eis zu holen, um die Leichen zu kühlen, und bereits *„gegen Abend befand sich im Zimmer beinahe eine Tonne Eis, und das blieb so bis zum 9. Mai, das heißt bis zur Obduktion der letzten Leiche. Diese Maßnahme erhielt uns die Leichen tatsächlich, wir öffneten sie nicht in faulem Zustand"* (Besymenski (1995): 94f). Klimenkos Untergebener, Hauptmann Blaschtschuk, über die Situation im Keller der Pathologie: *„Es stank entsetzlich und ich habe doch schon seit meiner Kindheit eine Aversion gegen Tote"* (DER SPIEGEL 30/1992, *Hitlers letzte Reise*, S. 113).

Abb. 63 Die Pathologie in Berlin-Buch nach der Sanierung (2021). (31)

Abb. 64 Die Pathologie in Berlin-Buch, Rückseite vor der Sanierung (2021). Hinter den vier mittleren Fenstern fanden die Obduktionen statt. (31)

Abb. 65 Die Pathologie in Berlin-Buch, Rückseite nach der Sanierung (2021). (31)

An diesem 6. Mai besuchen Marschall Schukow und sein Generalstab die Neue Reichskanzlei, den Führerbunker und andere Örtlichkeiten im Regierungsviertel. Sie gehen durch den Ehrenhof, vorbei an zerstörten Panzerkampfwagen und betreten den schwer beschädigten Prachtbau (Berliner Morgenpost, Sven Felix Kellerhoff (06. Mai 2005): *Marschall Schukow besichtigt die Ruinen.*). Inzwischen haben die sowjetischen Aufklärungsoffiziere auch General Weidling und Hitlers Chefpiloten Hans Baur festgenommen und eingehenden Verhören über das Schicksal Hitlers unterzogen. Einen zusammenfassenden Bericht hat der SMERSch-Kommandant der 1. Belorussischen Front, Generalmajor Nikolai Michailowitsch Trussow, am 5. Mai dem Chef des militärischen Nachrichtendienstes, Generaloberst Fjodor Issidorowitsch Kusnezow, übergeben. Der leitet den Bericht, aus dem klar hervorgeht, dass Hitler Suizid begangen und zuvor verfügt hat, seine Leiche zu verbrennen, umgehend an Stalin weiter (Besymenski (1995): 107).

Einen Tag später, am 7. Mai 1945, beginnen in der Pathologie unter der Leitung des Gerichtsmediziners Oberst Dr. Schkarawskij von der 1. Weißrussischen Front die Obduktionen (gerichtsmedizinische Expertise zur Leichenschau) der aufgefundenen Leichen. Ein paar Stufen führen vom Eingang des erdgeschossigen Hauses geradeaus in den Raum, im dem die Obduktionen vorgenommen werden (DER SPIEGEL 15/1995, *Hitlers Höllenfahrt*, S. 180). Zunächst werden die Leichen der Familie Goebbels, dann General Krebs und die zwei Hunde obduziert. Bei allen wird als Todesursache *„Vergiftung mit einer Zyanverbindung"* festgestellt (Die ZEIT, Dr. Volker Ullrich (2. Mai 2020): *Adolf Hitlers Tod: Stalin wollte es nicht glauben.*). An diesem Tag erscheint auf dem Cover des Magazins „The Times" in New York Hitlers Porträt, durchgestrichen mit einem roten Kreuz.

Abb. 66 TIME-Titelbild vom 7. Mai 1945. (27)

Obduktion und drittes Begräbnis

Berlin-Buch, Dienstag, 8. Mai 1945

Die Spezialisten, die die Obduktion von Hitlers Leichnam vornehmen, sind: Gerichtsmediziner Dr. Schkarawskij (Leitung), der Chefpathologieanatom der 1. Weißrussischen Front Oberstleutnant N.A. Krajewskij, Dr. Anna Jakowlewna Maranz (sie hat seziert), der Armeepathologieanatom Juli Valteninowitsch Guljkewitsch und der Armeesachverständige Bogusslawskij. Anwesend sind auch der bekannte Moskauer Professor Graschtschenkow sowie einige Sanitäter (Besymenski (1982): 173f).

Abb. 67 Treppenhaus und Eingangstür zum Obduktionsraum der Pathologie (2012). (2)

Abb. 68 Eingangsbereich der Pathologie in Berlin-Buch (2014). Rechts die Treppe zum Ausgang. (45)

Abb. 69 Die Obduktionskommission vor der Leiche von General Hans Krebs. Von der Obduktion Hitlers gibt es keine bekannten Fotografien. (23)

Abb. 70 Teilaufnahme des Raumes, in dem die Leichen obduziert worden sind (2014) (45)

Der sowjetische Hauptmann Fjedor Pawlowitsch Wassilki berichtete Jahre später einem Ostberliner Polizeioffizier über den Zustand der Leichen: „*Hitlers Schädel, die Hirnschale und der Unter- und Oberkiefer waren fast unversehrt* [sic!]" (Alisa Argunova (17. Mai 2005): *Die acht Bestattungen Hitlers: Russische Dokumente und Berichte.* AaO). Bei der Sezierung der Leiche werden die Kiefer Hitlers entnommen (Doernberg (2005): 19). Dazu Dr. Schkarawskij: „*Der Oberkiefer der Leiche stellte eine massive Goldbrücke mit neun Zähnen dar, einige davon waren aus Gold. Der Unterkiefer war ebenfalls eine recht massive Goldbrücke von besonderer Konstruktion, mit einer großen Goldmenge, 15 Zähnen, davon zehn aus Gold. Kennzeichnenderweise hatte diese Brücke einen äußeren, massiven Bogen aus Gold. Die Silikatzähne waren an besonders feinen Stahlstiften befestigt*" (Besymenski (1995): 97). Die Kiefer werden „*in einem mit rotem Satin ausgeschlagenen Kästchen, wie man sie für billigen Schmuck verwendet*" aufbewahrt. Es handelt sich um ein „*kleines, bräunliches Kästchen*" (Alisa Argunova (17. Mai 2005): *Die acht Bestattungen Hitlers: Russische Dokumente und Berichte*. AaO). Jelena Rschewskaja erinnerte sich: „*Am 8. Mai ruft mich Oberst Vasilij Gorbušin zu sich und schiebt mir ein Kästchen entgegen. Er sagt, das Hitlers Zähne darin seien und ich mit meinem Kopf für sie hafte. Das Kästchen ist abgegriffen, hat eine weinrote Farbe und ist mit weichem Futter aus Atlasseide ausgestattet – ein Kästchen, wie es für Schmuck verwendet wird. (...) Dieses Kästchen wird mir übergeben, weil der Safe bei der 2. Abteilung zurückgeblieben ist und angeblich kein sicherer Aufbewahrungsort gefunden werden konnte*" (Doernberg (2005): 117).

Nach der Obduktion werden die Leichen durch Soldaten „*in der Gegend der Stadt Buch vergraben, konkret auf dem Gelände des Krankenhauses*" (DER SPIEGEL 15/1995, *Hitlers Höllenfahrt*, S. 180). Es ist wahrscheinlich, dass dieses dritte Begräbnis Hitlers nordwestlich des Leichenschauhauses Richtung Bucher Forst (südlich des Pölnitzweges) stattgefunden hat. Dieser Teil des Areals ist von der Zufahrt, der Verwaltung und den Krankenhausgebäuden am weitesten entfernt; mit zufälligen Augenzeugen ist hier nicht zu rechnen. Heute ist dieser Ort nordwestlich des Pölnitzweg 113 zu verorten.
Abb. 71 Karte des Krankenhausgeländes aus dem Jahr 1939 mit der Pathologie (Pfeil) und dem Gebiet des wahrscheinlichen Begräbnisortes (Kreis). (29)

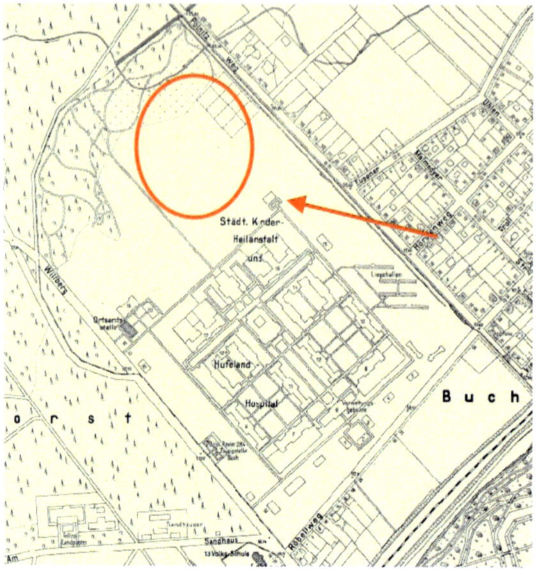

Abb. 71 Karte des Krankenhausgeländes aus dem Jahr 1939 mit der Pathologie (Pfeil) und dem Gebiet des wahrscheinlichen Begräbnisortes (Kreis). (29)

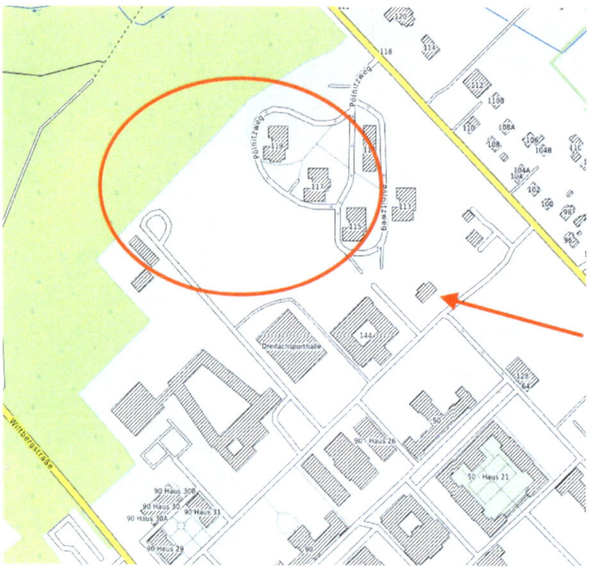

Abb. 72 Heutige Verortung des Begräbnisortes, oben der Pölnitzweg, unten die Wiltbergstraße. (Openstreetmap, Database Contents License (DbCL) 1.0)

Abb. 73 Der Begräbnisort hinter der Pathalogie (2022). Blickrichtung nach Nordwesten. Rechts das Gebäude Pölnitzweg 119. (2)

Das Obduktionsteam verfasst folgenden Bericht:

„Akte Nr. 12 über die gerichtsmedizinische Untersuchung der durch Feuer entstellten Leiche eines Mannes (vermutlich Hitlers Leiche) Berlin-Buch, den 8. Mai 1945 Leichenschauhaus CAFS [Chirurgisches Armeefeldlazarett] *Nr. 496*

Die Kommission, bestehend aus dem gerichtsmedizinischen Chefsachverständigen der 1. Weißrussischen Front, Oberstleutnant des medizinischen Dienstes F. J. Schkarawskij, dem Chefanatomen der Roten Armee, Oberstleutnant des medizinischen Dienstes N. A. Krajewskij, dem amtierenden Chefpathologieanatomen der 1. Weißrussischen Front, Major des medizinischen Dienstes A. J. Maranz, dem gerichtsmedizinischen Armeesachverständigen der 3. Stoßarmee, Major des medizinischen Dienstes J. I. Bogusslawskij und dem Armeepathologieanatomen der 3. Stoßarmee, Major des medizinischen Dienstes J. W. Guljkewitsch, hat auf Befehl des Mitgliedes des Kriegsrates der 1. Weißrussischen Front, Generalleutnant [Konstantin Fedorovich] *Telegin, vom 3. Mai 1945 die Leiche eines Mannes (vermutlich Hitlers Leiche) gerichtsmedizinisch untersucht. Bei der Untersuchung wurde festgestellt:*

A. Äußerliche Untersuchung

In einem Holzkasten (163 cm lang, 55 cm breit, 53 cm hoch) wurden die Überreste der durch Feuer entstellten Leiche eines Mannes eingeliefert. Auf der Leiche wurde ein an den Rändern verbranntes Stück gelben Strickstoffes gefunden, 25x8 cm groß, das mit einem Trikotagehemd Ähnlichkeit hat. Da die Leiche erheblich beschädigt ist, lässt sich das Alter des Toten schwer schätzen. Vermutlich lag das Alter etwa zwischen 50 und 60 Jahren. [Hitler war 56] *Der Tote ist 165 cm groß (die Messung ist ungenau, weil das Gewebe verkohlt ist) das rechte Schienbein 39 cm lang. Die Leiche ist stark verkohlt und riecht nach verbranntem Fleisch. Ein Teil des Schädeldaches fehlt. Erhalten sind Teile des Hinterhauptbeines, des linken Schläfenbeines, die unteren Teile der Joch- und Nasenbeine sowie der Ober- und Unterkiefer. Die Verbrennungen sind an der rechten Schädelseite stärker als an der linken. In der Schädelkapsel sind Teile des durch Feuer beschädigten Gehirnes und der harten Gehirnhaut zu sehen. Am Gesicht und am Körper fehlt die Haut völlig; nur Überreste der verkohlten Muskeln blieben erhalten. Am Nasenbein und an den Oberkieferknochen sind viele kleine Risse vorhanden. Die Zunge ist verkohlt, die Zungenspitze fest zwischen den Zähnen des Ober- und Unterkiefers eingeklemmt.*

Im Oberkiefer sitzen 9 Zähne, die durch eine Brücke aus gelbem Metall (Gold) verbunden sind. Die Brücke ist durch Stifte am zweiten linken und am zweiten rechten Schneidezahn befestigt. Diese Brücke besteht aus 4 oberen Schneidezähnen (2,1, [rechts] *1,2* [links]*), 2 Eckzähnen (3* [rechts], *3* [links]*), dem linken Backenzahn (4) und dem ersten und zweiten Backenzahn rechts (4,5), wie in der Skizze angegeben. Der linke erste Schneidezahn (1) stellt eine weiße Zahnplatte darf, mit Sprüngen und einem schwarzen Defekt im Email unten. Diese Platte ist vorn an der sichtbaren Seite des Metall(Gold)zahnes eingearbeitet. Beim zweiten Schneidezahn, dem Eckzahn und dem Backenzahn links sowie beim ersten und zweiten Schneidezahn und dem ersten Backenzahn links sowie beim ersten und zweiten Schneidezahn und dem ersten Backenzahn rechts handelt es sich um übliche Porzellanzahnplatten, die in ihrem rückwärtigen Teil an der Brücke befestigt ist. Der rechte Eckzahn hat eine Vollkrone aus gelbem Metall (Gold). Die Oberkieferbrücke ist hinter dem zweiten* [wohl irrtümlich statt „erstem"] *Backenzahn links (4) senkrecht abgesägt.*

Der Unterkiefer liegt frei in der angesengten Mundhöhle. Seine Alveolarfortsätze [Knochenteil des Oberkiefers] *sind hinten abgebrochen und haben spitze Ränder. Die Knochenplatte des Unterkiefers ist an der vorderen Fläche und am unteren Rand angekohlt. An seiner vorderen Fläche sind angekohlte Spitzen der Zahnwurzeln zu erkennen. Der Unterkiefer besteht aus 15 Zähnen, 10 davon sind künstlich. Die Schneidezähne (2,1* [rechts],*1,2* [links]*) und der erste rechte Backenzahn (4) sind natürlich, mit erheblich abgenutzten Kauflächen und erheblich freiliegenden Zahnhälsen. Der Zahnschmelz hat einen bläulichen Schimmer und ist am Zahnhals schmutziggelb. Die Zähne links (4,5,7 und 8) sind künstlich, aus gelbem Metall (Gold), und bilden eine Brücke aus Goldkronen, die an dem dritten, dem fünften (in der Brücke ist es der 6. Zahn) und dem achten (in der Brücke ist es der 9.) Zahn befestigt ist. Auf dem zweiten rechten Backenzahn (5) sitzt eine Krone aus gelbem Metall (Gold), die durch eine bogenförmige Platte mit dem rechten Eckzahn (3) verbunden ist. Ein Teil der Kaufläche und der hinteren Oberfläche des rechten Eckzahnes ist mit einer Gelbmetall(Gold)platte der Brücke überdeckt. Der erste rechte Mahlzahn ist künstlich, weiß, und besitzt eine Goldverankerung, die mit der Brücke des zweiten kleinen Backenzahnes und des rechten Schneidezahnes verbunden ist.*

Im Munde wurden Glassplitter gefunden, Teile von der Wand und dem Boden einer dünnwandigen Ampulle. Die Halsmuskeln sind verkohlt, die Rippen auf der rechten Seite fehlen, sind verbrannt. Die rechte Seite des Brustkorbes und des Bauches sind restlos verbrannt, durch die entstandene Öffnung kann man die rechte Lunge, die Leber und die Därme sehen. Das Geschlechtsteil ist angekohlt. Im Hodensack, der angesengt, aber erhalten ist, wurde nur die rechte Hode gefunden. Im Leistenkanal konnte die linke Hode nicht [sic!] *gefunden werden. Der rechte Arm ist stark verbrannt, die Enden des Oberarmknochens und die Knochen des Unterarmes sind gebrochen und angekohlt. Die trockenen Muskeln sind schwarz und stellenweise braun, sie zerfallen bei Berührung in einzelne Fasern. Erhalten blieben Überreste des verbrannten Teiles (etwas 2/3) vom linken Oberarm. Das freie Ende des Oberarmknochens ist verkohlt und tritt aus dem trockenen Gewebe hervor. Auch die beiden Beine sind verkohlt. Das weiche Gewebe ist an vielen Stellen nicht vorhanden; es ist verbrannt und abgefallen. Die Knochen sind zum Teil verbrannt und zerbröckelt. Feststellbar sind eine Fraktur des rechten Oberschenkelknochens und des rechten Schienbeines. Der linke Fuß fehlt.*

B. Innere Untersuchung

Die Lage der inneren Organe ist normal. Die Lungen sind an der Oberfläche schwarz, an der Schnittfläche dunkelrot und von ziemlich fester Konsistenz. Die Schleimhaut der oberen Atmungswege ist dunkelrot. Die Herzkammern sind mit geronnenem rötlich-braunem Blut gefüllt. Der Herzmuskel ist zäh und sieht wie gekochtes Fleisch aus. Die Leber ist an der Oberfläche schwarz, sie zeigt Verbrennungen, ist von ziemlich fester Konsistenz und an der Schnittstelle gelb-grau. Die Nieren sind etwas geschrumpft und haben die Ausmaße 9x5x3,5 cm, ihre Hauthülle kann leicht abgelöst werden; die Oberfläche der Nieren ist glatt, das Muster verwischt, sie sehen wie gekocht aus. Die Harnblase enthält 5 cm³ gelblichen Harns, ihre Schleimhaut ist grau. Milz, Magen und die Därme weisen starke Verbrennungen auf und sind stellenweise fast schwarz.

Anlage:
Der Akte wird ein Reagenzglas mit gläsernen Ampullensplittern beigelegt, die im Munde des Toten gefunden wurden.

Gerichtsmedizinischer Sachverständiger der Front, Oberstleutnant des medizinischen Dienstes
(gez. Schkarawskij)
Chefarzt für path.[ologische] *Anatomie der Roten Armee, Oberstleutnant des medizinischen Dienstes (gez. Krajewskij)*
Amtierender Chefarzt für path.[ologische] *Anatomie der 1. Weißrussischen Front, Major des medizinischen Dienstes*
(gez. Maranz)
Gerichtsmedizinischer Sachverständiger der 3. Stoßarmee, Major des medizinischen Dienstes der 3. Stoßarmee
(gez. Guljkewitsch)

Schlussfolgerung
Aufgrund der gerichtsmedizinischen Untersuchung der teilweise verbrannten Leiche eines unbekannten Mannes (...) kommt die Kommission zu folgenden Schlüssen:

1. Anatomische Charakteristik der Leiche
Da die Körperteile stark verkohlt sind, ist es unmöglich, dass Aussehen des Toten zu beschreiben. Man kann aber folgendes feststellen:
- *a) Die Körpergröße beträgt etwa 165 (einhundertfünfundsechzig)*
- *b) Das Alter (nach allgemeiner Entwicklung, der Größe der Organe, dem Zustand der unteren Schneidezähne und des rechten kleinen Backenzahnes zu urteilen) schwankt zwischen 50 und 60 Jahren (fünfzig bis sechzig)*
- *c) Die linke Hode konnte weder im Hodensack, noch im Samenstrang innerhalb des Leistenkanals oder im kleinen Becken gefunden werden* [sic!].
- *d) Der wichtigste anatomische Fund, der zur Identifizierung der Person ausgewertet werden kann, ist das Gebiss mit vielen künstlichen Brücken, Zähnen, Kronen und Füllungen (siehe die Akte).*

2. *Todesursache*

An dem durch Feuer stark verunstalteten Körper wurden keine sichtbaren Zeichen schwerer tödlicher Verletzungen oder Erkrankungen festgestellt. Das Vorhandensein der Überreste einer zerdrückten Glasampulle in der Mundhöhle und gleichartiger Ampullen in der Mundhöhle der anderen Leichen (siehe die Akten Nr. 1, 2, 3, 5, 6, 8, 9, 10, 11 und 13), der ausgeprägte Bittermandelgeruch, der von den Leichen ausgeht (Akten Nr. 1, 2, 3, 5, 8, 9, 10, 11) und die gerichtschemische Untersuchung der inneren Organe, wobei Zyanverbindungen festgestellt wurden (Akten Nr. 1, 2, 3, 4, 5, 6, 7, 8, 9, 10, 11), gestatten der Kommission, den Schluss zu ziehen, dass der Tod in diesem Falle durch Vergiftung mit Zyanverbindungen verursacht wurde" (Besymenski (1982): 178 bis 185).

Der Obduktionsbericht enthält eine bewusste Lüge, nämlich den Satz: *„Die Verbrennungen sind an der rechten Schädelseite stärker als an der linken."* Die rechte Schädelseite ist die der Einschussstelle. Mit der Behauptung, die Verbrennungen seien hier besonders stark gewesen, sollte die wahre Todesursache verschleiert werden. So ließ sich die Legende in die Welt setzen, Hitler habe sich feige vergiftet und nicht heldenhaft erschossen. Dr. Schkarawskij bestätigte später außerdem, dass an der von ihm untersuchten Leiche keine Schussspuren zu entdecken gewesen seien (Maser (1974): 524f). Diese Falschaussage wurde auch von dem russischen Journalisten und Zeitgeschichtler Lew Besymenski in seinem Buch *„Der Tod des Adolf Hitler"* (1968, Neuauflage 1982) verbreitet. Später gab Besymenski zu, dass seine Arbeit *„absichtliche Lügen"* enthalten habe, wie etwa *„die Art und Weise von Hitlers Tod"* (Eberle/Uhl (2005): 288). Im Jahre 1995 entschuldigte Besymenski sich dafür: Die Informanten des KGB hätten ihm seine Texte diktiert (Eberle/Uhl (2005): 478).

Besymenski betonte, dass er, als er 1967 die Unterlagen im KGB-Hauptquartier Lubjanka in Moskau teilweise einsehen durfte, *„auf Ungereimtheiten und Widersprüche"* gestoßen sei. Doch wurde ihm deutlich befohlen, über was er schreiben durfte und worüber nicht (DER SPIEGEL 30/1992, *Hitlers letzte Reise*, S. 112). Zuvor hatte der Historiker Prof. Werner Maser Besymenski vorgeworfen, dieser habe *„immer geschrieben, was seine Obrigkeiten von ihm verlangten"*. Eine Einladung des ZDF 1971, mit ihm in einer Sendung über den Tod Hitlers zu sprechen, nahm Besymenski zunächst an, blieb dann aber auf Anweisung aus Moskau fern (Neue Presse Coburg: *Rätselraten um die Leiche von Hitler*, 14. April 1993). In einem späteren Interview erklärte er auf die Frage, warum die tatsächliche Todesart Kopfschuss verheimlicht worden sei: *„Aus Gründen der Propaganda. Der Selbstmord durch Gift erschien verächtlicher. Einen Soldatentod sozusagen wollte man Hitler nicht gönnen. Das hätte ihm einen unangemessenen Heldenmythos verschaffen können"* (Völklein (1998): 83).

Autor Joachimsthaler blieb auch angesichts des Obduktionsberichts bei seiner Meinung, dass es *„keine Leiche Hitler"* gegeben habe, da der Verbrennungsgrad so groß gewesen sei, dass nur noch Überreste aus verkohlten Knochen mit verkohlten Haut- und Fleischpartikeln übriggeblieben sein dürften, die zusätzlich durch Explosions- und Feuereinwirkung mehr oder weniger zerstört worden seien (vgl. Joachimsthaler (2004): 397f). Kershaw und Evans folgten seine These ebenso wie Frank, der schreibt: *„Tatsächlich wurden deren* [Adolf und Eva Hitler] *Leichen im Garten der Reichskanzlei verbrannt, bis nur noch ein Aschehaufen und nicht obduzierbare Leichen übrig waren"* (Frank (2005): 11). Dass diese Schlussfolgerung falsch ist, ist bereits erläutert worden. (siehe Kapitel Im Garten der Reichskanzlei).

Ein weiteres Argument, das von einigen Autoren als Beweis dafür herangezogen wird, dass die Sowjets nicht Hitlers Leiche, sondern eine andere obduzierten, ist die im Obduktionsbericht enthaltene Feststellung, dass *„die linke Hode (...) weder im Hodensack, noch im Samenstrang innerhalb des Leistenkanals oder im kleinen Becken gefunden werden"* konnte. Man ist hierbei immer davon ausgegangen, dass Hitlers Geschlechtsorgane vollständig und normal ausgeprägt waren und dass bei medizinischen Untersuchungen zu Lebzeiten keinerlei Abnormitäten festgestellt worden sind (Besymenski (1982): 246). Dabei wird allerdings außer Acht gelassen, dass sich Hitler nur ungern und sehr selten einer umfassenden medizinischen Untersuchung unterzogen hat und dass bei einer äußeren Untersuchung eine Lageanomalie der Hoden mit dauerndem Verbleib im Hodenkanal (Kryptorchismus) oft unbemerkt bleibt. Für den Autor Wolfdieter Bihl gilt daher der Umkehrschluss: *„Wenn eindeutig nachgewiesen wäre, dass Hitler beide Hoden gehabt hat, ist die ‚Besymenski-Leiche'* [diejenige, die obduziert worden ist] *mit Sicherheit nicht Hitlers Leiche gewesen"* (Bihl (2000): 122). Damit hat er recht – genauso wie feststeht, dass Hitlers sterbliche Überreste 1945 eben nicht vollständig vernichtet worden sind, sondern dass die Sowjets seit dem 5. Mai 1945 im Besitz seiner verkohlten Leiche waren und sie obduzieren konnten.

Den finalen Beweis dafür, dass die Sowjets in Buch tatsächlich Hitlers Leiche obduzierten, lieferte der Nürnberger Archivdirektor Prof. Peter Fleischmann 2015 durch seine Veröffentlichung der zufällig aufgefundenen Gefangenenpersonalakte Hitlers aus Landsberg am Lech 1923/1924 (*Hitler als Häftling in Landsberg am Lech 1923/24. Der Gefangenen-Personalakt Hitler nebst weiteren Quellen aus der Schutzhaft-, Untersuchungshaft- und Festungshaftanstalt Landsberg am Lech*, Verlag Ph.C.W. Schmidt, Neustadt an der Aisch). Niemand konnte das Auftauchen dieser Akte und der darin enthaltenen Fakten ahnen – weder die Sowjets 1945 noch die zahlreichen Autoren, die sich später mit dem Thema beschäftigt haben.

Der Gefängnisarzt in der Festungsanstalt Landsberg am Lech, Obermedizinalrates Dr. Josef Brinsteiner, war wahrscheinlich der einzige Mediziner, der Hitler vollständig nackt gesehen hat. Er untersuchte den Untersuchungshäftling Hitler, der wegen seines Putschversuches vom 8. und 9. November 1923 in der Nacht vom 11. auf den 12. November 1923 in die Festungsanstalt gebracht wurde. Brinsteiners Befund lautete: *„(...) rechts (gestrichen: links) seitiger Kryptorchismus“.* Hitler hatte also tatsächlich eine – lange vermutete – angeborene Missbildung an seinen Genitalien. Sein rechter Hoden ist im embryonalen Stadium oder im Säuglingsalter nicht in den Hodensack gewandert, sondern im Hodenkanal verblieben. Die Korrektur im Befund von Dr. Brinsteiner, der zuerst *„links“* geschrieben hatte, erklärt sich durch die Perspektive. Aus Sicht des Arztes auf den vor ihm stehenden Patienten fehlte die linke Hode, die de facto die rechte des Patienten war. Dr. Brinsteiner hat seinen Irrtum erkannt und in der Akte sofort korrigiert. Den Sowjets ist bei der Obduktion derselbe Fehler unterlaufen, er ist jedoch nicht korrigiert worden. Unabhängig von dieser Ungenauigkeit in der Obduktionsakte der Sowjets ist aber entscheidend, dass Hitler eine Hode fehlte. Das konnten die Sowjets nicht wissen. Und sie hatten keinen Grund, den Bericht in diesem Punkt zu fälschen – im Gegensatz zur Art der Tötung.

Der Marschall der Sowjetunion, Wassili Danilowitsch Sokolowski, erklärte dem US-amerikanischen Journalisten und Schriftsteller Cornelius Ryan gegenüber im Mai 1963: *„Obschon Hitlers Körper angesengt war, war er noch gut zu erkennen* [sic!]. *Um jedoch sicherzugehen, haben wir aufgrund der herausgebrochenen Zähne mit Hilfe von Hitlers Dentisten eine Doppelkontrolle vorgenommen. Der Dentist des Führers erkannte das Gebiss Hitlers.“* In einem Begleitbrief zum Obduktionsbericht, der nach Moskau geschickt wurde, heißt es: *„Es gibt keinen Zweifel daran, dass der Leichnam Hitlers echt ist. Das gelang festzustellen auf der Grundlage der Aussagen des Zahnarztes und der Krankenschwester* [tatsächlich Zahnarzthelferin], *die Hitler behandelt haben“* (Doernberg (2005): 19).

Der 8. Mai ist der Tag des Endes des Zweiten Weltkriegs in Europa. In der Nacht, am 9. Mai um 00:16 Uhr, erfolgt die Unterzeichnung einer weiteren deutschen Kapitulationserklärung am Sitz des Oberkommandierenden der Roten Armee in Deutschland, Marschall Georgi Schukow, in der bisherigen Pionierschule I in Berlin-Karlshorst. Der Chef der SMERSch, General Abakumow, meldet Stalin am 9. Mai 1945, dass Hitler nicht mehr lebe und Gerüchte über seine Flucht haltlos seien. Er legt ihm im Kreml den Bericht der gerichtsmedizinischen Kommission über die Entdeckung und Identifizierung der Leiche Adolf Hitlers durch die vorgenommene Obduktion auf den Tisch. Zeugen der Szene schildern später Besymenski gegenüber Stalins Reaktion: Er blättert den Bericht durch, sagt kein einziges Wort dazu und schreibt auf den Rand des Dokuments: *„в архив“* (*„Ins Archiv“*). Damit gilt das Thema in der UdSSR als erledigt (DER SPIEGEL 30/1992, *Hitlers letzte Reise*, S. 112).

Der letzte Beweis

Lager Schwanebeck, Mittwoch, 9. Mai 1945/Freitag, 11. Mai 1945

Sowjetische Offiziere erscheinen am 9. Mai in der Praxis von Hitlers Zahnarzt Dr. Hugo Blaschke am Berliner Kurfürstendamm 213 (Berliner Adressbuch 1939). Blaschke hat sich jedoch bereits nach Süddeutschland abgesetzt. So treffen sie nur die Zahnarzthelferin Katharina Heusermann an, die mitteilt, dass sich die Aufzeichnungen über Hitlers Zahnstatus in der Reichskanzlei befinden. Sie kenne sein Gebiss gut, es habe bestimmte Eigenarten, erkennbare Brücken im Ober- und Unterkiefer und eine in der modernen Zahnmedizin selten verwendete sogenannte Fensterkrone (vgl. Trevor-Roper (1995): 24). Dr. Blaschke hatte Hitler einen Teil der Brücke (6 und 5 links) abgetrennt und ihn am 11. und 13. November 1944 nochmals behandelt (Joachimsthaler (2004): 369). Katharina Heusermann war dabei anwesend. Dolmetscherin Jelena Rschewskaja und Katharina Heusermann fahren in die Neue Reichskanzlei und holen von dort die Röntgenbilder von Hitlers Gebiss und die goldenen Kronen, die ihm nicht mehr eingesetzt werden konnten (Doernberg (2005): 123).

Der Zahntechniker Fritz Echtmann hatte Dr. Blaschke jahrelang als technischer Assistent gedient. Erst im Herbst 1944 hatte er am reparaturbedürftigen Gebiss Hitlers gearbeitet: Eine Goldbrücke, die Hitler im Jahre der Machtergreifung 1933 in den Oberkiefer eingesetzt worden war, musste wegen einer Zahnfleischentzündung von elf auf neun Glieder verkürzt werden (Zum detaillierten Zahnstatus Hitlers und den Aufzeichnungen des Zahntechnikers Fritz Echtmann siehe *„The odontological identification of Adolf Hitler"* bei Besymenski (Besymenski (1982): 352 – 382) und – teilweise in deutscher Übersetzung – bei Völklein (Völklein (1998): 150 bis 157). Zum Gutachten von Prof. Reidar F. Sognnaes (School of Medicine and Dentistry, University of California, Los Angeles, 1972) siehe ebenfalls Völklein (Völklein (1998): 60). Als der Zahntechniker Echtmann kurz vor Kriegsende ausgebombt wurde, siedelte er in die Berliner Praxisräume seines Chefs über. Dort finden ihn am 9. Mai sowjetische Geheimdienstoffiziere und transportieren ihn mitsamt allen zahnärztlichen Einrichtungsgegenständen in das sowjetische Truppenlager Schwanebeck in der heutigen Gemeinde Panketal im Brandenburger Landkreis Barnim (DER SPIEGEL, 50/1964: *Hitler. Goldene Brücke.*).

Abb. 74 Skizze der Zahn- und Zahnersatzstücke von Hitlers Ober- und Unterkiefer handelt. Die Andeutungen rechts werden Katharina Heusermann zugeschrieben. Mit blauer Tinte oben „Gebiss Schema von Hitler". Danach unten „linke Seite" und „rechte Seite". Mit schwarzer Tinte auf der Skizze in der Mitte „Anhang zum Obduktionsbericht vom Hitler", „Anhang zum Bericht Nr. 12". Unten in der Mitte: „Leiche eines Mannes". (8)

Fritz Echtmann und Katharina Heusermann werden getrennt voneinander vernommen (Doernberg (2005): 127). Mit beider Hilfe werden Röntgenaufnahmen, Protokolle von Zahnbehandlungen und Aufzeichnungen über Hitlers Zahnprothesen ausgewertet (Alisa Argunova (17. Mai 2005): *Die acht Bestattungen Hitlers: Russische Dokumente und Berichte*. AaO). Drei Röntgenaufnahmen von Hitlers Schädel, auf denen seine natürlichen Zähne sowie sein Zahnersatz zu sehen sind, waren am 19. September 1944, zwei weitere am 21. Oktober 1944 im Lazarett Carlshof bei Rastenburg in Ostpreußen angefertigt worden (Sandner (2020): 2253, 2260). Zunächst müssen Heusermann und Echtmann in allen Einzelheiten die Zähne aus ihrem Gedächtnis beschreiben und Heusermann diese auch zeichnen, denn die Sowjets wollen alle Zweifel ausräumen. Jelena Rschewskaja erinnerte sich, dass Heusermann den Offizieren Gorbušin und Bystrow gegenüber Hitlers Gebiss zunächst wie folgt beschrieb: *„Hitler trug am Oberkiefer eine goldene Brücke, die am ersten linken Zahn mit einer Fensterkrone befestigt war, dann auf der Wurzel des zweiten linken Zahns, auf der Wurzel des ersten rechten Zahns und auf dem dritten rechten Zahn mit einer goldene Krone"* (Doernberg (2005): 126). Die Verkürzung der Brücke um zwei Glieder, nämlich 5 und 6 links, sei deshalb vorgenommen worden, weil der Eckpfeiler 6 links vereitert war. Eine solche Verkürzung ist ein ungewöhnlicher Eingriff, zumal er auf Hitlers ausdrücklichen Wunsch in der

Mundhöhle hatte vorgenommen werden müssen. Die Schnittfläche war ein einzigartiges Erkennungsmerkmal seines Gebisses (vgl. Joachimsthaler (2004): 380).

Ein sowjetischer Oberst zeigt Heusermann schließlich eine Oberkiefergoldbrücke mit Porzellanfacetten, einen vollständigen Unterkieferknochen mit Zähnen und Brücken, eine kleine Goldfüllung und eine untere Kunstharzbrücke mit einer Goldkrone. Heusermann identifiziert sie *„sofort als ohne Zweifel von Adolf Hitler stammend“*. Sie ist sich so sicher, weil sie beim *„Abschneiden der Oberkieferbrücke“* dabei war und *„von den zahlreichen Zahnfleischbehandlungen“* weiß (Bihl (2000): 118f). Sie konkretisiert: *„Die vorgelegten Zähne gehören dem deutschen Reichskanzler Adolf Hitler. Im Oberkiefer links sieht man hinter dem vierten Zahn eine deutliche Spur, die beim Durchsägen der Goldbrücke mit der Bohrmaschine entstand, als der sechste Zahn gezogen wurde. Diese Zahnextraktion wurde von Dr. Blaschke unter meiner Assistenz im Herbst 1944 vorgenommen“* (Besymenski (1982): 193). Vorgelegt werden Echtmann und Heusermann auch ein Eisernes Kreuz 1. Klasse und ein Goldenes Parteiabzeichen der NSDAP (Trevor-Roper (1995): 24). Hitler hat beide Auszeichnungen getragen und es ist davon auszugehen, dass sie nach seinem Suizid nicht von seiner Uniform abgenommen worden sind. Der Zahntechniker Fritz Echtmann identifiziert zusätzlich eine andere ihm vorgelegte Kunstharzbrücke als eindeutig von Eva Braun stammend (Die ZEIT, Dr. Volker Ullrich (2. Mai 2020): *Adolf Hitlers Tod: Stalin wollte es nicht glauben.*).

Heusermann wird auch von Dr. Faust Schkarawskij vernommen, der im Protokoll festhält, dass sie *„detailliert den Zustand der Zähne Hitlers beschrieben habe. Ihre Beschreibung stimmte mit den anatomischen Angaben von der Mundhöhle des von uns sezierten, verkohlten, unbekannten Männerleichnams überein“* (Doernberg (2005): 126). Laut seiner Aussage war er es, der ihr die Originalzähne als Erster zeigte. Er erinnerte sich: *„Die Reaktion war natürlich - Tränen, Hysterie. Erst jetzt wurde ihr bewusst, dass Hitler nicht mehr am Leben war. Nach ein paar Minuten beruhigte sie sich wieder“* (Besymenski (1995): 102). Die Sowjets stellen fest: *„Ihre* [Heusermanns] *Angaben über die Brücken, Kronen und Zahnfüllungen entsprachen genau den Eintragungen der Krankengeschichte und den Röntgenbildern, über die wir verfügten“* (Besymenski (1982): 189).

Sicherheitshalber muss auch Echtmann aus dem Gedächtnis Zeichnungen von Hitlers Gebiss anfertigen (DER SPIEGEL, 50/1964: *Hitler. Goldene Brücke.*). Auch ihm wird eine Zigarrenschachtel vorgelegt, in dem sich neben dem Gebiss Hitlers und der Brücke Evas ein Eisernes Kreuz I. Klasse und ein Goldenes Parteiabzeichen befinden (Fest/Eichinger (2002): 188). Echtmann erinnerte sich 1954: *„Der mir im Mai 1945 von den Russen in Schwanebeck bei Berlin und dann nochmals in Finow bei Eberswalde vorge-*

legte Unterkiefer wies noch geringe angebrannte und verkohlte Fleischrückstände auf. Er war also noch nicht präpariert. Die mir gleichzeitig vorgelegte Oberkieferbrücke war neungliedrig, und zwar von 4 links bis 6 rechts. Ich bin nach wie vor der vollen Überzeugung, dass es sich bei dem Kieferknochen und bei der Brücke um den Kiefer Hitlers und die von ihm getragenen Brücke gehandelt hat. Darüber hinaus habe ich unter Beisein eines russischen oder polnischen Zahnarztes durch eine Artikulationsprobe das Zueinanderpassen von Oberkieferbrücke einerseits und Unterkieferknochen bzw. -zähnen andererseits feststellen können" (Joachimsthaler (2004): 379). Der verhörende (spätere KGB-) General Leonid Simontschuk über die Reaktion von Echtmann: *„Anfangs war er ein wenig schockiert. Dann sagt er nur ‚Hitler tot'."* Simontschuk fragte nach, wieso er sich dessen sicher sei, und erinnerte sich an die Antwort: *„Er sieht es, weil er diese Prothese gemacht hat."* Echtmann bestätigt die gleichlautenden Aussagen seiner Kollegin Heusermann (Besymenski (1982): 193).

Vierzehn Tage nach dem Suizid, am 13. Mai, führen die Sowjets einen Zeugen des ersten Begräbnisses vom 30. April in den Garten der Reichskanzlei. Es ist der SS-Rottenführer beim Reichssicherheitsdienst Harry Mengershausen. Anwesend sind der Leiter der Abwehrabteilung SMERSch, Oberstleutnant Klimenko, der Oberuntersuchungsrichter Katyschew, der Leiter des Vermessungstrupps Unterleutnant Kalaschnikow und die Soldaten Olejnik, Tschurakow, Nawasch und Mjalkin (Besymenski (1982): 167). Auf Nachfrage kann Mengershausen sofort die Stelle lokalisieren, wo die verkohlten Leichen vergraben worden sind (Trevor-Roper (1995): 25). Die Sowjets vermerken: *„Die Besichtigung des Ortes, der vom Zeugen Mengershausen gezeigt wurde, erbrachte die Richtigkeit seiner Aussagen"* (Doernberg (2005): 107).

Vergraben in Finow – das vierte Begräbnis

Berlin-Buch – Finow, Donnerstag, 17. Mai 1945

Bereits einige Tage nach der Obduktion und dem Begräbnis in Berlin-Buch werden eines Morgens unweit der provisorischen Beerdigungsgrube Spuren von Grabungen entdeckt. Dass sie auf eine gezielte Suche nach Hitlers Leiche zurückzuführen sind, ist unwahrscheinlich. In diesen Tagen kursieren Gerüchte von einem angeblichen „Nazischatz". Der SMERSch-Stab musste Buch verlassen, denn die Armee wird nördlich von Berlin neu stationiert. Daher werden alle Leichen (elf Personen und zwei Hunde) exhumiert und in Munitionskisten auf das Gebiet der sowjetischen Garnison in Finow (heute Eberswalde-Finow) verbracht (DER SPIEGEL 15/1995, *Hitlers Höllenfahrt*, S. 180). Die etwa 43 Kilometer weite Strecke dürfte ohne Umwege direkt über Bernau, Rüdnitz, Biesenthal, Melchow und Eberswalde nach Finow geführt haben. Auf dem Gelände der neuen russischen Garnison, in einem Wäldchen am Stadtrand von Finow, werden die Leichen erneut vergraben (DER SPIEGEL 15/1995, *Hitlers Höllenfahrt*, S. 180). es ist das vierte Begräbnis Hitlers.

Eine Abteilung des SMERSch bewacht den Beerdigungsort, weil der Chef der Spionageabwehr SMERSch der 1. Belorussischen Front, Generalleutnant Alexander Anatoljewitsch Wadis, auf eine Reaktion auf seine nach Moskau gesandten Berichte wartet. Auf Wadis Befehl wiederum wartet der Leiter der SMERSch-Abteilung der 3. Stoßarmee, Oberst Andrei Seliwerstowitsch Miroschnitschenko, der Wadis fragt, was weiter mit den Leichen geschehen solle. Der ist vorsichtig und antwortet: *„Warte ein wenig.“* Es kommen jedoch keine weiteren Befehle aus Moskau. Miroschnitschenko will daraufhin alle sterblichen Überreste einfach wegwerfen. Oberst Vasilij Gorbušin vertritt jedoch Meinung, besser abzuwarten, denn man wisse nicht, welche Wendung die Sache noch nehmen werde. Er empfiehlt daher, mit der endgültigen Vernichtung zu warten (DER SPIEGEL 30/1992, *Hitlers letzte Reise*, S. 113).

Die Stelle, an der die Leichen in Finow begraben wurden, kann mit Hilfe von Plänen (Schriftliche Auskunft des Kreisarchivs Landkreis Barnim, Eberswalde, vom 28. Dezember 2021; Kreisarchiv Barnim, O.II.Sachs 13465: 13556 Lagepläne, Flurkarten und Luftbild zum Flugplatz Finow mit Kasernen und Wohngebiet) und den bekannten Informationen rekonstruiert werden. Finow besaß einen Fliegerhorst der deutschen Luftwaffe, daran schloss sich eine Fliegersiedlung an. An diese Wohnsiedlung grenzt im Süden und Westen ein Waldgebiet. Die Siedlung wird von der Eberswalder Straße im Norden, der Poststraße im Osten und dem Flugplatzgelände im Süden begrenzt. Von Nord nach Süd verlaufen heute die Straßen Pappelallee und Zum Samithsee, von West nach Ost die Jäger- und die Thomas-Mann-Straße. Die Sowjets werden nach ihren Erfahrungen in Berlin-Buch (Spuren der Störung der Grabruhe) Wert darauf gelegt haben, dass sich die Beerdigungsgrube in Sichtweite befand. Es ist wahrscheinlich, dass es sich um das Wäldchen (westlich) hinter den Häusern der Pappelallee (Teilstück südlich der Thomas-Mann-Straße; nördlich Am Flugplatz) handelte.

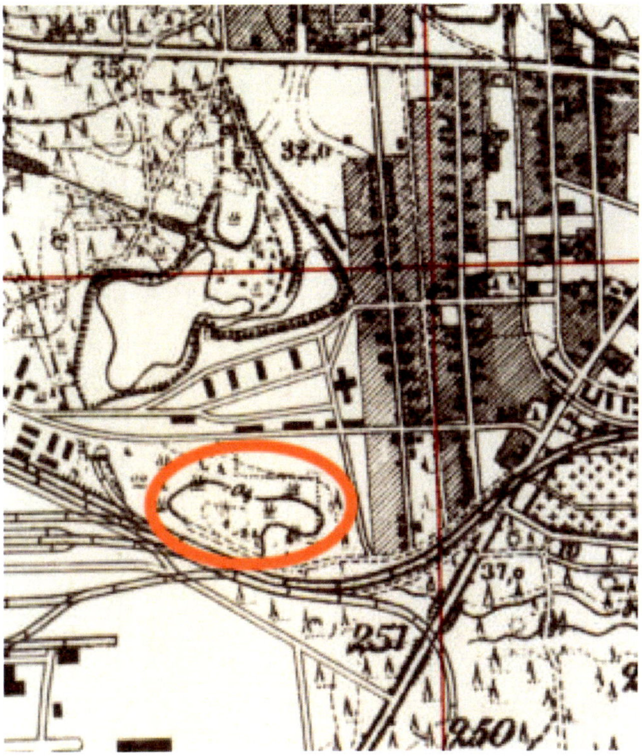

Abb. 75 Finow: Karte des Areals des wahrscheinlichen Begräbnisortes (Kreis) westlich der Pappelallee aus dem Jahre 1952. Oben die Eberswalder Straße (B 167), unten links ein Teil des Flugplatzes. (22)

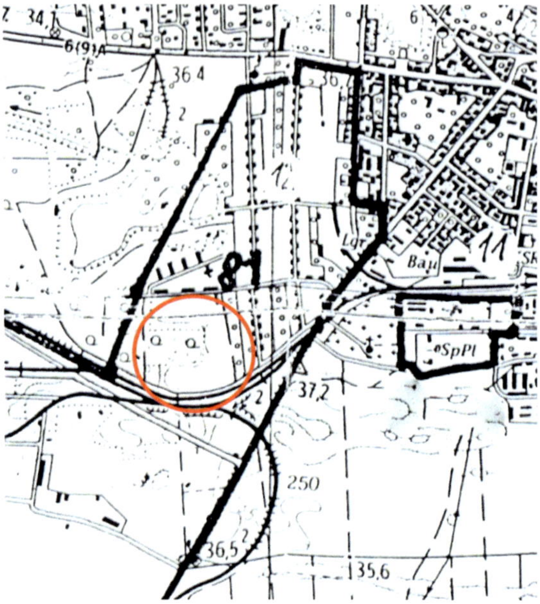

Abb. 76 Der gleiche Kartenausschnitt aus dem Jahre 1990. Schwarz markiert das Areal Nr. 81, Flugplatz und Wohnsiedlung der Sowjetischen Streitkräfte. (34)

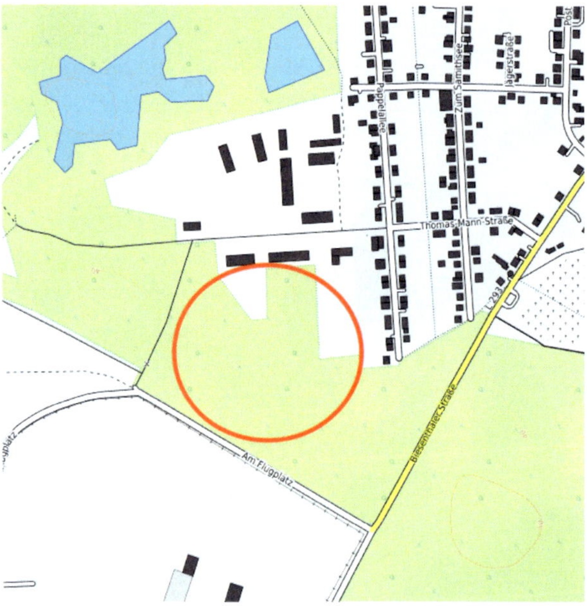

Abb. 77 Der gleiche Kartenausschnitt im Jahre 2022. Rechts die Biesenthaler Straße. Die Bahnlinie ist abgebaut. (Openstreetmap, Database Contents License (DbCL) 1.0)

Abb. 78 Finow, die westliche Seite am südlichen Ende der Pappellallee (2022). Hier waren die Sowjets einquartiert, dahinter wurden die Leichen begraben. (2)

Abb. 79 Finow, Lichtung am Waldrand westlich der Pappelallee (2022). (2)

Schon einen Tag nach der Beerdigung in Finow erweist sich, dass Oberst Vasilij Gorbušin mit seiner Entscheidung, die Leichen nicht zu vernichten, recht gehabt hat. Mit einem Flugzeug aus Moskau landet ein Sonderbeauftragter des Oberkommandos der Roten

Armee in Berlin. Es handelt sich um Generalleutnant Peter Mešik, stellvertretender Kommissar für innere Angelegenheiten, ein Vertrauter von Geheimdienstchef Lawrenti Beria (Besymenski (1995): 110). Er hat den Auftrag, die Informationen in den Dokumenten, die man Stalin übermittelt hat, an Ort und Stelle noch einmal zu überprüfen.

Zu diesem Zweck wird auch die Zahnarzthelferin Heusermann nach Finow gebracht. Man legt ihr am 19. Mai eine Zigarrenschachtel vor, in der sich das befindet, was ihr bereits am 9. Mai in Schwanebeck gezeigt worden ist: Kiefer und Zähne Hitlers (Bihl (2000): 119). Sie wird fast fünf Stunden lang über ihre Tätigkeit und die Besonderheiten von Hitlers Gebiss verhört und sagt aus:

> *„(...) Die meisten Zähne Hitlers waren künstlich, einen großen Teil davon hatte ihm Dr. Blaschke 1932 eingesetzt. (...) Im Herbst 1944 zog Dr. Blaschke Hitler in meiner Anwesenheit den sechsten Zahn links im Oberkiefer (erster Molarzahn). (...) Um diesen Zahn zu ziehen, musste Dr. Blaschke mit der Bohrmaschine die Goldbrücke zwischen dem 4. und 5. Zahn im Oberkiefer links durchsägen; dabei hielt ich den Spiegel im Munde Hitlers und beobachtete genau den ganzen Vorgang. Im Oberkiefer links wurden also der 5. künstliche Goldzahn und der 6. natürliche Zahn mit einer Goldkrone gezogen. Infolgedessen blieb im Oberkiefer links als letzter der 4. Zahn übrig. (...) Der Oberkiefer Hitlers stellte eine Goldbrücke dar, abgestützt durch den 1. Zahn links mit einer Fensterkrone, die Wurzel des zweiten Zahnes links, die Wurzel des ersten Zahnes rechts und den dritten Zahn rechts mit einer Goldkrone. Der rechte Oberkiefer zählte vier Zähne links und 5 Zähne rechts. Die künstlichen Zähne waren aus Gold angefertigt und auf der vorderen Seite mit einer Porzellanschicht überzogen. Der Unterkiefer zählte 14 Zähne und bestand aus zwei Brücken. Der linke Teil hatte acht Zähne, der rechte sechs Zähne. Der rechte Teil zählte fünf natürliche Zähne: den 1.,2,3,4.5.; der sechste Zahn ist künstlich, aus Gold, die Frontseite mit Porzellanschicht überzogen; durch eine Goldbrücke mit dem 3. und 5. Zahn verbunden. Im linken Teil blieben acht Zähne, davon fünf natürliche: 1., 2., 3., 5. und 8., während der 4., 6. und 7. Zahn aus Gold waren und mit einer Goldbrücke am 3., 5. und 8. Zahn befestigt waren“* (Besymenski (1982): 197ff; Besymenski (1995): 98ff).

Graböffnung und fünftes Begräbnis

Finow, Dienstag, 22. Mai 1945

Der russische Historiker Besymenski schrieb, am 22. Mai 1945 habe in Fiunow *„eine fast okkulte Prozedur"* stattgefunden. General Mešik geht in das Wäldchen, wo die Leichname begraben sind, und lässt sie von Angehörigen der Abteilung SMERSch der 3. Stoßarmee exhumieren (DER SPIEGEL 30/1992, *Hitlers letzte Reise*, S. 113). Katharina Heusermann: *„Ende Mai (...) bin ich von Finow aus in ein in nächster Nähe* [sic!] *von Finow gelegenes Waldstück gebracht worden. Hier wurden mir in Anwesenheit eines Generals und zahlreicher Offiziere sieben Kisten mit menschlichen Leichen und eine Kiste mit zwei Hundekadavern gezeigt. Diese sämtlichen Kisten standen in einer etwa ein Meter tiefen Grube"* (Joachimsthaler (2004): 375). Erneut zeigt man ihr auch die Zähne, die in einer kleinen Zigarrenschachtel liegen (DER SPIEGEL 30/1992, *Hitlers letzte Reise*, S. 111).

Der ehemalige Leiter der Leibwache von Joseph Goebbels, Wilhelm Eckold, identifiziert an diesem Tag die Leichen der Familie Goebbels. Auch sie werden dazu aus dem Boden geholt und in Holzsärge gelegt (Winogradow, Pogonitz (2000): 43). Auch Harry Mengershausen muss die verkohlten und geschwärzten Leichen des Ehepaars Goebbels und die von Hitler, die nun in Lattenkisten auf einer Lichtung liegen, identifizieren. Trotz der Feuer- und Verfallsschäden sind sie für ihn eindeutig erkennbar (Trevor-Roper (1995): 25f). Nach Mengershausens Erinnerung befand sich die Leiche Hitlers in *„einem schlechten Zustand"*. Das Feuer hat *„die Füße weggefressen, Haut und Fleisch waren schwarz und verkohlt. (...) Eine Schläfe wies ein Schussloch* [sic!] *auf (...)"* (DER SPIEGEL 30/1992, *Hitlers letzte Reise*, S. 111). General Mešik erstellt ein Protokoll, das alle Anwesenden, auch die deutschen, unterschreiben müssen. Danach werden die Leichen erneut im Wald von Finow begraben (Alisa Argunova (17. Mai 2005): *Die acht Bestattungen Hitlers: Russische Dokumente und Berichte*. AaO)., und zwar an gleicher Stelle (DER SPIEGEL 30/1992, *Hitlers letzte Reise*, S. 111).

Der „Tod von Hunden“

Moskau, Mittwoch, 23. Mai/Samstag, 26. Mai 1945

Generalleutnant Wadis informiert am 23. Mai über eine Sondertelefonleitung Geheimdienstchef Lawrenti Beria in Moskau über das Ergebnis der Untersuchungen (Die ZEIT, Dr. Volker Ullrich (2. Mai 2020): *Adolf Hitlers Tod: Stalin wollte es nicht glauben.*). Er teilt mit, dass Hitler und Eva Braun eindeutig *„Selbstmord durch die Einnahme von Zyanverbindungen“* verübt haben. Indizien dafür sind die im Mund gefundenen Glassplitter. Das Protokoll der Identifizierung der Leichen, die Zahnbrücke und den Unterkiefer bringt er später nach Moskau mit. Stalin aber entscheidet, ohne die Beweise in Augenschein genommen zu haben, dass es nicht Hitlers Überreste sind. Er will einfach nicht wahrhaben, dass Hitler ihm nichts mehr nützt, da er ihn nicht präsentieren kann. Den Leichenfund kann er leicht verschweigen, das Geheimnis darum zu einem Mythos machen (DER SPIEGEL 15/1995, *Hitlers Höllenfahrt*, S. 180ff). Er weiß um den Wert einer Leiche, die sich besichtigen lässt. Daher hat er 1924 angeordnet, Lenin zu präparieren und in einem Mausoleum auf dem Roten Platz in Moskau auszustellen. Von Hitler aber darf nichts übrigbleiben. Und er muss wie sein Hund am Gift verreckt sein (DER SPIEGEL 30/1992, *Hitlers letzte Reise*, S. 111). Ohne ausdrücklichen Befehl Stalins aber will man die sterblichen Überreste nicht gänzlich vernichten (DER SPIEGEL 15/1995, *Hitlers Höllenfahrt*, S. 182 und 184).

Der Zahntechniker Fritz Echtmann wird erneut zwei Tage lang in Finow vernommen. Wieder wird ihm die Zigarrenschachtel mit Hitlers Zähnen vorgelegt. Er bleibt bei seiner Aussage, dass es für ihn aufgrund der Details *„kein*[en] *Zweifel* [geben kann], *dass die mir vorgelegten Kiefernteile von den Leichen Hitlers und Eva Brauns stammten“* (Bihl (2000): 119).

Am 26. Mai empfängt Stalin in Moskau eine hochrangige Delegation aus den USA: Präsidentenberater Harry L. Hopkins, den amerikanischen Botschafter in der Sowjetunion William A. Harriman und den Diplomaten Charles E. Bohlen. Dabei äußert Stalin sich auch über das Schicksal Hitlers: *„Die ganze Sache ist sonderbar. Dieses ganze Gerede von Begräbnissen und Beisetzungen erscheint mir sehr zweifelhaft“* (Joachimsthaler (2004): 16-19). Seiner Ansicht nach sei Hitler nicht tot. Er glaube, er sei entkommen und halte sich irgendwo verborgen, wahrscheinlich in Japan; er denke, *„auch Goebbels, Bormann und Krebs* [sic!]*“* seien geflohen (DER SPIEGEL 30/1992, *Hitlers letzte Reise*, S. 111). Schließlich seien *„Hitler und die anderen (...) viel zu geschickte Gauner“* (Völklein (1998): 60), es müsse daher alles getan werden, um ihn zu finden. Vielleicht sei er mit einem U-Boot nach Japan entkommen (Die ZEIT, Dr. Volker Ullrich (2. Mai 2020): *Adolf Hitlers Tod: Stalin wollte es nicht glauben.*). Schon indem Stalin zusätzlich General Hans Krebs erwähnt – der im Vergleich zu Hitler, Goebbels und Bormann nur eine untergeordnete Rolle spielte – beweist er, dass er nicht die Wahrheit sagt, sondern sich unbewusst verrät, denn die Leiche von Krebs war ebenfalls eindeutig identifiziert worden.

Es werden zwei Akten mit den internen Dokumenten des Innenministeriums der UdSSR, dem NKWD, über Hitlers Tod angelegt. Eine wird später im Archiv des Politbüros der KPdSU und eine in Stalins persönlichem Archiv aufbewahrt werden (Besymenski (1995): 119). Mit dem alten russischen Sprichwort *„Смерть собаки“* (*„Tod von Hunden“*), über Schurken, die ohne Reue sterben, reagiert Stalin auf den geheimen Bericht seiner militärischen Spionageabwehr. Danach besteht kein Zweifel – die medizinischen Gutachten bestätigen es eindeutig –, dass Hitlers sterbliche Überreste gefunden worden sind (Prawda, Moskau, Vladimir Jancura (5. Mai 2015): *Hitlers Selbstmord markierte das Ende des Dritten Reiches.* Abgerufen am 7. Januar 2022 von https://zurnal-pravda-sk.translate.goog/neznama-historia/clanok/354022-hitlerova-samovrazda-znamenala-koniec-tretej-rise/?_x_tr_sl=sk&_x_tr_tl=de&_x_tr_hl=de&_x_tr_pto=sc). Dennoch wiederholt Stalin mehr als einmal seine Version, er wisse nichts über Hitlers Schicksal. Bis heute sind keine offiziellen russischen Dokumente veröffentlicht worden, in denen eine solche Position der sowjetischen Führung zu diesem Thema erläutert wird (Winogradow, Pogonitz (2000): 17). Intern legt der Chef von SMERSch, General Abakumow, gegenüber Oberst Gorbušin die weitere Vorgehensweise fest: *„Wir werden uns ruhig verhalten. Für den Fall, dass Hitlers Doppelgänger auftaucht, der behaupten wird, die Nazis anzuführen. Dann werden wir die Gelegenheit haben, ihn* [mit den Beweisen von Hitlers Tod] *zu entlarven“* (Besymenski (1995): 120).

Im Wald bei Rathenow – das sechste Begräbnis

Finow – Rathenow, Sonntag, 3. Juni 1945

Der Leiter der SMERSch-Abteilung der 3. Stoßarmee, Oberst Andrei Seliwerstowitsch Miroschnitschenko, verlegt am 3. Juni 1945 seinen Stab, dem auch sein Stellvertreter Oberst Vasilij Gorbušin angehört, nach Rathenow. Jahrzehnte später erinnerte sich Besymenski, dass dies eigentlich der Tag der Vernichtung der Leichen sein sollte: *„Heute weiß ich, dass so die offizielle Version von KGB und ZK aussehen sollte. In einem der*

Papiere, die man mir damals hatte zukommen lassen, hieß es: 3. Juni 1945, General Wadis, Vernichtung der Leichen." Die Geheimdienstoffiziere wagen es jedoch noch immer nicht, die Leichen zu vernichten, da nach wie vor keine Befehle aus Moskau vorliegen. Zwischenzeitlich ist das Grab von anderen sowjetischen Soldaten, die nach vergrabenen Wertsachen gesucht haben, entdeckt worden. Als die SMERSch-Einheit in das Wäldchen zurückkehrt, „*liegen die Knochen im Unterholz verstreut*" (DER SPIEGEL 30/1992, *Hitlers letzte Reise*, S. 111-115).

Daraufhin werden am 3. Juni alle Leichen exhumiert, auf Militär-Lkw verladen und nach Rathenow transportiert. Die etwa 133 Kilometer lange Fahrt nach Westen geht wahrscheinlich über Finowfurt (heute Schorfheide), nördlich an Zerpenschleuse vorbei, über Hammer, Liebenwalde, Falkenthal, Löwenberg (heute Löwenberger Land), Herzberg (heute Herzberg (Mark), Alt Ruppin (heute Neuruppin), Neuruppin, das heutigen Temlitztal, Bückwitz (heute Wusterhausen/Dosse), Neustadt (heute Neustadt (Dosse)., Sieversdorf-Hohenofen, Friedrichsdorf (heute Großderschau), Rhinow und Seeblick bis nach Rathenow. Erste Anlaufstation des Transports ist die Garnison der sowjetischen Streitkräfte, die in Rathenow fünf abgesperrte Standorte sowie mehrere Gebäude in der Stadt belegt. Ziel ist erst einmal die ehemalige Motorisierte-Schützenkaserne der Deutschen Wehrmacht, in deren hinterem Teil Kraftfahrerkasernen stehen. Das Areal befindet sich in Rathenow-Nord im Hindenburgring (heute Rudolf-Breitscheid-Straße) und umfasst die gesamte östliche Bebauung südlich der Litzmannstraße (heute Georg-Herwegh-Straße) und nördlich der Gneisenaustraße (heute Theodor-Lessing-Straße). Das Gebiet östlich dieser Anlagen wird als Truppenübungsplatz verwendet (Schriftliche Auskunft des Hauptamtes Rathenow vom 12. und 18. Januar 2022).

Abb. 80 Rathenow, Rudolf-Breitscheid-Straße: Einfahrt zur ehemaligen Mot.-Schützenkaserne der Deutschen Wehrmacht (2022). (2)

Hier am Stadtrand sollen die Leichen endgültig begraben werden; im orthodoxen Russland sind Erdbestattungen üblich. Das Begräbnis findet angeblich *„in einem Wald auf dem späteren Übungsgelände der sowjetischen Truppen"* statt, östlich der Kasernen und nördlich der Waldsiedlung (Georg-Büchner-Weg und Gerhart-Hauptmann-Weg) (CNN, Maxim Tkachenko (11. Dezember 2009): *Interview General Vasily Khristoforov mit CNN. Official: KGB chief ordered Hitler's remains destroyed.* Abgerufen am 14. Januar 2022 von https://edition.cnn.com/2009/WORLD/europe/12/11/russia.hitler.remains/index.html). Der tatsächliche Begräbnisort befand sich jedoch weiter südöstlich: im Rathenower Stadtforst, in der Nähe der Stechower Landstraße (heute B 188) Richtung Stechow-Ferchesar (Schriftliche Auskunft des Historikers Dr. Matthias Uhl vom 17. Januar 2022). Der sowjetische Bericht über dieses sechste Begräbnis Hitlers dokumentiert:

> *„Die Leichen befinden sich in Holzkisten in einer Grube in einer Tiefe von 1,70 Metern und sind in der folgenden Reihenfolge angeordnet (von Ost nach West): Hitler, Eva Braun, Goebbels, Magda Goebbels, Krebs, Goebbels' Kinder. Im westlichen Teil der Grube befindet sich auch ein Korb mit zwei Hundeleichen (...). Ort der vergrabenen Leichen: Deutschland, Provinz Brandenburg, in der Nähe von Rathenow, Wald östlich von Rathenow. Ort der verscharrten Leichen: entlang der Straße von Rathenow nach Stechow, vor Neu Friedrichsdorf, 325 Meter von der Eisenbahnbrücke. Entlang einer Waldlichtung, von der ein viereckiger Pfahl mit der gleichen Nummer 111 in nordöstlicher Richtung zu*

einem viereckigen Pfahl mit der gleichen Zahl 111 – 635 Meter geht. Von dieser Säule in der gleichen Richtung zur nächsten steinernen viereckigen Säule mit dem gleichen Zeichen 111 – 55 Meter. Von dieser dritten Säule aus streng nach Osten – 26 Meter. Das Loch mit den Leichen wird auf dem Boden eingeebnet, auf der Oberfläche der Grube werden kleine Kiefern gepflanzt“ (Winogradow, Pogonitz (2000): 103-106). Es ist charakteristisch für die Sowjets, Bäume über Gräbern zu pflanzen, die niemand entdecken soll.

Oberst Vasilij Gorbušin meldet am 10. August 1945 an General Wadis: *„Finow, 4. Juni 1945* (Bericht). *Nach Abschluss der gerichtsmedizinischen Untersuchung und der Durchführung aller operativen Maßnahmen zu ihrer Identifizierung wurden alle Leichen im Raum der Stadt Buch begraben. Wegen der Umverlegung der Abteilung der Gegenaufklärung SMERSch der Armee wurden die Leichen sichergestellt und zuerst in den Raum der Stadt Finow und dann, am 3. Juni 1945, in den Raum der Stadt Rathenow transportiert und endgültig begraben“* (Völklein (1998): 191).

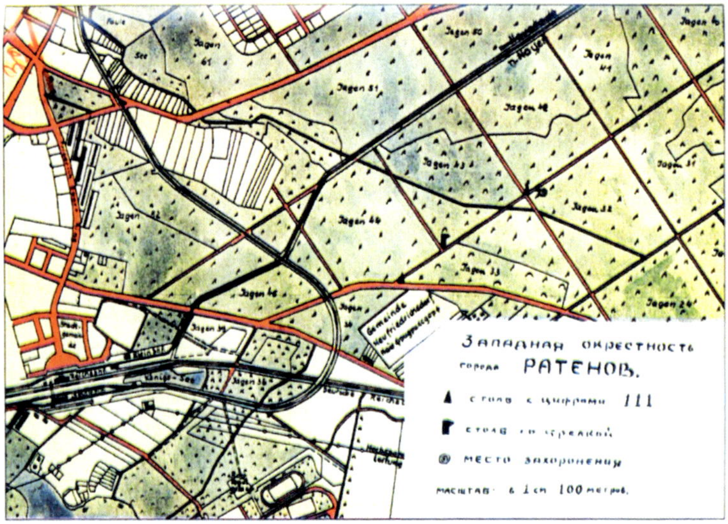

Abb. 81 Originalkarte der SMERSch aus dem Jahre 1946 über den Begräbnisort im Rathenower Stadtforst. (40)

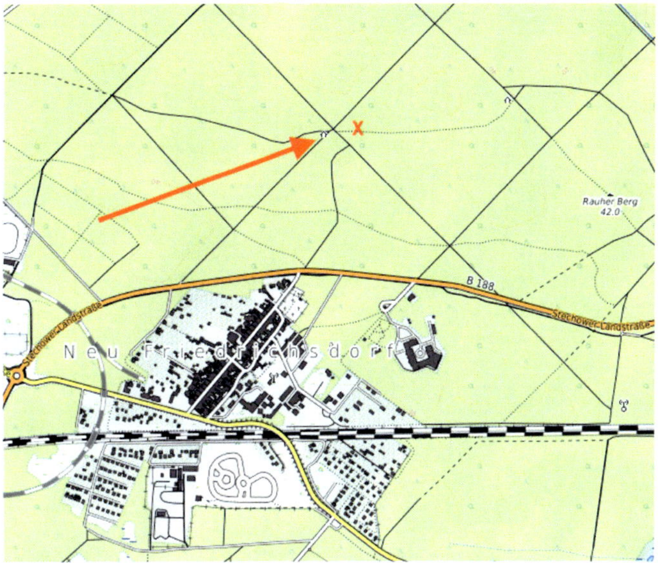

Abb. 82 Aktuelle Karte des Areals nördlich von Neu Friedrichsdorf mit dem ehemaligen Begräbnisort (Kreuz). (Openstreetmap, Database Contents License (DbCL) 1.0)

Abb. 83 Rathenow, Stadtforst: Kreuzungsbereich Planquadrat 5861/5852, Blickrichtung nach Nordosten (2022). Die Leichen wurden von dieser Stelle aus 55 Meter geradeaus und 26 Meter Richtung Osten vergraben. (2)

Abb. 84 Rathenow, Stadtforst: die exakte Begräbnisstätte, Blickrichtung nach Osten (2022). (2)

Abb. 85 Rathenow, Stadtforst: Grube unmittelbar nördlich der Begräbnisstelle (2022). (2)

Das Verwirrspiel

Berlin – Moskau, Juni/Juli 1945

Am 5. Juni, zwei Tage nach dem erneuten Begräbnis im Wald bei Rathenow, treffen die alliierten Oberbefehlshaber in Berlin zusammen, um die Viermächteregierung organisatorisch zu etablieren. Dabei berichten *„verantwortliche russische Offiziere“* amerikanischen Offizieren aus General Eisenhowers Stab, Hitlers Leiche sei entdeckt und *„mit ziemlicher Sicherheit“* identifiziert worden. Alles vorhandene Beweismaterial lasse auf Hitlers Tod schließen. Diese Information wird am 7. Juni in der „Times“ in New York publiziert (Trevor-Roper (1995): 27).

Offiziell bleibt der Leichenfund ein Staatsgeheimnis und Marschall Schukow teilt dem Zentralorgan der KPdSU, der Tageszeitung „Prawda“, mit, Hitler könne im letzten Moment aus Berlin ausgeflogen worden sein (DER SPIEGEL 30/1992, *Hitlers letzte Reise*, S. 111). Die sowjetische Militärverwaltung in Berlin hält Anfang Juni eine inoffizielle Pressekonferenz mit alliierten Kriegskorrespondenten aus den USA, England und Frankreich ab. Dabei informiert Marschall Schukow darüber, dass man auf der Suche nach Hitlers Leichnam sei (Großbölting/Schmidt (2011): 90). Ein Offizier aus Schukows Stab gibt daraufhin Einzelheiten *„über die Suche nach Hitlers Leiche“* bekannt (Joachimsthaler (2004): 23). Dieser Offizier autorisiert jedoch die Korrespondenten zu schreiben – unter der Voraussetzung, sie nennen seinen Namen nicht –, dass Hitlers Leiche gefunden und mit ziemlicher Sicherheit identifiziert worden sei. Die rauchgeschwärzte und verkohlte Leiche des „Führers“ sei eine von vieren gewesen, die am 3. und 4. Mai im Bunker im Garten der Reichskanzlei entdeckt worden sind (Joachimsthaler (2004): 392). Es ist in Bezug auf Details zu Hitlers Schicksal die letzte Eigenmächtigkeit Marschall Schukows und seiner Untergebenen.

Eine erneute – diesmal offizielle – Pressekonferenz ist für den 9. Juni angesetzt. Marschall Schukow fragt diesmal vorher bei Stalin an, was er über Hitlers Schicksal verlautbaren solle. Der befiehlt – obwohl ihm alle Dokumente vorliegen – zu sagen, dass man ihn nicht gefunden habe. Noch viele Jahre später kann sich Schukow nicht damit abfinden, dass Stalin ihn belogen hat. Stalin fragt Schukow sogar: *„Где Гитлер?“* (*„Wo ist Hitler?“*). Für Besymenski steht fest, dass Stalin sich einfach nicht damit abfinden konnte, dass Hitler nicht mehr am Leben war (Besymenski (1995): 124). Möglicherweise fühlte er sich ihm wie durch ein mystisches Band verbunden. Bei der Unterzeichnung des Hitler-Stalin-Paktes 1939 nannte Stalin Hitler einen *„Molodez“* (*„Prachtkerl“*) und trank auf seine Gesundheit (Deutschlandfunk, Dietrich Möller, 23. August 2009: *Vor 70 Jahren: Der Hitler-Stalin-Pakt*. Abgerufen am 20. Mai 2022 von https://www.

deutschlandfunk.de/vor-70-jahren-der-hitler-stalin-pakt-100.html). Die Diktatoren Hitler und Stalin haben sich zeitlebens insgeheim gegenseitig bewundert – vielleicht auch deshalb geht Hitler auf die Sowjetunion als seinen militärischen Hauptfeind in seinem politischen Testament mit keinem Wort ein.

Schukow schildert in der Pressekonferenz der internationalen Presse die letzten Tage in der Reichskanzlei und berichtet über die Eheschließung Hitlers mit der *„Filmschauspielerin Eva Braun"*, von der damit erstmals öffentlich etwas bekannt wird. Der Tenor lautet: Hitler sei mit seiner Frau entkommen und befinde sich *„auf Hochzeitsreise"*. Er informiert weiter darüber, dass die Rote Armee *„mehrere Körper, die Hitler sein könnten"*, gefunden habe, betont jedoch, dass sie *„nicht mit Sicherheit sagen können, dass er tot ist"* (DER SPIEGEL 30/1992, Hitlers letzte Reise, S. 111). Die Kernfrage, wo Hitler sei, umgeht er geschickt und äußert: *„Die Umstände sind sehr mysteriös. Wir haben die Leiche Hitlers nicht identifiziert. Ich kann nichts Bestimmtes über sein Schicksal sagen. Er kann im letzten Moment aus Berlin ausgeflogen sein. Der Zustand der Rollbahn* [Ost-West-Achse – heute Straße des 17. Juni – im Berliner Tiergarten als provisorische Landesbahn] *hätte ihm das erlaubt."* Der sowjetische Stadtkommandant von Berlin, Generaloberst Bersarin, stimmt Schukows Aussage zu: *„Wir haben verschiedene Leichen gefunden, unter denen sich möglicherweise die Hitlers befindet, aber wir können nicht angeben, ob er tot ist. Meiner Meinung nach tauchte Hitler unter und hält sich irgendwo in Europa, vielleicht bei General Franco, auf"* (Trevor-Roper (1995): 27f).

Unterdes gehen die Ermittlungen zur Identifikation der sterblichen Überreste Hitlers weiter. Dessen Zahnarzt Dr. Blaschke ist bereits im Mai 1945 von amerikanischen Truppen in Süddeutschland festgenommen und in das US-Verhörzentrum „Camp King" nach Oberursel im Taunus gebracht worden. Dort erreicht ihn eine Sendung der Sowjetischen Militäradministration. Ihr Inhalt: eine Tüte mit Gips, ein Spachtel und ein Messer. Die beiliegende Anweisung lautet, Blaschke solle Hitlers Gebiss aus seinem Gedächtnis nachbauen. Sein Mitbewohner, der spätere Historiker Percy Ernst Schramm, erinnerte sich: *„Wir bewohnten zeitweise gemeinsam ein Zimmer in einem Heim am Taunus, das die Amerikaner beschlagnahmt hatten. Sie händigten Herrn Blaschke, den ich zunächst mit Misstrauen betrachtete, da er einen hohen SS-Rang* [SS-Brigadeführer, Generalmajor der Waffen-SS] *erhalten hatte, aber bald menschlich schätzen lernte, eine Tüte mit Gips und Werkzeug aus; Herr Blaschke goß zwei Blöcke und schnitzte in sie mit einer mir verblüffenden Geschicklichkeit Hitlers Ober- und Unterkiefer hinein. In beiden waren Zahnlücken; im gesamten besaß Hitler nur noch 60 bis 70 Prozent seiner Zähne. Ihn auf diese Weise zu identifizieren, muss also leicht und völlig eindeutig gewesen sein. Nach einer Wartezeit holten die Amerikaner die* *beiden Modelle ab. Erst nach einiger Zeit wurde Blaschkes Schnitzwerk abgeholt, es stand daher lange auf unserem Tisch und gab Anlass zu manchen Glossen, ließ auch die Besucher aus dem Nebenzimmer zurückprallen, wenn sie auf ihre erstaunten Blicke hin über die historische Bedeutung dieses seltsamen Tischschmuckes informiert wurden"* (DER SPIEGEL, 1/1965, Percy Ernst Schramm: *Todesnachricht*). Die sowjetischen Militärs, die im Besitz des Originalgebisses sind, zeigen sich angesichts der vollkommenen Übereinstimmung der Nachbildung mit dem Gebiss der gefundenen Leiche beeindruckt (DIE WELT, Ulli Kulke (25. Oktober 2006): *Der zweite Tod Adolf Hitlers.*).

Der sowjetische Geheimdienstchef Lawrenti Beria berichtet Stalin und dem sowjetischen Außenminister Wjatscheslaw Michailowitsch Molotow am 16. Juni 1945 persönlich über den aktuellen Stand der Identifizierung der Leiche Hitlers sowie über die Resultate von Expertisen und Zeugenaussagen gefangener Deutscher (Alisa Argunova (17. Mai 2005): *Die acht Bestattungen Hitlers: Russische Dokumente und Berichte.* AaO). Stalin erhält auch die Protokolle der Obduktionen und die gerichtsmedizinischen Analysen der entnommenen Organproben. Geheimdienstchef Beria entschließt sich zu einem folgenschweren Eingriff in das Material, um Stalin nicht auf existierende Gegensätze aufmerksam werden zu lassen. Er entnimmt den Dokumenten zwei Analysen, die im Juni das 291. medizinisch-epidemologische Frontlabor Nr. 291 durchgeführt hat. Dessen Chemiker haben insgesamt dreißig intraorganische und 12 Blutproben entnommen. Damit sind 42 Cyanidreaktionen und 78 Alkaloidreaktionen durchgeführt worden, um die Proben auf Zyanid und Alkaliode zu untersuchen. Während die Proben der Obduktionen Nr. 1 bis 11 (Familie Goebbels, Krebs und die zwei Hundekadaver), 9,72 bis 12,9 Milligramm Blausäure pro Kilogramm Organmaterial enthielten, wurden *„im Material zu den Protokollen Nr. 12* [Adolf Hitler] *und 13* [Eva Hitler] *Zyanidverbindungen nicht* [sic!] *entdeckt"* (Besymenski (1995): 171f). Da an der offiziellen Version, Hitler habe sich vergiftet, festgehalten werden muss, werden diese Analysen Stalin vorenthalten.

Stalin ist mit der Arbeit der Untersuchungskommission zufrieden (Eberle/Uhl (2005): 467). Da bei Eva Hitler die alleinige Todesursache durch Gift erwiesen ist, gibt es hier eine Ungenauigkeit, da in ihrem Körper eindeutig Zyanverbindungen vorhanden und nachgewiesen sein müssten. Der Obduktionsbericht (Besymenski (1982): 351). ist dahingehend eindeutig und korrekt. Bei Hitler ist die durchgeführte Untersuchung jedoch der Beweis, dass er nicht an Gift, sondern an seiner Schusswunde gestorben ist. Das Gift war zum Zeitpunkt der tödlichen Verletzung noch nicht in seinen Körper eingedrungen (DER SPIEGEL 15/1995, *Hitlers Höllenfahrt*, S. 182). Die Möglichkeit des Todes durch Erschießen erwähnt Beria nicht, weiß er doch um Stalins Meinung (Eberle/Uhl (2005): 466f).

In diesen Tagen, erst eineinhalb Monate nach der Einnahme der Reichskanzlei, werden die ersten Fotos im Inneren des Führerbunkers aufgenommen. Sowjetische und US-amerikanische Soldaten lassen sich im Lageraum und in Hitlers privaten Räumen fotografieren. US-Offiziere suchen am Sofa nach Spuren von Hitlers Suizid (Kellerhoff (2003): 79).

Abb. 86 Führerbunker, Lagevorraum, Blickrichtung zur Gasschleuse / Gartenausgang. Links die Stahltür zum Lagebesprechungsraum / Kartenzimmer. (22)

Abb. 87 Führerbunker, Schlafzimmer: Ein sowjetischer Soldat zeigt auf die Federung von Hitlers Bett. (8)

Abb. 88 Führerbunker: Hitlers Schlafzimmer vom Wohn- und Arbeitsraum aus fotografiert. Der US-Soldat Shoemaker steht an Hitlers Bett und verdeckt den Klingelknopf, mit dem Hitler seinen Diener rufen konnte. Links der leere Kleiderschrank, rechts der aufgeschweißte Tresor mit Büchern. (22)

Abb. 89 Führerbunker, Schlafzimmer mit Bett, aufgeschweißten Tresor und Regal. (10)

Abb. 90 Führerbunker: Das Sofa in Hitlers Wohn- und Arbeitsraum vom Schlafzimmer aus gesehen. Im Hintergrund die Tür zum Flur, WC, Bad und Ankleideraum von Eva Hitler. (10)

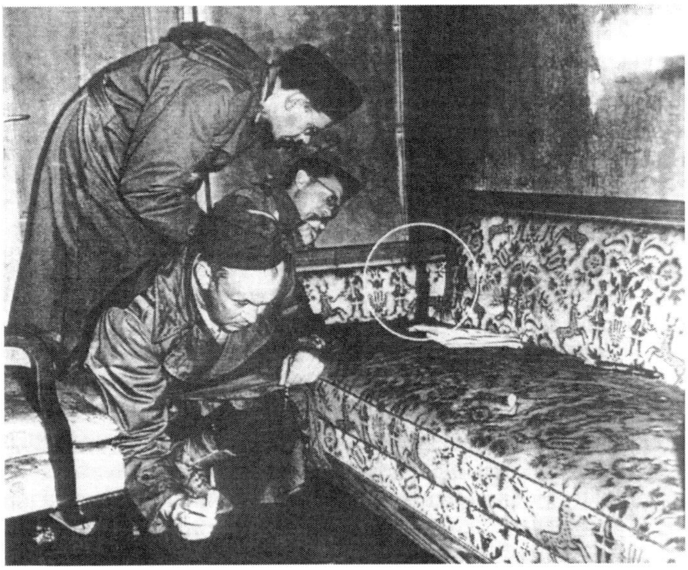

Abb. 91 Führerbunker, Wohn- und Arbeitsraum: US-Offiziere untersuchen Hitlers Sofa. Die Blutspuren (Kreis) sind deutlich sichtbar. Der Offizier im Vordergrund hält eine Kerze in der Hand, da die Beleuchtung ausgefallen ist. (10)

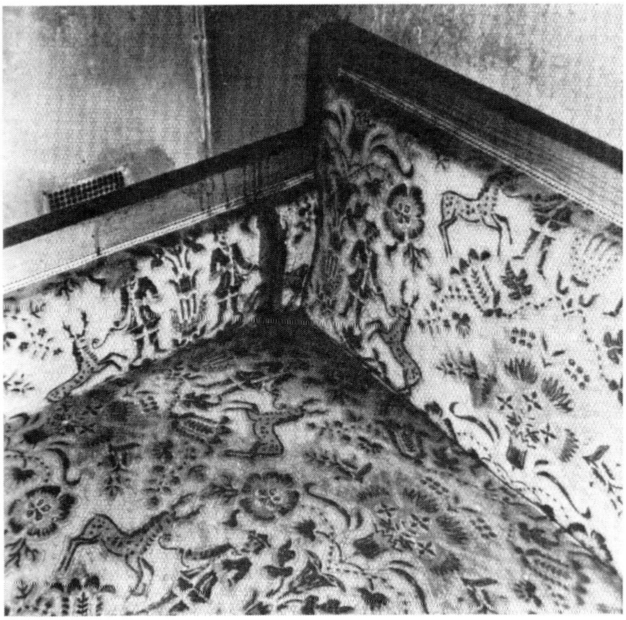

Abb. 92 Führerbunker, Wohn- und Arbeitsraum: Nahaufnahme des Sofa mit den Blutspuren an Armlehne und rechter Seite. (10)

Abb. 93 Führerbunker: Wohn- und Arbeitsraum vom Sofa aus gesehen. Deutlich sichtbar der einfache Schreibtisch an der Wand, die unterschiedlichen Bezüge bei Hocker und Stuhl und der leere Bilderrahmens, in dem sich das Porträtbild Friedrich des Großen befand. Der Rahmen ist umgedreht, dass Bild wurde wohl herausgeschnitten, ohne es von der Wand zu nehmen. Ganz links Hitlers große Sauerstoffflasche. Er hatte Angst, im Schlaf zu ersticken. (43)

Der britische Premierminister Winston Churchill besucht am 14. Juli 1945 den Garten der Reichskanzlei und besichtigt die Stelle, an der Hitlers Leiche verbrannt worden ist (Kellerhoff (2003): 81). Drei Tage später beginnt in Schloss Cecilienhof die Dreimächtekonferenz der Hauptalliierten USA, Sowjetunion und Großbritannien, die Potsdamer Konferenz. Aus diesem Anlass sind auch Beria und Molotow in Berlin und besichtigen den Führerbunker (Besymenski (1995): 176). Seit Mai suchen Geheimdienste und Polizei weltweit nach dem angeblich geflohenen Diktator und gehen jedem noch so abwegigen Hinweis nach. Auch die amerikanische Bundespolizei FBI verfolgt unzählige Spuren, nachdem FBI-Chef J. Edgar Hoover Hinweise erhalten hat, Hitler sei mit einem U-Boot entkommen und lebe auf einer Ranch in Südamerika (FBI Records: *The Vault: Adolf Hitler Part 01-04.* Abgerufen am 15. Januar.2022 von https://vault-fbi-gov.translate.goog/adolf-hitler/adolf-hitler-part-01-of-04/view?_x_tr_sl=en&_x_tr_tl=de&_x_tr_hl=de&_x_tr_pto=sc). Amerikanische Zeitungen publizieren zweifelhafte Nachrichten, Hitler sei *„irgendwo in Europa untergetaucht“*.

Abb. 94 14. Juli 1945, Berlin, Führerbunker: Der britische Premierminister Winston Churchill verlässt den Gartenausgang; vor ihm vier Benzinkanister. (14)

Stalin, der die Wahrheit kennt, klärt seine Partner der Anti-Hitler-Koalition über die aktuellen Faktenlage nicht auf. Im Gegenteil, immer wieder nähren sowjetische Funktionäre in seinem Auftrag Zweifel an der Suizid- und Verbrennungstheorie, die Zeugen aus der Umgebung Hitlers, wie beispielsweise Traudl Junge, britischen und amerikanischen Ermittlern zu Protokoll gegeben haben. Selbstverständlich ist es verboten, etwas über die sowjetischen Ergebnisse der Suche nach Hitler zu verbreiten, die entsprechenden Dokumentationen sind streng geheim. Über Details müssen die daran Beteiligten strikt schweigen und die Mitarbeiter der Sicherheitsorgane sorgen rigoros für die Befolgung dieses Befehls (Alisa Argunova (17. Mai 2005): *Die acht Bestattungen Hitlers: Russische Dokumente und Berichte*. AaO).

Im Rahmen der Potsdamer Konferenz spricht Stalin auch mit US-Außenminister James F. Byrnes. Dieser erinnerte sich: *„Kurz nach seiner Ankunft am 17. Juli 1945 besuchte Stalin den Präsidenten Truman. (...) Ich fragte den Generalissimus über seine Ansichten, wie Hitler gestorben sei. Zu meiner Überraschung erwiderte er, dass er glaube, dass Hitler noch am Leben wäre, und das es möglich sei, dass er sich in Spanien oder Argentinien befände. Ungefähr zehn Tage danach fragte ich ihn, ob er seine Ansichten geändert hätte, und er sagte, er hätte sie nicht geändert"* (Joachimsthaler (2004): 395). Auch Admiral William D. Leahy, der Vertreter des neuen US-Präsidenten Harry S. Truman, hat diese Bemerkung gehört: *„In Bezug auf Hitler wiederholte Stalin, was er in Moskau bereits Hopkins gesagt hatte. Er glaube, dass der Führer entkommen* *sei und sich irgendwo verborgen halte. Weiter sagte er, die sorgfältigen sowjetischen Nachforschungen hätten keine Spur von Hitlers Überresten und keinen positiven Beweis für seinen Tod zutage gebracht"* (Trevor-Roper (1995): 30).

Dem US-Präsidenten Harry S. Truman selbst erklärt Stalin dann ebenfalls, die sowjetischen Nachforschungen hätten keine Spur von Hitlers Überresten ans Licht gebracht. Er, Stalin, glaube, Hitler lebe, und zwar *„bei seinen Faschistenfreunden* [Francisco] *Franco in Spanien oder* [Juan] *Perón in Argentinien"*. Stalin will damit den sowjetischen Anspruch auf *„die faschistische Brutstätte auf der Iberischen Halbinsel"* unterstreichen. Er hat die Niederlage der Kommunisten im Spanischen Bürgerkrieg nie verwunden. Eine Präsenz Hitlers in Spanien hätte ihm als Interventionsgrund möglicherweise ausgereicht (DER SPIEGEL 15/1995, *Hitlers Höllenfahrt*, S. 182).

Zuvor hat Truman Stalin ein Geheimnis anvertraut: *„Wir haben die Atombombe erfolgreich getestet."* Sind Stalins Lügen auch eine Antwort auf diese Drohung? Tatsächlich herrscht bereits kurz nach Kriegsende Misstrauen zwischen den Führern der Siegermächte. Dem britischen Militärhistoriker Antony Beevor zufolge spielten die Geheimdienste gleich nach Kriegsende in Europa ein komplexes Spiel, in welchem auch Hitlers Tod oder mögliches Überleben von gewisser Bedeutung war. Der Zeithistoriker an der Russischen Akademie der Wissenschaften, Boris Chavkin, erklärte 2015: *„Für Stalin war es von Vorteil, die Welt während des Kalten Krieges angespannt zu halten"* (Prawda, Moskau, Vladimir Jancura (05. Mai 2015): *Hitlers Selbstmord markierte das Ende des Dritten Reiches.* Abgerufen am 07. Januar 2022 von https://zurnal-pravda-sk.translate.goog/neznama-historia/clanok/354022-hitlerova-samovrazda-znamenala-koniec-tretej-rise/?_x_tr_sl=sk&_x_tr_tl=de&_x_tr_hl=de&_x_tr_pto=sc). Das Verhandlungsprotokoll der Konferenz von Potsdam vom 31. Juli 1945 dokumentiert ein Gespräch Stalins mit dem US-Präsidenten Harry S. Truman, US-Außenminister James F. Byrnes, dem neuen britischen Premierminister Clement Attlee und dem sowjetischen Außenminister Wjatscheslaw Michailowitsch Molotow. Stalin erklärt darin erneut: *„Aber er* [Hitler] *ist nicht da. Er ist nicht in unseren Händen"* und ergänzt: *„So bin ich zum Beispiel der Meinung, dass Hitler am Leben ist"* (Völklein (1998): 61).

Stendal – das siebente Begräbnis

Rathenow – Stendal, Juli 1945

Der Plan des Stabs der 3. Stoßarmee, die Leichen in ihrem Grab im Stadtforst von Rathenow zu belassen, wird durch die erneute Verlegung der Einheit in die Stadt Stendal (heute Hansestadt Stendal) zunichte gemacht (Besymenski (1995): 143). In Stendal haben die Sowjets am 1. Juli die Besatzungsmacht von den Briten übernommen und beziehen nun die Albrecht-der-Bär-Kaserne in der Scharnhorststraße, die Hindenburgkaserne in der Schillerstraße südlich des Wasserturms, die Tauentzienkaserne in der Osterburger Straße, den Flugplatz Borstel, die ehemaligen Wehrmachtsspeicher an der Arneburger Straße und ein Villenviertel für Offiziere (Fichtestraße, Freiherr-vom-Steinstraße). Der Standortkommandant residiert in der Moltkestraße/Stadtseeallee. Andere Truppenteile sind im Stadtteil Stadtsee untergebracht (Schriftliche Auskunft des Stadtarchivs Stendal vom 17. Januar 2022).

Die Leichen müssen deshalb in Rathenow exhumiert und erneut verladen werden (DER SPIEGEL 30/1992, *Hitlers letzte Reise*, S. 115). Im dem sowjetischen Bericht dazu heißt es: *„In der Nähe der Stadt Rathenow wurde eine Grube geöffnet mit den Leichen: der Reichskanzler von Deutschland, Adolf Hitler, seine Frau, Braun Eva, Reichspropagandaminister - Dr. Josef Goebbels seine Frau Magda Goebbels und ihre Kinder – Sohn Helmut und die Töchter Hilda, Helda, Hedda, Holde und Heide, des Chefs des Generalstabs des Deutschen Heeres, General Krebs. Alle aufgeführten Leichen befinden sich in einem halbverwesten Zustand in Holzkisten"* (Winogradow, Pogonitz (2000): 107ff).

Der Transport dürfte nach etwa einer Woche, nachdem sich die Sowjets in Stendal eingerichtet hatten, stattgefunden haben, also um den 7. Juli. Sehr wahrscheinlich wurde auch hier die direkte und schnellste Strecke genommen, nämlich die 42 Kilometer lange Fahrt über Großwudicke, Wust, Fischbeck und Tangermünde nach Stendal. Zügig erfolgt *„in einem Waldstück bei Stendal"* das erneute Begräbnis der Leichen (Volksstimme Magdeburg Nr. 21, 27. Januar 2000, S. 3). Über die genaue Örtlichkeit liegen keine näheren Quellenangaben vor, sie kann aber anhand der Indizien rekonstruiert werden. Die Truppe, die die Leichen verwahrte, war bisher in einem Krankenhaus (Berlin-Buch), in Kasernen (Rathenow, Stendal) oder in beschlagnahmten Villen (Finow) untergebracht. Grundsätzlich bevorzugten die Sowjets eine unauffällige Lage am Stadtrand (Berlin-Buch, Finow, Rathenow) und die Nähe zum Wald (Berlin-Buch, Finow, Rathenow). Diese Kriterien treffen im Falle Stendal ausschließlich für die Hindenburgkaserne in der Schillerstraße zu. Sie lag am westlichen Stadtrand, der nächste Wald am Uenglinger Berg ist nur etwa 700 Meter in westlicher Richtung entfernt.

Hitler ist zu Lebzeiten nicht oft in Stendal. In den Jahren 1925 und 1926 ist er fünf Mal durch die Stadt gefahren und hat am 22. Oktober 1932 eine Rede in der Viehauktionshalle im Haferbreiter Weg 137 gehalten (Sandner (2020): 996).

Abb. 95 Stendal: Heutige Verortung der Hindenburgkaserne (Pfeil) und des wahrscheinlichen Begräbnisortes (Kreis). (Openstreetmap, Database Contents License (DbCL) 1.0)

Abb. 96 Stendal: die ehemalige Hindenburgkaserne (2022). (2)

Abb. 97 Stendal: Wald am Uenglinger Berg westlich der Hindenburgkaserne (2022). (2)

„Strengstens geheim“

Herbst/Winter 1945

Im September beschuldigen die Sowjets die Briten, *„Hitler und Eva Braun“* in der britischen Zone Westdeutschlands (das heutige Nordrhein-Westfalen, Niedersachsen, Schleswig-Holstein, Hamburg und Bremen) zu verbergen, *„wahrscheinlich um sie irgendwann gegen ihre russischen Verbündeten zu verwenden“*. Der Kalte Krieg hat begonnen. Die Briten beauftragen daher ihren Nachrichtenoffizier Hugh Trevor-Roper mit der Ermittlung der Tatsachen (Trevor-Roper (1995): 28).

Hitlers Diener Linge, sein persönlicher Adjutant Günsche, sein Chefpilot Baur und der Leibwächter und Telefonist Misch werden ab Dezember 1945 in Moskau intensiven Verhören und auch Folterungen durch den russischen Geheimdienst unterzogen (Misch (2008): 241; Die ZEIT, Dr. Volker Ullrich (2. Mai 2020): *Adolf Hitlers Tod: Stalin wollte es nicht glauben.*). Diese Zeugen der Auffindung von Hitlers Leiche widersprechen sich im Laufe der Zeit, sowohl was die Tatwerkzeuge als auch Hitlers Position auf dem Sofa betrifft. Das Zustandekommen dieser Aussagen wird teilweise erzwungen. Ein halbes Dutzend russischer Verhörexperten soll beispielsweise mit Peitschen auf den nackten Linge eingeschlagen und dabei gerufen haben: *„Hitler lebt! Hitler lebt!“* So ist es kein Wunder, dass sie schließlich das zu hören bekommen, was sie hören wollen: dass sich Hitler feige vergiftet und ein Dritter einen Gnadenschuss abgegeben habe (DER SPIEGEL 15/1995, *Hitlers Höllenfahrt*, S. 184 und 186). Britische und amerikanische Nachrichtendienste übergeben dem Vertreter des NKWD in der sowjetischen Besatzungszone, Generaloberst Iwan Alexandrowitsch Serow, eigenes Untersuchungsmaterial, das offenbar auf eine Selbsttötung Hitlers durch Erschießen hinweist. Sie erbitten im Gegenzug Zugang zu den sowjetischen Untersuchungsergebnissen, was jedoch abgelehnt wird (Eberle/Uhl (2005): 469).

In Moskau wird das Thema Hitler im Dezember 1945 ein Fall für die Polizei. Der Vize-Innenminister Sergei Nikiforowitsch Kruglow lässt *„strengstens geheim“* einen *„Plan der operativen Maßnahmen zur Untersuchung der Umstände des Verschwindens* [sic!] *Hitlers“* ausarbeiten. Der Deckname für die Maßnahmen lautet „Operation Mythos“ – ein Name, der das von sowjetischer Seite betriebene Verwirrspiel und die Gerüchte um Hitlers Überleben im Westen treffend charakterisiert. Für Stalin ist das Thema eine politische Frage, über die ausschließlich er entscheidet. Ziel der „Operation Mythos“ ist es, eine *„akkurate und harte Nachprüfung aller Gruppen von Faktoren“* zum Suizid Hitlers durchzuführen (Eberle/Uhl (2005): 470). Der stellvertretende Chef der Abteilung für Kriegsgefangene und Internierte, Generalleutnant Bogdan Sacharowitsch Kobulow, ordnet daraufhin eine erneute Untersuchung der genauen Umstände von Hitlers Tod an. Grund sind die Aussagen der inhaftierten deutschen Zeugen, die von einem Suizid durch Erschießen berichten. Erneut beginnen die Verhöre der inhaftierten Deutschen (Eberle/Uhl (2005): 470). So erhalten der Polizei-Oberstleutnant Julius K. Klausen von der Hauptverwaltung für das Kriegsgefangenenwesen, ständiger Vernehmer der gefangenen deutschen Zeugen, Inspektor für besondere Aufträge Oberst Osipow und der Gerichtsmediziner Prof. Pjotr S. Semenowski den offiziellen Auftrag, alles noch einmal zu untersuchen. Prof. Semenowski schaut sich als Erstes das Obduktionsprotokoll vom 8. Mai 1945 an und gibt eine eindeutige Stellungnahme ab:

> *„(...) Zur Akte Nr. 12 (vermutlich H I T L E R S Leiche) 1. Aus der Akte ist absolut nicht zu ersehen, ob die Schädelbasisknochen untersucht wurden, was in diesem Fall besonders wichtig ist, weil die Obduzenten ‚viele kleine Risse am Nasenbein und an den Oberkieferknochen' konstatierten. Hinzu kommt, dass die Richtung, Länge und gegenseitige Entsprechung dieser Risse in der Akte nicht vermerkt sind, was es unmöglich macht, auf ihren Ursprung zu schließen. 2. In der Akte ist nicht die Veränderung der Intima der Aorta und anderer großer Blutgefäße beschrieben; das hätte aber bis zu einem gewissen Grad die von der Kommission auf Grund des ‚Zustands der unteren Schneidezähne und des rechten kleinen Backenzahnes' geäußerte Meinung über das Alter des Toten bestätigen können. 3. Teile der am besten erhaltenen inneren Organe wurden nicht zwecks gerichtschemischer Untersuchung auf den Gehalt an Zyanverbindungen sichergestellt; dabei wäre das unabhängig von möglichen Ergebnissen der Analyse notwendig gewesen, da in der Mundhöhle ‚Glassplitter, Teile von der Wand und dem Boden einer dünnwandigen Ampulle' gefunden worden waren. 4. Die Schlussfolgerung der Kommission, dass ‚der Tod des unbekannten Mannes infolge einer Vergiftung mit Zyanverbindungen eingetreten' sei, gründet sich nur auf das Vorhandensein von Splittern einer zerdrückten Ampulle im Munde der Leiche und auf den Analogieschluss über die von der Kommission festgestellte Todesursache von zwei Männern, einer Frau und sechs Kindern (...) Diese Schlussfolgerung ist nur als Vermutung zu betrachten, zumal die Obduzenten den Zustand der Schädelbasisknochen nicht untersuchten und die Frage nach dem Ursprung der ‚vielen kleinen Risse am Nasenbein und an den Oberkieferknochen' außer acht ließen. Diesen Befund dürfte man nur als Mutmaßung bezeichnen. Einige der genannten wesentlichen Mängel bei der Untersuchung (...) können bei einer neuerlichen Obduktion dieser Leichen beseitigt werden"* (Völklein (1998): 160ff). Eine Reaktion auf diese Stellungnahme ist nicht bekannt.

Die Sowjets erlauben den alliierten Mächten Großbritannien, Frankreich und USA eine begrenzte Untersuchung des Geländes um den Führerbunker, der in ihrem Sektor liegt. Zwei Vertreter jeder Nation sehen am 11. Dezember 1945 mehreren, namentlich nicht bekannt gewordenen, Deutschen zu, die erneut in der Begräbnisgrube graben. Bei dieser Grabung werden angeblich zwei Hüte, die Hitler gehören sollen, Unterwäsche mit Eva Brauns Initialen und einige Berichte von Goebbels an Hitler gefunden. Das NKWD verbietet sodann weitere Grabungen mit dem Vorwurf, die Vertreter der Westmächte hätten Unterlagen aus der Reichskanzlei entfernt (Musmanno (2004): 233f).

Die Gruppe der US-Beobachter wird von Geheimdienstoffizier William F. „Bill" Heimlich, dem späteren Direktor des RIAS Berlin, angeführt. Heimlich trägt ebenfalls zur Verschleierung bei, indem er 1947 erklärt, er habe als amerikanischer Geheimdienstoffizier eine Untersuchung über den Tod Hitlers durchgeführt, jedoch mit negativem Ergebnis: *„Trotz gründlicher Suche in der Umgebung ist es mir (...) nicht gelungen, irgendwelche Beweise zu finden, dass sein Körper verbrannt wurde (...)"*. Auf Heimlich ist auch die – von Verschwörungstheoretikern gerne aufgegriffene – Behauptung zurückzuführen, dass das Blut auf dem Sofa, auf dem Hitler sich erschoss, zwar menschliches Blut, aber die Blutgruppe weder die von Hitler noch von Eva Braun gewesen sei (Joachimsthaler (2004): 26, 32). Beweise hierfür, beispielsweise in Form von Proben und Testergebnissen, hat Heimlich nie vorgelegt.

Das Markt- und Meinungsforschungsinstitute Gallup mit Sitz in Washington/USA befragt im Sommer 1945 die amerikanische Bevölkerung zu ihrer Meinung zu Hitlers Schicksal. Das Ergebnis spiegelt die Wirkung der Sowjetkampagne wider: Nur 17 Prozent der US-Bürger sind von Hitlers Tod überzeugt. Die deutliche Mehrheit, 68 Prozent der Befragten, glaubt, dass er noch lebe. 15 Prozent haben dazu keine Meinung. Die zentrale Sicherheitsbehörde der USA, das FBI, leitet daraufhin mit Phantombildern eine offizielle Fahndung nach Hitler ein (ZDF Info (13. August 2020): *Hitler privat: Das Leben des Diktators. Der Kriegsherr*).

Abb. 98 Fahndungsfotos des FBI: der echte Hitler um 1938 (1); Hitler mit Linksscheitel, Brille und kleinem Schnauzer. (1)

Abb. 99 Fandungsfotos des FBI: Hitler ohne Bart und ohne Scheitel (1); Hitler mit fliehender Stirn, Brille und Vollbart. (1)

Abb. 100 Fahndungsfotos des FBI: Hitler mit anderer Frisur und Vollbart, Hitler mit Glatze und ohne Bart; Hitler ohne Scheitel, mit Brille und dichtem Schnauzer. (1)

Überführung nach Magdeburg – das achte Begräbnis

Stendal – Magdeburg, Dezember 1945

Noch bevor die Mitglieder der „Untersuchungskommission Kobulowa" die „Operation Mythos" beginnen können, sollen auf Befehl von Generalleutnant *Pawel Wassiljewitsch Selenin, oberster SMERSch-Chef in der sowjetischen Zone,* die Leichen heimlich ausgegraben und nach Magdeburg geschafft werden. Offensichtlich versucht Selenin so, eine erneute Untersuchung durch Experten verhindern, weil er keinen Beweis für die Behauptung akzeptieren will, Hitler habe sich ehrenvoll erschossen, statt feige Gift zu nehmen (DIE WELT, Sven Felix Kellerhoff (29. April 2016): *Warum Hitler und Eva Braun zehn Mal begraben wurden.*). So hat die Kommission Kobulows keinen Zugriff auf die Leichen und kann ihre These, Hitler habe sich erschossen, nicht untermauern.

Der genaue Tag der erneuten Exhumierung ist nicht bekannt. Der Transport auf der etwa 66 Kilometer langen Strecke erfolgte wahrscheinlich über Buchholz, Lüderitz, Dolle, Colbitz, Wolmirstedt und Barleben nach Magdeburg. Ziel ist das Arbeiterviertel Sudenburg im Südwesten der Stadt. Dort beziehen die Offiziere der SMERSch ihre neue Militärsiedlung, nachdem die deutschen Bewohner zuvor aus ihren Wohnhäusern ausquartiert worden sind. Die Offiziere begraben Adolf und Eva Hitler ganz in der Nähe ihrer Wohnungen in der Westendstraße (heute Klausenerstraße) 32, *„die anderen Leichen im Rosengarten"* im Garten der Westendstraße 36. Zum Begräbnis der

„anderen Leichen" heißt es im von acht SMERSch-Agenten erstellten Protokoll: *„(...) wieder in einem zwei Meter tiefen Loch im Hof des Hauses Nr. 36 in der Westendstraße vergraben, an der südlichen Steinmauer des Hofes, von der Wand der Garage aus. Die Wand der Garage auf der Südseite des Hofes ist 25 Meter nach Osten ausgerichtet. Die Leichengrube wird eingeebnet und an das umliegende Terrain angepasst"* (Winogradow, Pogonitz (2000): 107ff).

Dass die Familie Goebbels und General Krebs in Magdeburg separat von Adolf und Eva Hitler begraben worden sind, bestätigen Zeitzeugenaussagen. Der sowjetische Major a.D. Vasily Orlovsky gab an, Zeuge des Begräbnisses im Garten von Hausnummer 36 gewesen zu sein, und erklärte, dass sich das dortige Grab unter einem Gartenhaus zwischen den Hausnummern 36 und 38 befunden habe. Er selbst habe von seinem Fenster aus gesehen, wie die Leichen in Holzkisten im Garten von Hausnummer 36 vergraben worden seien, und dass dies *„in einer Nacht im Dezember 1945 oder im Januar 1946"* geschehen sei. Was die Leiche Hitlers betrifft, erkannte der Augenzeuge Hauptmann a.D. Iwan Tereschtschenko 1992 bei einem Ortstermin den Ort neben der Hausnummer 32 wieder, wo 1945 eine große Garage gestanden hat. Sie bot Platz für mindestens fünf Autos und war mit einer Inspektionsgrube ausgestattet, um die Wartung der Fahrzeuge zu erleichtern. In dieser Grube, so behauptete Tereschtschenko, sei Hitler begraben worden, seine Leiche hätte *„unter der 18 cm starken Betonplatte"*, welche einst *„den Garagenboden"* gebildet hat, gelegen (Sachsen-Anhalt, Volkstimme, Bernd Kaufholz (1. Mai 2020): *Hitler: Operation „Mythos": 1970 wurde die Asche von Adolf Hitler in ein Flüsschen geschüttet. In die Ehle bei Biederitz nahe Magdeburg.*). Die Aussage Tereschtschenkos ist unwahrscheinlich, da die 18 Zentimeter starke Betonplatte dafür hätte aufgemeißelt und wieder ausgegossen werden müssen. Vermutlich verwechselte er den Ort mit Garagen auf dem Grundstück Nr. 36 (siehe Kapitel Die Öffnung der Archive). Ein anderer ehemaliger sowjetischer Soldat sprach von einer *„Bitumendecke"*, also einer deutlich dünneren Asphaltschicht (After the Battle, Nr. 77, S. 50 und 52). Diese Aussage erscheint glaubhafter. Hitler wurde demnach *„neben der Garage"* in einer *„zwei Meter tiefen Grube"* im Hof der Westendstraße 32 begraben (Staatsarchiv der Russischen Föderation, Moskau: Stalins Handakte über Hitlers Ende. Signatur 41-Sch/-w/1). Eva Hitler wurde neben ihren Mann gelegt, wie aus der „Sondermappe" hervorgeht, die Protokoll und Vollzugsmeldung über die Beisetzung von Hitler am Ort enthalten habe (siehe Kapitel Die Öffnung der Archive).

Dass die Leichen nicht am 3. Juni 1945 in Rathenow vernichtet, sondern im Dezember 1945 nach Magdeburg transportiert worden sind, betätigte Generalmajor a.D. Vasilij Gorbušin Jahrzehnte später in einem Gespräch mit Lew Besymenski in Leningrad (heute Sankt Petersburg). Als das Gespräch auf die Leichen kam, sagte Gorbušin: *„Darüber kann man nicht schreiben. Dies ist ein Staatsgeheimnis. Ich werde es Ihnen* *sagen, aber Sie werden es nicht schreiben (...) Dass wir die Leichen nicht vernichtet, sondern begraben haben. Und wir haben sie mehr als einmal begraben, bis wir sie in Magdeburg begraben haben, wohin das Hauptquartier der 3. Stoßarmee am Ende des Jahres 1945 verlegt wurde"* (Besymenski (1995): 141).

Magdeburg war am 16. Januar 1945 von Bombern der Royal Air Force angegriffen worden. Rund 2.500 Menschen starben, etwa 11.000 wurden verletzt. Rund 85 Prozent der Innenstadt wurden zerstört. Die letzten Kampfhandlungen in der Stadt endeten ausgerechnet an Hitlers Todestag. Hitler hatte Magdeburg zu Lebzeiten in keiner guten Erinnerung. Als er am 22. Oktober 1932 zu einer Rede in die Stadthalle auf der Elbinsel (heute Heinrich Heine Platz 1) anreiste, wurde er auf der Berliner Chaussee mit Steinwürfen empfangen (Sandner (2020): 996). Nach dem Angriff vom 16 : Januar 1945 äußerte Hitler gegenüber Goebbels: *„Es ist klar, dass unsere im Mittelalter gebauten alten Städte zum großen Teil für den modernen Verkehr gar nicht aufgeschlossen werden können. Eine Stadt wie Magdeburg etwa passt in die heutige Zeit nicht mehr hinein. Es kann deshalb im Hinblick auf die Gegenwart bedauert werden, dass der Feind uns hier eine Vorarbeit leistet, für die Zukunft wird daraus nur ein Segen entspringen"* (ZDF Info: *Hitlers Reich privat: Bombenkrieg*). Die Stadthalle, in der er 1932 seine Rede hielt. liegt etwa zweieinhalb Kilometer östlich der Westendstraße 32, seiner achten Begräbnisstätte.

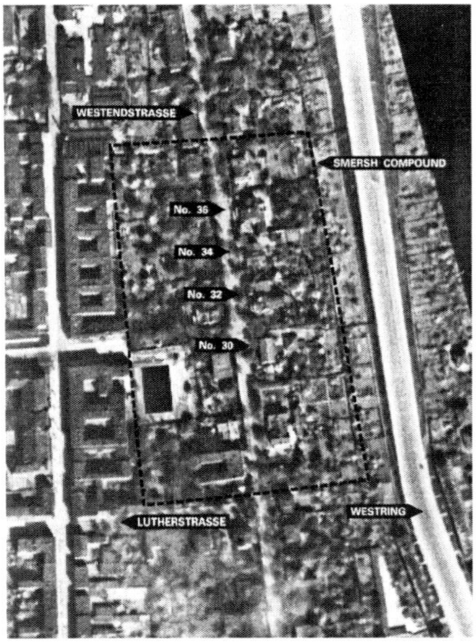

Abb. 101 Alliiertes Luftbild aus dem Jahre 1945 vom Bereich der Westendstraße in Magdeburg. Gekennzeichnet ist das SMERSch-Areal mit den Hausnummern 30 bis 36. (30)

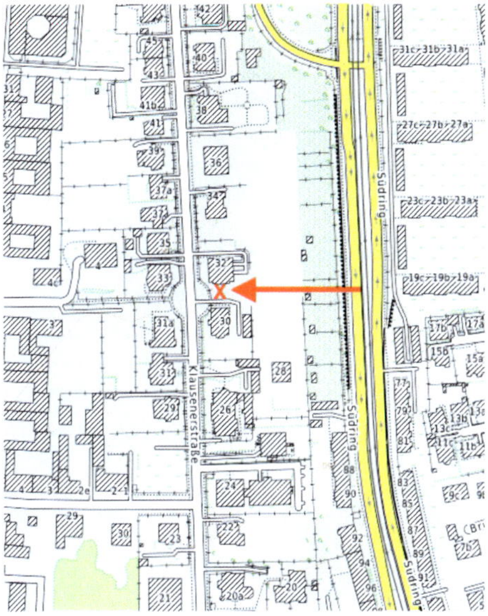

Abb. 102 Heutige Verortung der Begräbnisstelle auf dem Grundstück Klausenerstraße 32.(Openstreetmap, Database Contents License (DbCL) 1.0)

Abb. 103 Die Bebauung der Klausenerstraße 32 im Jahre 1991, rechts die Nummer 30. (2)

Abb. 104 Vergleichsaufnahme im Jahre 2022. (2)

Abb. 105 Straßenansicht der Einfahrt zu den Grundstücken Klausenerstraße 32 (links) und 30 (rechts) im Jahre 1992. (2)

Abb. 106 Die Einfahrt zum Grundstück Klausenerstraße 30 im Jahre 2013. (2)

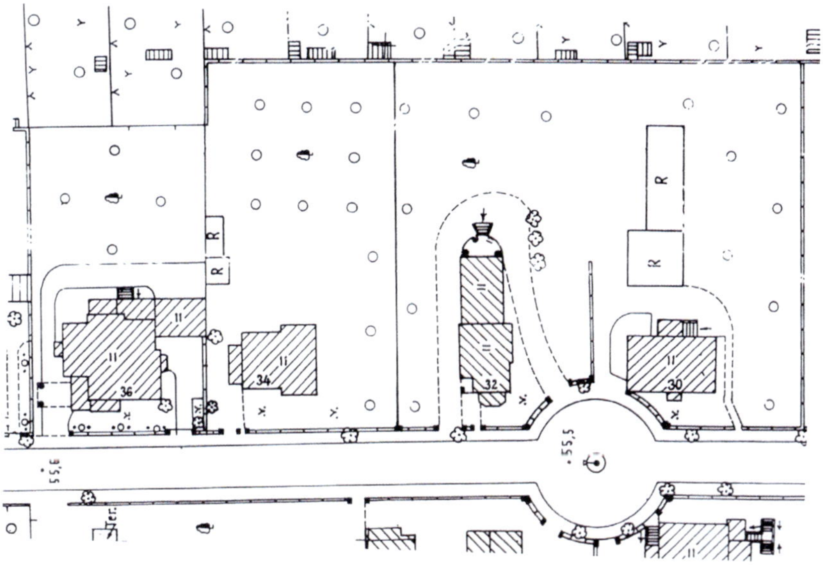

Abb. 107 Karte des Areals Klausenerstraße 36 bis 30 (von links) aus dem Jahre 1979. (30)

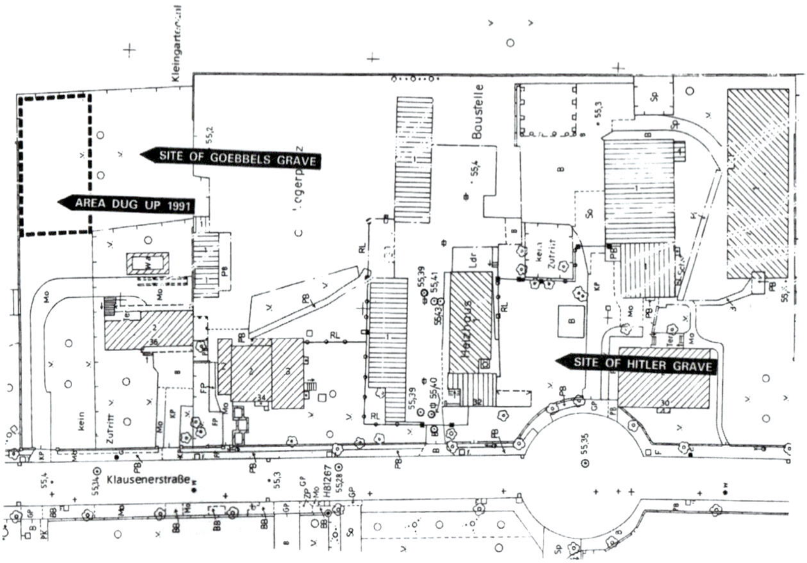

Abb. 108 Karte des Areals Klausenerstraße 36 bis 30 (von links) aus dem Jahre 1989 mit der Kennzeichnung der Begräbnissorte des Ehepaars Hitler (Site of Hitler grave) und der übrigen Leichen (Site of Goebbels grave). Links oben (Area dug up 1991) die Stelle, in der das Massengrab gefunden wurde. (30)

Abb. 109 Blick auf das Heizhaus auf dem Grundstück Klausenerstraße 32 von der Straße aus gesehen im Jahre 1991; im Vordergrund die Einfahrt zur Klausenerstraße 30. (2)

Abb. 110 Sicht vom Hof der Klausenerstraße 30 auf die Begräbnisstelle im Jahre 1991. Links im Hintergrund die Einfahrt. (2)

Abb. 111 Sicht auf die Begräbnisstelle im Jahre 1991. Im Hintergrund das Heizhaus. (2)

Abb. 112 Klausenerstraße 32, Blickrichtung zur Straße: Eine Wiese über der Begräbnisstätte im Jahre 2022. Links das Gebäude Klausenerstraße 30 mit der Einfahrt in den Hof. Die ursprüngliche Zufahrt zum Grundstück Nr. 32 befand sich im Hintergrund, wo heute eine Hecke gepflanzt ist. (2)

Noch einmal Magdeburg – das neunte Begräbnis

Moskau/Magdeburg, Januar/Februar 1946

Eine offizielle Erklärung der sowjetischen Regierung über die Bemühungen zum Auffinden Hitlers hat es bis zum Jahreswechsel 1945/46 nicht gegeben. Generalleutnant Kobulow schlägt darum am 13. Januar 1946 vor, alle in der Hauptverwaltung für Angelegenheiten von Kriegsgefangenen und Internierten (GUPWI), beim SMERSch und bei den in Berlin tätigen sowjetischen Stellen vorhandenen Materialien *„für eine sorgfältige und solide Überprüfung aller Tatsachen"* zusammenzulegen. Dazu wird es allerdings niemals kommen, denn es gibt von höchster Stelle ein begründetes Interesse daran, an der „Giftkapselthese" eines Feiglings festzuhalten (Alisa Argunova (17. Mai 2005): *Die acht Bestattungen Hitlers: Russische Dokumente und Berichte*. AaO).

Mitte Februar 1946 legt Generalleutnant Kobulow legt einen *„Plan der Agentur-Untersuchungsmaßnahmen zur Klärung der Umstände des Verschwindens Hitlers"* vor. Dieser Plan sieht neben der Bildung einer fünfköpfigen Sonderkommission unter dem Vorsitz von Oberstleutnant Julius K. Klausen vor, zunächst die in NKWD-Haft befindlichen Personen der näheren Umgebung Hitlers aus der Lubjanka, dem Hauptquartier des sowjetischen Geheimdienstes, in das Moskauer Gefängnis Butyrka zu überstellen. Alle Maßnahmen unterliegen strikter Geheimhaltung und penibler Abschottung zu anderen staatlichen Dienststellen (Eberle/Uhl (2005): 471f). Die Verhöre der Zeugen werden weiter mit Prügel, Schlaf- und Essensentzug sowie Androhung des Vorgehens gegen Familienangehörige, Aberkennung des Kriegsgefangenenstatus und Erklärung zu Kriegsverbrechern durchgeführt (Eberle/Uhl (2005): 475).

Am 21. Februar 1946 werden die in Magdeburg begrabenen Leichen erneut exhumiert und obduziert. Ein Grund dafür und ein Obduktionsbericht sind nicht bekannt. Es sind laut Protokoll elf Leichen, die an diesem Tag ausgegraben werden. Der Leiter der SMERSch-Abteilung der 3. Stoßarmee, Oberst *Miroschnitschenko,* berichtet an den Generalleutnant Selenin: *„Im Raum der Stadt Rathenow* [wurde] *die Grube mit den Leichen Hitlers, Brauns, der Goebbels und ihrer Kinder sowie des Generals Krips* [Krebs] *geöffnet. (...) Alle aufgezählten Leichen befinden sich in halbverfaultem Zustand in Holzkisten und wurden in diesem Zustand in die Stadt Magdeburg, in den Standortbereich der Abteilung der Gegenaufklärung SMERSch der Armee, befördert und erneut in einer zwei Meter tiefen Grube im Hof des Hauses Nr. 36 in der Westendstraße begraben"* (Völklein (1998): 191). Der Bericht stimmt für Adolf und Eva Hitler nicht. Dieser wird nach der neuerlichen Obduktion wieder im Hof des Grundstücks Westendstraße 32 begraben. Hauptmann a.D. Iwan Tereschtschenko sagte später aus, nach diesem Begräbnis vom Februar 1946 sei das Erdreich über der Hitlergrube asphaltiert worden (Staatsarchiv der Russischen Föderation, Moskau: Stalins Handakte über Hitlers Ende. Signatur 41-Sch/-w/1). Das bestätigt die Aussage des Rotarmisten, der von einer *„Bitumendecke"* sprach (After the Battle, Nr. 77, S. 50 und 52). Die Asphaltierung erfolgt bei den Leichen im Hof der Westendstraße 36 nicht; offenbar will man nur im Falle Hitlers besonders sichergehen und seine Leiche „im Blick" haben, weshalb sie an einer durch die Sowjets von den Nachbarhäusern einsehbaren Stelle nahe der Klausenerstraße 32 begraben wird und nicht im Garten der Nummer 36. Ein weiterer Grund: Wäre das Massengrab im Garten der Klausenerstraße 36 entdeckt worden, wäre Hitlers Leiche nicht dabei gewesen.

„Operation Mythos" –

Die Ermittlungen der sowjetischen Sonderkommission

(Berlin-Mitte, Mai 1946)

Im Mai 1946 treffen die Beauftragten der Sonderkommission „Operation Mythos" in Berlin ein, im Gepäck ein streng geheimer Auftrag:

> *„Erstellen eines Standortplans* (maßstabgetreu*) von der Neuen und Alten Staatskanzlei* [Reichskanzlei] *sowie von Hitlers Bombenschutzkeller (Bunker), Fotografien dieser Objekte, die von Hitler und Eva Braun belegten Zimmer fotografieren, das gesamte, in diesen Zimmern verbliebene Mobiliar untersuchen sowie Fußböden und Decken herausnehmen, um möglicherweise Spuren zu entdecken, die Klarheit über die Umstände von Hitlers Verschwinden bringen können. Eine Untersuchung des Fundortes der Leichen eines Mannes und einer Frau am Ausgang des Bombenschutzkellers im Garten der Reichskanzlei durchführen. Eine erneute gerichtsmedizinische Obduktion der Leichen eines Mannes und einer Frau durchführen, die in den ersten Maitagen 1945 im Garten der Reichskanzlei gefunden wurden, um das Alter der Toten, Anzeichen und Ursachen ihres Todes festzustellen"* (Staatsarchiv der Russischen Föderation, Moskau: Stalins Handakte über Hitlers Ende. Signatur 41-Sch/-w/1).

Neben dem Vorsitzenden Oberstleutnant Julius K. Klausen sind Oberst der Miliz N.F. Osipow und der Gerichtsmediziner Pjotr S. Semenowski vor Ort im Garten der Reichskanzlei. Die beiden Letzteren sind dafür verantwortlich, dass jetzt erstmals eine kriminaltechnische Untersuchung der Umstände von Hitlers Tod durchgeführt wird (Eberle/Uhl (2005): 476). Die Männer begeben sich zum Gartenausgang, in ihrer Begleitung die deutschen Zeugen Günsche, Linge, Baur, Hentschel, Hofbeck sowie Misch, und von dort in den Bunker. Es riecht furchtbar, denn Stock und Schimmel hat sich an Wänden und Möbeln festgesetzt und Grundwasser ist eingedrungen. Weitestgehend finden sie jedoch alles so vor, wie die Fliehenden es nach dem Tod Hitlers ein Jahr zuvor zurückgelassen haben. Linge erinnerte sich 1956: *„Die Einrichtung war im wesentlichen noch vorhanden, wenn auch stark beschädigt. Die Blutspritzer an der Seite des Sofas und an der Wand waren noch vorhanden"* (Joachimsthaler (2004): 92ff, 400).

Filmkameras werden aufgebaut und die Zeugen des Geschehens müssen alles noch einmal in allen Einzelheiten berichten und nachstellen: den Suizid, den eigenen Standort, wo Hitler und seine Frau saßen, ob und wann ein Schuss gefallen ist, wer die Leichen die Treppe hinaufgetragen und wo die Verbrennung stattgefunden hat. Man gräbt auch noch einmal in der Beerdigungsgrube. Dabei werden zwei Fragmente eines Schädels gefunden (Staatsarchiv der Russischen Föderation, Moskau: Stalins Handakte über Hitlers Ende. Signatur 41-Sch/-w/1). Eines der Schädelstücke hat am linken Scheitelbein eine charakteristische Ausschussöffnung. Das scheint zum Obduktionsbericht vom 8. Mai zu passen, in dem festgestellt worden ist, dass bei Hitlers Leiche *„ein Teil des Schädeldaches fehlt"*. Die Akte vermerkt:

> *„Die 4 Meter x 5 Meter große Grube befand sich etwa 3 Meter vom Notausgang eines Luftschutzkellers entfernt und wurde durch einen Krater einer Fliegerbombe oder einer Artilleriegranate verursacht. Die Grube enthält große Mengen von allen Arten von Eisenschrott. Als dieser Schrott entfernt wurde, stellte sich heraus, dass die Grube etwa einen Meter tief war und der Boden aus einer dicht gepackten Masse aus grobem und feinem Sand bestand. Im Boden, fast in der Mitte der Grube, wurde in einer Tiefe von ca. 50 - 60 Zentimeter in geringem Abstand zueinander gefunden: (a) zwei teilweise verkohlte Schädelknochenstücke, eines davon mit einem Einschussloch; b) mehrere kleine, leicht zu zerreißende Stücke von dunkel gefärbtem dünnem Stoff aus der Kleidung; c) eine stark verkohlte Sohle eines Schuhs mit einem Absatz; d) ein geflochtenes Halsband aus weißem und dunkelblauem Kunststoff mit einer Eisenschnalle, einem Ring und einem schmalen Stück Lederriemen, dessen Umfang fest mit einem Hundehaar verbunden ist und einen bräunlichen Farbton hat; e) mehrere kleine, dunkel gefärbte Knochen, Gliedmaßen eines kleinen Tieres; f) ein Stabilisator aus einer Fliegerbombe und zwei* [sic!] *Benzinkanister mit zahlreichen Defekten durch Granatsplitter"* (Besymenski (1995): 161f).

Anzumerken ist, dass die Grube keineswegs die Maße vier mal fünf Meter hatte. Sie war eher länglich, hatte einen Knick und war deutlich schmaler. (siehe Kapitel Das erste Begräbnis) Die Ergebnisse dieser Untersuchungen verschwinden ebenso wie die in endlosen Verhören erlangten Auskünfte ungenutzt in geheimen Archiven (DER SPIEGEL 12/2002, S. 78). Die sowjetische Sonderkommission erscheint am 16. Mai 1946 erneut im Führerbunker, um eine technisch besser ausgestattete Tatortbesichtigung vorzunehmen. Es wird nun genau Maß genommen; von besonderem Interesse sind auch die Flecken auf dem Sofa (Kellerhoff (2003): 83). Alles wird penibel in Augenschein genommen und protokolliert. Die wesentlichen Punkte im Bericht lauten:

> *„In der Unterkunft gibt es Brandspuren; einige der Möbel sind verkohlt und die Wände und Decken einiger Räume (Empfangsbereich, Vorderzimmer, Wohnung von HITLER usw.) sind verrußt. Der Boden ist gefliest und weist Anzeichen von Überschwemmungen auf. Die Möbel und einige Wände weisen Anzeichen von*

Schimmel auf. Die noch vorhandenen Möbel sind teilweise zerstört, und alle Polstermöbel wurden ihrer Leder- und Stoffbezüge beraubt. (...) Anhand einer genauen Untersuchung des Sofas wurde festgestellt: An der oberen Fläche der rechten Armlehne des Sofas gibt es in einer Länge von 28,5 cm mehrere dunkelbraune und rotbraune Spritzer sowie einige beinahe schwarzbraune Flecken. Die Spritzer sind von runder und ovaler Form; die runden Spritzer haben einen Durchmesser von 0,5 mm – 0,3 cm; die Größe der ovalen Spritzer liegt zwischen 0,2 x 0,1 cm und 0,4 x 0,1 cm. Die Flächen sind von unregelmäßiger Form und 0,6 x 0,7 cm bis 4 x 2,6 cm groß. (...) An der inneren Fläche der Armlehne sind in einer Länge von 36 cm deutlich acht getrocknete Rinnsale von blasser, rötlichbrauner Farbe zu sehen und zwar fast in der ganzen Höhe (5 cm) der Armlehne; sie sind 0,2 – 1,3 cm breit. Der untere Rand all dieser Rinnsale weist eine intensivere Färbung auf, weil sich dort der herabfließende Stoff gesammelt hat. Außer diesen Flecken fallen mehrere ovale Spritzer, 0,1 – 0,5 cm groß, auf. (...) An der äußeren Fläche der Armlehne gibt es in einer Länge von 27,5 cm zwölf rötlich-hellbraune und rötlichbraune getrocknete Rinnsale, mit einer bedeutenden Menge des herabfließenden Stoffes an ihrem unteren Rand. Besagte Rinnsale nehmen die ganze Höhe (5cm) der Armlehne ein und liegen einander gegenüber. Stellenweise, in ihren oberen Teilen, fließen fast alle erwähnten Spuren, mit Ausnahme von zwei näher an die Rücklehne gelegenen, ineinander und überlagern sich. Die größte Breite der Rinnsale beträgt 8 cm, die geringste 0,3 cm. (...)

An der äußeren Fläche des rechten Querstückes des Sofarahmens sind deutlich ca. 20 große und kleinere getrocknete Rinnsale und zahlreiche kleine Spritzer von derselben Farbe zu sehen. Die Rinnsale liegen sehr dicht beieinander in einer Länge von 16,7 cm; näher zur Rückenlehne sind über die übrige Fläche des Querstückes kleine rötlichbraune Spritzer verteilt. (...) Die ganze, vordere Fläche des hinteren, rechten Sofabeines ist mit zahlreichen, rötlichbraunen Spritzern übersät. (...) Am oberen Rand der äußeren Fläche des vorderen Längsbretts des Sofarahmens, 36 cm vom rechten Sofabein entfernt, gibt es einen rotbraunen, 6,7 x 1,4 cm großen Fleck. Von seinem unteren Rand gehen zahlreiche 0,3 – 4cm lange und höchstens 0,2 mm x 0,4 cm breite getrocknete Spuren einer herabfließenden Flüssigkeit aus. (...) Der grobe Bezugsstoff der unteren Sofafläche zeigt in der Nähe des rechten hinteren Sofabeines und am rechten Rand des hinteren Längsstückes des Sofarahmens auf einer Fläche von 43 x 22 cm zahlreiche gräuliche und deutlich rötlichbraune Spritzer“ (Besymenski (1995): 152f).

Abb. 113 16. Mai 1946, Führerbunker: Das Sofa in Hitlers Wohn- und Arbeitsraum. Der Stoffbezug ist weitestgehend entfernt. (17)

Abb. 114 16. Mai 1946, Führerbunker: Die weißen Stellen an der Armlehne des Sofas zeugen davon, dass Blutreste abgeschabt worden sind. (17)

Abb. 115 16. Mai 1946, Führerbunker: Das Sofa ist in die Mitte des Raumes gerückt worden. Im Hintergrund die Tür zum Schlafzimmer, rechts ein Teil des Schreibtisches. Der blutgetränkte Stoffbezug ist ist herausgeschnitten, deutlich sichtbar die nach unten verlaufenden Blutspuren. (17)

Abb. 116 16. Mai 1946, Führerbunker: Blutspritzer an den Sofabeinen und dem Bezug des Sofas. (17)

Auch im Treppenhaus des Gartenausgangs werden Blutspuren gefunden:

„Am Ausgang (...) an der linken Wand der Türschleuse [Gasschleuse zwischen Raum 13 Lagevorraum und Raum 21 Wache], *befindet sich unmittelbar an der Tür, in einer Höhe von 1,05 Meter ab Fußboden ein in Querrichtung verlaufender rötlichbrauner, 19 x 0,5 – 2 cm großer Fleck, der wie ein Pinselstrich aussieht. Der Strich setzt sich auf zahlreichen parallel zueinander verlaufenden Linien zusammen. 4 cm direkt über diesem Fleck, unmittelbar am Türpfosten, gibt es einen zweiten Strich von gleicher Farbe und Form, er ist 5 x 0,3 – 0,6 cm groß. Beide Striche setzen sich am Türpfosten fort und enden dort. (...) An der Ecke der ‚Schleuse' zum Vorraum, am Eingang zur Treppe* [Gasschleuse Raum 24 und Treppenhaus Raum 25], *befindet sich in einer Höhe von 87 cm ab Fußboden ein rötlichbrauner, unregelmäßiger, 2 x 2,2 cm großer Fleck. An der Wand der unmittelbar am Ausgang beginnenden ersten Treppe* [Treppenhaus Raum 25] *gibt es auf der Höhe der 8. Stufe von unten, 20 cm darüber, einen schräg verlaufenden, rötlichbraunen Strich. Er mißt 10 x 1 cm und besteht aus einzelnen, parallel zueinander verlaufenden Linien. An der Wand der, von Ausgang aus gesehen, dritten Treppe* [Treppenhaus Raum 25] *ist auf der Höhe der 4. Stufe von unten, 77 cm darüber, ein rötlich-brauner Strich von unregelmäßiger Form zu sehen. Er ist 17 x 0,5 – 3 cm groß und setzt sich aus einzelnen, parallel zueinander verlaufenden Streifen zusammen."*

Die Sonderkommission kommt zu einem eindeutigen Ergebnis:

„Schlussfolgerung: (...) Lokalisation, Aussehen und Verteilungsart der getrockneten Blutrinnsale und -spritzer auf dem Sofa in Hitlers ehemaligem Arbeitszimmer weisen darauf hin, dass sie infolge der Verwundung eines Menschen entstanden sind. Auf Grund der hohen Anzahl der Blutrinnsale und -spritzer auf dem Sofa muß gefolgert werden, dass diese Verwundung von einem profusen Blutaustritt begleitet wurde, weshalb sie zunächst als lebensgefährlich zu bezeichnen ist. Im Moment der Verwundung muss die betreffende Person in der rechten Sofaecke, neben der Armlehne, gesessen haben, wovon das Vorhandensein von Blutrinnsalen und -spritzern nur am rechten Seitenrand des Sofas zeugt (rechte Armlehne, rechtes Querstück des Rahmens, rechtes hinteres Sofabein, grober Bezugsstoff der unteren Sofafläche, in der Nähe des rechten Querstückes des Rahmens und am vorderen Längsstück des Rahmens, 36 cm vom rechten Sofabein entfernt).

Eine solche Verteilung von Blutspritzern und -rinnsalen auf dem Sofa sowie auch ihr charakteristisches Aussehen zeugen davon, daß die Verwundung am Kopf lokalisiert war und nicht am Brustkorb oder Bauch, weil sich in diesem letzteren

Fall bei Ausfließen des Blutes nicht die Rinnsale und Spritzer an der Armlehne, am rechten Querstück und am Bein des Sofas hätten bilden können; vielmehr wäre es nur zum Durchtränken der Kleidung des Verwundeten und des Bezugsstoffes von Sofasitz und -rückenlehne mit Blut gekommen. Die Kopfschädigung geschah infolge eines Kopfschusses und nicht durch einen Schlag auf den Kopf mit einem schweren, harten, stumpfkantigen Gegenstand, was dadurch bewiesen wird, daß es auf der Rückenlehne, über dem Sofa und am Rahmen der Rückenlehne des Sofas keine Blutspritzer gibt. Nach der Kopfverletzung verlor der Verwundete das Bewusstsein und blieb eine Zeitlang unbeweglich mit dem zur rechten Armlehne hin geneigten Kopf sitzen, womit sich die in der einen Linie verlaufende Verteilung der Blutrinnsale an der äußeren Fläche der rechten Armlehne und der äußeren Fläche des rechten Querstückes des Rahmens sowie die zahlreichen Spritzer, besonders an der unteren Fläche desselben Querstückes, am rechten hinteren Sofabein und am groben Bezugsstoff der unteren Sofafläche erklären, gebildet durch das Herabfließen und -tropfen von Blut in einer Blutlache, die sich auf dem Fußboden sammelte.
Die Spuren des ‚Wegwischens' an den beiden Blutrinnsalen an der rechten äußeren Fläche der rechten Armlehne des Sofas und an der gleichen Fläche des rechten Querstückes des Rahmens wurden beim Aufheben des Verwundeten vom Sofa verursacht, indem die Kleidung einer der Personen, die den Verwundeten vom Sofa aufhoben, oder der Arm des Verwundeten, der sich an der äußeren Fläche der Armlehne und des Querstückes des Rahmens befunden hatte, besagte Rinnsale streifte. Es ist recht wahrscheinlich, dass sich beim Aufheben des Verwundeten vom Sofa das getrocknete Blutrinnsal am vorderen Längsstück des Sofarahmens in einer Entfernung von 36 cm vom rechten vorderen Sofabein bildete. Der Verwundete wurde, nachdem man ihn vom Sofa aufgehoben hatte, aus dem Arbeitsraum durch die Durchgangszimmer über die Treppe des Notausgangs hinausgetragen, worauf das Vorhandensein von Blutstrichen an der Wand der Türschleuse, an der Wand neben der Treppe und der Blutfleck am Türpfosten hinweisen; sie entstanden bei der Berührung mit der blutbeschmierten Kleidung des Verwundeten oder jenes Gegenstands, in den er gehüllt war" (Besymenski (1995): 157ff).

Der russische Historiker Besymenski äußerte sich 1992 zu diesem Protokoll:
„Es ist unschwer zu erraten, warum man mir beim KGB ein Dokument mit solchen Befunden nicht gegeben hatte, mir, der ich den Leser zu der Schlussfolgerung bringen sollte, dass alles Gerede über einen Schuss ein Hirngespinst oder eine halbe Erfindung sei und das Hitler sich in Wirklichkeit vergiftet habe" (DER SPIEGEL 30/1992, *Hitlers letzte Reise*, S. 115). Die mikrobiologische Unter-

suchung des auf den Möbeln sichergestellten Blutes durch Prof. Semenowski ergibt folgendes Ergebnis: *„Untersucht wurden Teil der Armlehne, ein Querstück, ein Sofabein, ein Stück grober Bezugstoff von der unteren Sofafläche und abgeschabte Teile von Strichflecken an den Wänden der Türschleuse und der Treppe. Aus dem Dargelegten folgt, dass die Flecke auf den vorgelegten Sofateilen und die Strichflecke an den Wänden Blutflecke sind"* (Besymenski (1995): 159f).

Die gefundenen Schädelfragmente und Teile des Sofas werden nach Moskau gebracht. Die NKWD-Offiziere der Sonderkommission wollen aufgrund ihrer Nachforschungen Hitlers Leiche erneut obduzieren. Innenminister Kruglow mahnt: *„Man muss sich beeilen, die Leichen verwesen"* (DER SPIEGEL 15/1995, *Hitlers Höllenfahrt*, S. 184). Doch der oberste SMERSch-Chef in Deutschland, Generalleutnant Pawel Wassiljewitsch Selenin, untersagt seinen Mitarbeitern in Magdeburg die Herausgabe der Asservate in der Westendstraße beziehungsweise die Zustimmung für eine erneute Obduktion. Hintergrund ist ein Kompetenzkonflikt zwischen der sowjetischen Geheimpolizei und der regulären Polizei. Weil eine Obduktion des Leichnams nicht möglich ist, will sich die Sonderkommission nicht auf ein endgültiges Urteil festlegen und verzichtet auch darauf, Stalin über das Resultat ihrer eindeutigen Nachforschungen zu informieren (Eberle/Uhl (2005): 477). Als Oberst Osipow den Schlussbericht der Untersuchungskommission Stalin vorlegt, wird daher, ganz in Stalins Sinne, festgehalten:

„Ungeachtet der Tatsache, dass alle Angaben für die Aussagen von Linge und anderen Personen sprachen, Hitler habe Selbstmord begangen, hält die Kommission es nicht für möglich, in dieser Frage endgültig Schlüsse zu ziehen" (Völklein (1998): 163).

Mehr als drei Jahre später, am 29. Dezember 1949, wird Stalin von Innenminister Sergej Kruglow ein 413 Seiten starkes Geheimdossier über das Leben Hitlers vorgelegt, das auf der Vernehmung der Zeugen beruht, die in den letzten Tagen vor Hitlers Tod im Führerbunker anwesend waren, allen voran Günsche und Linge. Stalin erhält das einzig existierende Exemplar; nicht einmal die Mitglieder des Politbüros erhalten Einsicht. Nach der Lektüre lässt Stalin das Dossier in seinem persönlichen Archiv ablegen (Eberle/Uhl (2005): 482f). Westliche Historiker dürfen ab 1991 die Archive der ehemaligen Sowjetunion nutzen, dennoch bleibt dieses Dossier noch zwölf Jahre lang unentdeckt. Erst 2005 wird es von Henrik Eberle und Matthias Uhl eingesehen und als Buch herausgegeben: „Das Buch Hitler – Geheimdossier des NKWD für Josef W. Stalin, zusammengestellt aufgrund der Verhörprotokolle des Persönlichen Adjutanten Hitlers, Otto Günsche, und des Kammerdieners Heinz Linge, Moskau 1948/49".

Die deutschen Augenzeugen werden, wie viele andere Kriegsgefangene, nach dem Besuch des deutschen Bundeskanzlers Konrad Adenauer vom September 1955 in Moskau aus den sowjetischen Gefängnissen freigelassen. Im Spätherbst 1947 versuchen die Sowjets erfolglos, den Führerbunker durch eine Sprengung zu zerstören. 1949 werden die Alte und die Neue Reichskanzlei abgetragen, 1959 unternehmen die Behörden der DDR einen neuen Versuch, die Reste des Bunkers zu beseitigen. Auch diese Sprengungen bleiben ohne Erfolg. Man entscheidet sich, über dem zerstörten Gartenausgang und dem Beobachtungsturm einen Erdhügel aufzuschütten. Nach dem Bau der Berliner Mauer 1961 liegt er im innerstädtischen Grenzgebiet. Der Hügel war von Westberliner Seite aus gut zu sehen. Erst 1988 ist der Führerbunker bis auf die Bodenplatte und die Hälfte der Wände tiefenentrümmert worden (Kellerhoff (2003): 84ff, 98).

V Im Kalten Krieg

Die Todeserklärung

Berchtesgaden, 1952/1956

1952 eröffnet das Amtsgericht Berchtesgaden ein Todesklärungsverfahren für Adolf Hitler und beginnt eine Untersuchung der Todesumstände. Hintergrund ist die Frage, was mit seinem Erbe geschehen solle. Bereits 1948 hat ein Münchner Gericht das gesamte Vermögen Hitlers dem bayerischen Staat zugeschlagen, da dieser seinen Hauptwohnsitz in München am Prinzregentenplatz 16 hatte. Das ist jedoch juristisch heikel, da er nie offiziell für tot erklärt worden ist. Es geht um wertvolle Liegenschaften in München und am Obersalzberg sowie die Rechte an seinem Buch „Mein Kampf". Paula Hitler, die Schwester, und die Familie Braun reklamieren vor allem das wertvolle Haus am Prinzregentenplatz für sich. Von zentraler Bedeutung ist dabei die Frage, ob Adolf Hitler oder seine Ehefrau Eva später gestorben ist; vom Todeszeitpunkt hängt ab, wessen Familie wen beerben wird. Doch die Verfahren scheitern vorerst an der fehlenden Todeserklärung. Obwohl auch die Staatsanwaltschaften in Berlin und Wien Interesse zeigen, bleibt das Verfahren beim Amtsgericht Berchtesgaden. So beginnt ein jahrelanges, aufwändiges Verfahren, in dem Amtsgerichtsrat Heinrich Stephanus zum Zwecke der Feststellung des Todes Hitlers mehr als 40, teils prominente Zeugen aus Hitlers Entourage vernimmt (DIE WELT, Ulli Kulke (25. Oktober 2006): *Der zweite Tod Adolf Hitlers.*).

Am Vormittag des 25. Oktober 1956 wird an der Amtstafel des Amtsgerichts Berchtesgaden, untergebracht in einem Nebengebäude des Franziskanerklosters am Franziskanerplatz 5, durch den Justizoberwachtmeister Müller vor der versammelten internationalen

Presse die Todeserklärung von Adolf Hitler angeschlagen (Joachimsthaler (2004): 428). In der Erklärung heißt es: *„Das Amtsgericht Berchtesgaden, gez. Dr. Stephanus, hat am 25. Oktober 1956 folgenden Beschluss bekanntgegeben: Es wird festgestellt, daß Adolf Hitler, geboren am 20. April 1889 in Braunau am Inn, tot ist. Als Zeitpunkt seines Ablebens wird der 30. April 1945, 15.30 Uhr festgestellt"* (Bihl (2000): 18). In der Presserklärung der „Bayerischen Staatszeitung", Nr. 43 vom 27. Oktober 1956, wird festgestellt: *„Es kann nicht mehr der geringste Zweifel darüber bestehen, dass Adolf Hitler sich am 30. April 1945 im Führerbunker der Reichskanzler in Berlin mit eigener Hand, und zwar durch einen Schuss in die rechte Schläfe, das Leben genommen hat"* (Großbölting/Schmidt (2011): 90). In der Verlautbarung der Justizpressestelle des Bayerischen Staatsministeriums der Justiz wird ausführlich auf die Ereignisse im Führerbunker ab dem 22. April 1945 eingegangen. Zum Verbleib der Leichen heißt es: *„Auch die alsbaldige Auffindung der Überreste der Leichen durch die Russen konnte zuverlässig festgestellt werden"* (Joachimsthaler (2004): 428-431).

Nachdem der Beschluss des Amtsgerichts Berchtesgaden am 3. Dezember 1956 rechtskräftig geworden ist, stellt das Standesamt I in Berlin (West) in der Schönstedtstraße 5 die amtliche Todesurkunde (Nr. 29050) aus:

> *„Standesamt I in Berlin* (West)
> *Der Tod des Führers und Reichskanzlers Adolf H i t l e r , verheiratet mit Eva Anna Paula Hitler, geborene Braun, zuletzt wohnhaft in Berlin, Wilhelmstraße, Reichskanzlei, ist durch Entscheidung des Amtsgerichts Berchtesgaden vom 25. Oktober 1956 – II-48/52 auf den 30. April 1945, 15 Uhr 30 Minuten festgestellt. Der Verstorbene ist am 20. April 1889 in Braunau am Inn geboren. Dekanatsamt Braunau am Inn Nr. 19-152. Berlin, den 28. Dezember 1956*
>
> *Der Standesbeamte*
> *In Vertretung Repschläger"* (Joachimsthaler (2004): 16, 19).

Eine Reaktion der Sowjets auf diese deutsche Todeserklärung erfolgt nicht. In einem Urteil des Amtsgerichts München vom 17. Februar 1960 werden Paula Hitler zwei Drittel des Nachlasses ihres Bruders Adolf zugesprochen. Paula Hitler stirbt jedoch am 1. Juni 1960 im Alter von 64 Jahren. Ihr nachfolgende Verwandte haben letztendlich nicht gegen den Freistaat Bayern prozessiert, weshalb das Erbe auf den Freistaat Bayern fiel, da Hitler in München mit Wohnsitz gemeldet war. Seine Wohnung am Prinzregentenplatz, die sowohl Paula Hitler als auch die Familie Braun beanspruchten, wurde ebenfalls dem Freistaat Bayern zugesprochen (vgl. Wolfgang Zdral: *„Die Hitlers. Die unbekannte Familie des Führers"*, Lübbe Verlag, 2008, S. 236.).

Die Lüge

Moskau, 1959 – 1970

Die Militärdolmetscherin Jelena Rschewskaja spricht 1961 auf einer Tagung erstmals über Details von Hitlers Tod aus sowjetischer Sicht. Am 5. Juni des Jahres findet in der Abteilung „Geschichte des Großen Vaterländischen Kriegs" im Institut für Marxismus-Leninismus beim ZK der KPdSU eine informelle Zusammenkunft von Fachhistorikern statt, auf welcher der Vorsitzende E. Boltin klagt: *„Bis jetzt sind offiziell keine solche Fotografien* [des toten Hitler] *publiziert worden. Zudem wissen Sie, dass man die Echtheit dieser Fotos in Zweifel gezogen hat: Ist auf ihnen wirklich Hitler abgebildet? Wurde sein Leichnam wirklich in dieser Zeit, am 2. oder 3. Mai, fotografiert? Es gibt noch eine zweite Frage, auf die wir nur unvollständig antworten können, die aber beleuchtet werden sollte: Warum wurden diese wichtigen Fotografien auch nach so vielen Jahren nicht der Öffentlichkeit zugänglich gemacht?"* Die Zusammenkunft erbringt keine neuen Erkenntnisse, sondern stiftet nur neue Verwirrung (Alisa Argunova (17. Mai 2005): *Die acht Bestattungen Hitlers: Russische Dokumente und Berichte.* AaO).

Die sowjetische Staatsführung ist noch immer nicht bereit, die bekannten Erkenntnisse publik zu machen. Ein Kollege des Historikers Besymenski hatte schon 1959 versucht, vom KGB die Dokumente über Hitlers Verbleib zu bekommen, um sie zu veröffentlichen. Der neue Parteichef der KPdSU, Nikita Sergejewitsch Chruschtschow, stoppte die Publikation in letzter Minute (DER SPIEGEL 30/1992, *Hitlers letzte Reise*, S. 112).

Erst 18 Jahre nach Kriegsende und zehn Jahre nach Stalins Tod gibt 1963 erstmals ein russischer Offizieller öffentlich zu, dass auch die Sowjetunion Hitler als tot betrachtet. Die Verwirrung um das Thema hält dennoch weiter an. Das ehemalige Mitglied des militärischen Aufklärungsdienstes der Roten Armee, der russische Historiker Lew Besymenski, verbreitet in den Medien, Hitler habe sich mit einer Blausäureampulle vergiftet. Fünf Jahre später, 1968, veröffentlicht er sein Buch „Der Tod des Adolf Hitler", in dem die bekannten Unwahrheiten verbreitet werden, beispielsweise dass die *„Leichen (...) schließlich verbrannt und die Asche in den Wind gestreut worden"* sei. Seine Thesen finden zunächst auch in Deutschland Gehör. So schreibt Karl-Heinz Janßen 1968 in der Zeitung „Die Zeit" (30/1968, Ausgabe vom 26. Juli 1968), dass die in Deutschland mittlerweile offizielle Annahme, Hitler habe sich mit einem Schuss in die rechte Schläfe das Leben genommen, voreilig formuliert gewesen sei, und schlussfolgert: *„Er hat feige Gift genommen."* Das ist immer noch ganz im Sinne der Sowjets – das Buch von Besymenski enthält bewusst diese Lüge, die Giftthese ist nach wie vor eine Vorgabe von oben. Der Historiker hat das 1995, nach dem Zerfall der Sowjetunion, mehrfach zugegeben: *„Die haben zu mir gesagt, es muss Zyankali sein, damit Hitler wie ein Weib gestorben ist“* (FAZ, Andreas Nefzger (28. April 2015): *Kriminalbiologe Mark Benecke: Der Führer hatte Mundgeruch*). Und: *„Es war eine Lüge, und sie war beabsichtigt“* (Besymenski (1995): 140).

„Operation Archiv“

Moskau, Freitag, 13. März 1970

Im Laufe des Jahres 1970 soll der sowjetische Militärstützpunkt in Magdeburg-Sudenburg, im Volksmund nur *„die Russenstraße“* genannt, an die Behörden der DDR übergeben werden. Der damalige KGB-Resident in Berlin-Karlshorst, General Sergei Alexandrowitsch Kondraschow, will verhindern, dass der Begräbnisort entdeckt und zu einer Wallfahrtstätte für Alt- und Neu-Nazis wird (DIE WELT, Manfred Quiring (22. November1999): *Wie das KGB heimlich Hitlers Gebeine verbrannte. 1970 in Magdeburg - Ein Ex-Offizier erinnert sich.*). Er weist daher Anfang März den Chef der sowjetischen Geheimpolizei KGB, Juri Wladimirowitsch Andropow, darauf hin, dass in Magdeburg ein Pilgerziel für Neonazis entstehen könne, wenn bekannt würde, dass Hitlers sterbliche Überreste dort vergraben sind, nachdem die sowjetischen Besatzer den Platz geräumt haben (DER SPIEGEL 14/1995, *Hitlers Höllenfahrt*, S. 170f). Politisch nähern sich die beiden deutschen Staaten zu dieser Zeit gerade etwas an; der Bundeskanzler der Bundesrepublik Deutschland, Willy Brandt, wird am 19. März 1970 von Hunderten DDR-Bürgern in Erfurt mit spontaner Begeisterung empfangen. Hintergrund ist die neue Ostpolitik von Brandt. Durch mehrere Ostverträge sollen die Beziehungen zwischen der BRD und DDR verbessert und damit auch eine allgemeine Entschärfung des Ost-West-Konflikts herbeigeführt werden.

Andropows Kanzleichef Wladimir Alexandrowitsch Krjutschkow gibt 1995 als Grund für die Knochenbeseitigung in Magdeburg, die *„mit geeigneter Technologie“* durchgeführt worden ist, an, dass *„gewisse Spannungen zwischen Westdeutschland und Ostdeutschland“* aufgekommen seien. Außerdem werde *„der Umfang unserer militärischen Anwesenheit* [in der Klausenerstraße in Magdeburg] *(...) eingeschränkt“* (DER SPIEGEL 14/1995, *Hitlers Höllenfahrt*, S. 171). Am 13. März 1970 hatte KGB-Chef Andropow in einem Brief an den sowjetischen Parteichef Leonid Iljitsch Breschnew geschrieben, dass die Garnisonstadt Magdeburg an die Behörden der DDR übergeben werden sollte, und kam dabei auf die dort vergrabenen Leichen zu sprechen:

> *„Im Februar 1946 wurden in der Stadt Magdeburg auf dem Gelände der Militärsiedlung, das heute die Sonderabteilung des KGB bei der 3. Stoßarmee der Gruppe der Sowjetischen Streitkräfte in Deutschland belegt, die Leichen Hitlers, Eva Brauns, Goebbels', seiner Frau und Kinder (insgesamt zehn Leichen) beerdigt. Die genannte Militärsiedlung wird derzeit aus Gründen dienstlicher Zweckmäßigkeit und im Interesse unserer Truppen von der Armeeführung an deutsche Behörden übergeben. Im Hinblick auf die Möglichkeit von Bau- oder anderen Erdarbeiten auf diesem Gelände, die zu einer Entdeckung des Grabes führen können, würde ich es für dienlich halten, die Leichen zu entfernen und durch Verbrennen zu beseitigen. Die genannte Maßnahme wird unter strikter Geheimhaltung durch die operative Gruppe der Sonderabteilung des KGB bei der 3. Stoßarmee der Gruppe der Sowjetischen Streitkräfte in Deutschland durchgeführt und muss entsprechend dokumentiert werden“* (DER SPIEGEL 14/1995, *Hitlers Höllenfahrt*, S. 171).

Der Name *„Гитлер“* (*„Hitler“*) und die wichtigste Textpassage werden von Andropow handschriftlich eingetragen, damit kein Dritter – nicht einmal seine zur absoluten Verschwiegenheit verpflichtete Sekretärin – erfährt, um wen und was es genau geht. Das Schreiben trägt das Aktenzeichen *„655-A“* und das Kürzel *„ow“* (*„besonders wichtig“*). Es gehört zur „K-Serie“, das heißt, ein Beamter der Allgemeinen Abteilung des ZK muss den Brief Breschnew persönlich vortragen. Die von ihm befohlene Operation trägt den Decknamen „Operation Archiv“. Der Name ist nicht zufällig gewählt. Es ist geplant, bei Nachfragen zu erklären, dass in Magdeburg geheime Nazi-Archive ausgegraben wurden (Besymenski (1995): 184). Es ist nachvollziehbar, dass die Sowjets jedes Medienaufsehen vermeiden wollen, das es sicher gegeben hätte, wenn die Leichen in die Sowjetunion gebracht und dies publik geworden wäre. Das Ausland hätte umgehend die Forderung erhoben, alle Vorgänge und Erkenntnisse öffentlich zu machen.

Andropows Kanzleichef Krjutschkow, später selbst KGB-Chef und Putschist gegen Staatspräsident Michail Sergejewitsch Gorbatschow, bestätigt die Echtheit des Dokuments:

> *„Ich erinnere mich genau. Juri Andropow hat die wichtigsten Passagen mit eigener Hand reingeschrieben. Dann bekam ich vom Chef des 1. Referats der Allgemeinen Abteilung des ZK eine Nachricht, Andropows Vorschlag sei angenommen. Die entsprechenden Vorbereitungen traf dann die Dritte Verwaltung des Komitees, die für die Tätigkeit der KGB-Organe in den Truppen verantwortlich war. Ihr*

Chef war damals Witali Fedortschuk [später KGB-Chef und Innenminister]*"* (DER SPIEGEL 14/1995, *Hitlers Höllenfahrt*, S. 171).

In der zweiten Auflage seines Buches *„Hitlers Ende"* (2004) geht Autor Anton Joachimsthaler auf den im „Der Spiegel" 1995 veröffentlichten (DER SPIEGEL 14/1995, *Hitlers Höllenfahrt*). Brief Andropows ein. Er bezeichnet diesen – eindeutig dokumentierten – Auftrag Andropows als *„angeblich"*, stellt also seine Echtheit in Frage. Darüber hinaus behauptet er, dass zwar von *„zehn Leichenresten"* gesprochen werde, *„aber die Überreste von Hitler waren da nicht dabei"*. Es gebe *„kein nachweisbares Indiz"*, das diese Behauptungen beweisen könnte (Joachimsthaler (2004): 357). Im Jahre 2004 war dieses entscheidende Indiz noch nicht bekannt, doch seit der Publikation des Nürnberger Archivdirektors Prof. Peter Fleischmann (siehe Kapitel Obduktion und drittes Begräbnis) gibt es nicht nur ein Indiz, sondern einen unumstößlichen Beweis. Auch der Umkehrschluss ist eindeutig: Wieso hätten die Sowjets 1970 ein derartiges, strengstens geheimes Dokument anfertigen sollen? Sie konnten nicht wissen, dass 21 Jahre später ihr Staat aufgelöst, die KPdSU ihre Macht verlieren und derartige Dokumente in den Medien verbreitet werden würden.

Bereits am ersten Arbeitstag der neuen Woche, am Montag, 16. März 1970, wird unter dem Schreiben Andropows vermerkt: *„Einverstanden. 16. März."* Es unterschreiben der sowjetische Parteichef Leonid Iljitsch Breschnew, Ministerpräsident Alexei Nikolajewitsch Kossygin und Nikolai Wiktorowitsch Podgorny, der Vorsitzender des Präsidiums des Obersten Sowjets und damit Staatsoberhaupt der Sowjetunion (DER SPIEGEL 14/1995, *Hitlers Höllenfahrt*, S. 171). Für die geheime „Operation Archiv" trägt der KGB-Mann Fedortschuk die Details des Unternehmens für den Vorsitzenden des Komitees für Staatssicherheit Andropow zusammen:

„Plan der Durchführung des Unternehmens ‚Archiv': (...) Ziel des Unternehmens. Die sterblichen Überreste der am 21. Februar 1946 in Magdeburg in der Militärsiedlung in der Westendstraße (derzeit Clausener Straße) neben dem Haus Nr. 36 begrabenen Kriegsverbrecher sicherzustellen und physisch zu vernichten. (...) 1. Zwei bis drei Tage vor Beginn der Arbeiten über der Grabstätte hat ein Sicherungszug der Sonderabteilung des KGB bei der Armee über dem Begräbnisort ein Zelt aufzuschlagen, dessen Abmessungen es ermöglichen sollen, die laut Plan vorgesehenen Arbeiten unter Deckung vornehmen zu können. 2. Die Bewachung des Zutritts zum Zelt haben nach seinem Aufschlagen Soldaten und während der Arbeiten selbst eine Operative Gruppe zu sichern, die zur Durchführung des Unternehmens ‚Archiv' eingeteilt wird. 3. Es ist ein getarnter Posten zur Kontrolle und Beobachtung des dem Arbeitsort nächstgelegenen Hauses, in dem ortsansässige

Bürger wohnen, einzurichten, um eine mögliche Beobachtung zu erkennen. Im Falle der Feststellung einer solchen Beobachtung sollen Maßnahmen zu ihrer Unterbindung unter Berücksichtigung der konkreten Lage getroffen werden. 4. Die Exhumierung ist nachts vorzunehmen, die aufzufindenden Überreste sind in besonders vorbereitete Kisten zu legen, die dann per Lkw zum Bereich des Übungsplatzes der Pionier- und Panzerregimenter der Gruppe der sowjetischen Truppen in Deutschland im Raum Fauler See (Bezirk Magdeburg, DDR) zu bringen sind. Hier sind sie zu verbrennen und in den See zu werfen. 5. Dokumentation der Durchführung der geplanten Maßnahmen durch Erstellung von Akten: a) die Öffnung der Grabstätte (der Akt muss den Zustand der Kisten und ihres Inhalts widerspiegeln, das Einlegen in vorbereitete Kisten); b) der Akt der Verbrennung von Überresten. Die Urkunden werden von allen oben genannten operativen Mitarbeitern der 00 PM 92626 unterzeichnet. 6. Nach der Beseitigung der sterblichen Überreste wird der Ort, an dem die sterblichen Überreste beigesetzt wurden, wieder in sein ursprüngliches Aussehen zurückversetzt. Das Zelt muss zwei bis drei Tage nach der Ausführung der Hauptarbeiten entfernt werden. 7. Legende zur Vertuschung: Zum Militärgelände, wo das Ereignis stattfinden wird, ist der Zugang verboten. Bürgerinnen und Bürger vor Ort ist die Notwendigkeit, die Gründe und die Art der Arbeit zu erklären, wenn es sich um Beamte, ihre Familien und freiberufliche Mitglieder des Armeehauptquartiers mit Wohnsitz im Lager handelt. Inhalt der Legende: Die Arbeiten (Zeltaufbau, Ausgrabung) werden durchgeführt, um die Aussage eines in der UdSSR verhafteten Straftäters zu überprüfen, nach dessen Angaben dieser Ort wertvolle Archivalien enthalten könnte. 8. Für den Fall, dass die erste Ausgrabung aufgrund von ungenauen Angaben des Standorts des ‚Archivs' nicht finden lassen, ist eine Mission zur Adresse des in Leningrad lebenden, inzwischen pensionierten Generalmajors V.N. Z zu organisieren. Er ist jetzt im Ruhestand und kann bei der Durchführung der in diesem Plan enthaltenen Maßnahmen helfen.

LEITER DER 3. ABTEILUNG DES KGB
Generalleutnant FEDORCHUK (Winogradow, Pogonitz (2000): 382f; Übersetzung Dr Matthias Uhl, Moskau; schriftliche Auskunft vom 28. Januar 2022).

Punkt 4 des Dokuments verweist auf den geplanten Ort der Vernichtung (*„im Gebiet des Faulen Sees", „dann in den See geworfen"*), doch der Transport der Leichen erfolgte letztlich nicht dorthin. Zwar gibt es einen See dieses Namens und der Faule See östlich von Wanzleben liegt nur zehn Kilometer südwestlich der Begräbnisstätte in Magdeburg, allerdings existierte an diesem Ort kein Übungsplatz. Das Gebiet ist eine mehr oder weniger feuchte Niederung, mit Salzquellen, Wiesen, Wäldern und Gebüschen. Es gibt dort auch keinen See, wie der Name vermuten lässt, sondern nur den Seerennengraben. Die Sowjets in Moskau hatten sich diesbezüglich geirrt.

Die Vernichtung der Leichen

Magdeburg/Schönebeck/Biederitz, Samstag, 4. April/Sonntag, 5. April 1970

Am Abend des 4. April 1970, die Dämmerung setzt gerade ein, beginnen in der Magdeburger Militärsiedlung zwei Mitglieder der Sondereinsatzgruppe des KGB in der 3. Armee der Gruppe der Sowjetischen Streitkräfte in der DDR, die Offiziere Oberleutnant Wladimir Gumenjuk und Major Schirokow, mit der Vorbereitung der Exhumierung. Der Chef der Einheit, Oberst Kowalenko, sichert das Gelände mit der Waffe. Geheimdienstleute beziehen getarnte Beobachtungsposten in den anliegenden Häusern. Gegraben wird auf den Grundstücken Klausenerstraße 32 und 36, ehemals Westendstraße. Man errichtet zur Tarnung Zelte. In der Nacht auf den 5. April betreten fünf KGB-Offiziere das Zelt im Garten der Hausnummer 36 und graben die Erde auf. Zunächst findet man nichts, denn man gräbt an der falschen Stelle. Der Irrtum wird erkannt und nach weiteren Grabungen werden die Männer in etwa eineinhalb Meter Tiefe fündig (DER SPIEGEL 14/1995, *Hitlers Höllenfahrt*, S. 170). Die Leichen liegen in fünf Munitionskisten, in denen sich neben den Skelettresten *„auch ein paar goldene Zähne"* finden. Über das Öffnen von Hitlers Einzelgrab gibt es keine Akte. Man konzentriert sich zunächst auf das Hauptgrab mit den zehn Leichen (Familie Goebbels, Eva Hitler, Hans Krebs). Die „Akte über das Öffnen der Grabstätte der Kriegsverbrecher, streng geheim" vermerkt:

> *„(...) Öffnung des Bestattungsortes der Überreste der Kriegsverbrecher in der Militärsiedlung in der Westendstraße neben dem Haus Nr. 36 (...). Bei der Öffnung der Grube wurde festgestellt, daß die Überreste der Kriegsverbrecher vermutlich in fünf aufeinander über Kreuz gestellten Holzkisten begraben worden waren. Drei von ihnen waren von Nord nach Süd, die anderen beiden von Ost nach West ausgerichtet. Die Kisten waren verrottet und zu Staub geworden, und die Überreste darin waren mit dem Boden vermischt. Nach dem Abtragen des Bodens wurde dieser sorgfältig untersucht und die Überreste (Schädel, Schienbeinknochen, Rippen, Wirbel usw.) in einer Kiste deponiert. Der Grad der Zerstörung war sehr hoch, insbesondere bei den Überresten der Kinder, so dass eine genaue Beschreibung der Funde nicht möglich war. Durch Zählen der Schienbeinknochen und Schädel können die Überreste zu zehn oder elf* [sic!] *Leichen gehört haben. Nach der Bergung der sterblichen Überreste wurde die Grabstätte in ihrem ursprünglichen Zustand wiederhergestellt. Die Bergung erfolgte in der Nacht des 4. April 1970. Bei der Überwachung des Hauses, in dem deutsche Staatsbürger wohnen, wurden keine verdächtigen Aktivitäten festgestellt. Die in der Gemeinde lebenden Sowjetbürger hatten kein unmittelbares Interesse an*

den Arbeiten und dem über der Ausgrabungsstätte errichteten Zelt. Die Kiste mit den sterblichen Überresten der Kriegsverbrecher wurde bis zum Morgen des 5. April von Mitarbeitern bewacht, bis die Überreste physisch vernichtet wurden" (Winogradow, Pogonitz (2000): 384).

Alle Knochen werden in Kalaschnikow-Kisten umgelagert. Es handelt sich um die Überreste von zehn oder elf Leichen: das Ehepaar Hitler, das Ehepaar Goebbels, sechs Kinder und möglicherweise General Krebs. Dass sich der Leichnam von Krebs ebenfalls unter den *„zehn oder elf Leichen"* befand, ist wahrscheinlich, da er mit den anderen in Berlin-Buch obduziert worden ist, wie ein Foto und der Obduktionsbericht beweisen (DER SPIEGEL 15/1995, *Hitlers Höllenfahrt*, S. 184). Es müssen also elf Leichen gewesen sein, die ungenaue Angabe erklärt sich durch Vermischung der Skelette. Die goldenen Zähne werden beim Ausgraben neben den Knochen gefunden und nun in eine gesonderte Kiste gelegt. Ein 19-jähriger Soldat steckt Knochenfragmente eines rechten Arms und Teile einer Rippe von einer der Leichen unbemerkt in seine Tasche und versteckt diese später auf dem Dachboden im Haus seiner Eltern. Wie es ihm trotz der Bewachung der Exhumierung gelingen konnte, an die Knochen zu gelangen, ist unklar. Oberst Kowalenko erklärt seinen Leuten, dass die Angelegenheit *„für immer und ewig"* geheim bleiben müsse. Oberleutnant Gumenjuk erinnerte sich 1999 im Interview mit der Zeitung „Moskowskije Wedomosti" an diese Anweisung (Die WELT, 22. November1999, Manfred Quiring: *Wie das KGB heimlich Hitlers Gebeine verbrannte. 1970 in Magdeburg - Ein Ex-Offizier erinnert sich*).

Im Morgengrauen des 5. April 1970, einem Sonntag – Magdeburg ist noch nicht erwacht –, erfolgt der Abtransport der Leichen. Benutzt wird ein Sowjetjeep, aus dem zur Tarnung Angelruten unter der Plane herausragen. Hitlers letzte Fahrt findet in einem in Nischni Nowgorod (früher Gorki/Sowjetunion) hergestellten zweiachsigen leichten Geländewagen GAZ-69 statt (DIE WELT, Manfred Quiring (22. November1999): *Wie das KGB heimlich Hitlers Gebeine verbrannte. 1970 in Magdeburg - Ein Ex-Offizier erinnert sich.*). Das Fahrzeug wiegt 1.525 kg und kann eine Zuladung von zwei Personen plus 500 Kilogramm aufnehmen. Es ist 3,85 Meter lang, 1,75 Meter breit und 2,03 Meter hoch. Es ist einem bei den Sowjettruppen üblichen Jeep. Nachdem die morschen Kisten aufgeladen worden sind, fährt das Militärfahrzeug mit dem runden rot-weißen Logo und der Aufschrift „CA" (für Sowjetarmee) aus der Westendstraße 32 ab (Sachsen-Anhalt, Volkstimme, Bernd Kaufholz (1. Mai 2020): *Hitler: Operation „Mythos": 1970 wurde die Asche von Adolf Hitler in ein Flüsschen geschüttet. In die Ehle bei Biederitz nahe Magdeburg.*).

Abb. 117 Der Leichenwagen, ein sowjetisches Fahrzeug vom Typ GAZ-69. Hitlers Überreste wurden in einem solchen Fahrzeug zur Vernichtung nach Schönebeck gefahren, die Asche dann in die Ehle gekippt, einem Zufluss der Elbe. (35)

Wahrscheinlich wählen die Sowjets für die etwa 15 Kilometer lange Strecke die Route über die im Süden von Magdeburg gelegenen Stadtteile Buckau, Fermersleben, Salbke und Westerhüsen nach Schönebeck (Elbe). Dort wird das Gelände der Kaserne des 248. Garde-Motorisiertes-Schützenregiment der 10. Garde-Panzerdivision erreicht (DER SPIEGEL 12/2002, S. 78). Die Haupteinfahrt der Kaserne liegt gegenüber der Magdeburger Straße 86; die Kaserne wird begrenzt von der Magdeburger Straße im Osten, dem Westfriedhof im Norden und dem Blauen Steinweg im Süden. Westlich (hier befindet sich heute der geografische Mittelpunkt Sachsen-Anhalts) steigt das Gelände zum Hummelberg an, Opferstätte und Kultplatz vor- und frühgeschichtlicher Zeit. Das Gelände liegt heute brach und ist überwuchert, die Gebäude sind nach dem Abzug der sowjetischen Truppen abgerissen worden. Der Eingangsbereich wurde umgestaltet, die ehemaligen Offiziersvillen sollen bewohnt sein (Schriftliche Auskunft des Stadtarchivs Schönebeck (Elbe) vom 14. Dezember 2021).

Die Soldaten fahren an die nordwestlichste Ecke des Kasernenareals. Dort werden die „Archiv"-Kisten etwa drei Meter vom Eingang eines als Leichenhalle bezeichneten Gebäudes auf einen Scheiterhaufen gestapelt. Das Gebäude liegt an einem Feldweg, der vom westlichen Stadtrand direkt zum Hummelberg führt, 250 Meter südlich der südwestlichen Ecke des Westfriedhofs. Zunächst werden die Überreste in den Kisten mit

Eisenstangenschlägen pulverisiert, mit Holzkohle vermischt, dann mit 20 Litern Benzin übergossen. Das vollständige Verbrennen dauert eine Stunde. Die drei Soldaten warten währenddessen bei laufendem Motor im Wagen. Nach der Verbrennung kehrt Gumenjuk die Asche zusammen und fegt sie in einen Sack. Im sowjetischen Abschlussbericht über die „Operation Archiv" heißt es: *„Die Zerstörung der Überreste erfolgte durch ihre Verbrennung auf einem Scheiterhaufen auf einem leeren Grundstück in der Nähe der Stadt Schönebeck, elf km von Magdeburg entfernt. Die Überreste wurden zusammen mit Holzkohle verbrannt, zu Asche zermahlen, gesammelt und in den Fluss Biederitz geworfen. (...) Signiert Leiter der KGB-Sondereinheit um Nr. 92626"* (Winogradow, Pogonitz (2000): 385f). Einen Fluss Biederitz gibt es nicht, gemeint ist die Ehle im Ort Biederitz. Die Ehle ist ein etwa 40 Kilometer langer rechter Nebenfluss der Elbe und weitet sich wenige hundert Meter weiter zum Biederitzer See, bevor sie nördlich von Biederitz durch das alte Elbebett fließt und schließlich in die Elbe mündet. Das ganze Gebiet ist heute Hochwasserschutzgebiet (Umflutkanal).

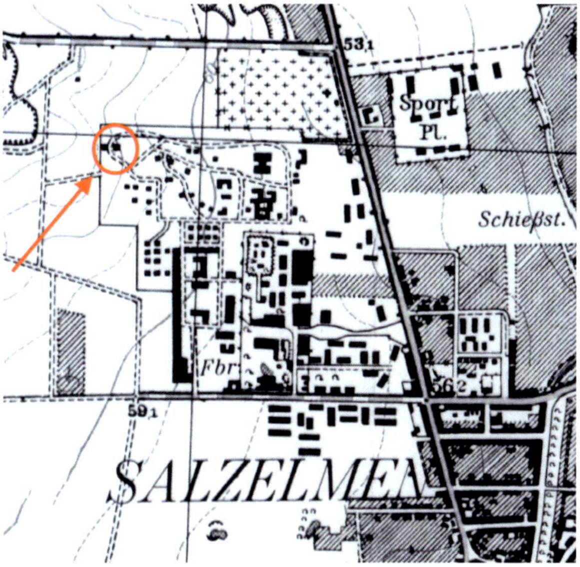

Abb. 118 Schönebeck (Elbe): Plan des Kasernengeländes des 248. Garde-Motorisiertes-Schützenregiment der sowjetischen 10. Garde-Panzerdivision. Rechts die Magdeburger Straße, oben die Straße Am Hummelberg und der Westfriedhof, unten die Straße Blauer Steinweg. Im Kreis das Gebäude, neben dem die Leichenreste vernichtet worden sind. (22)

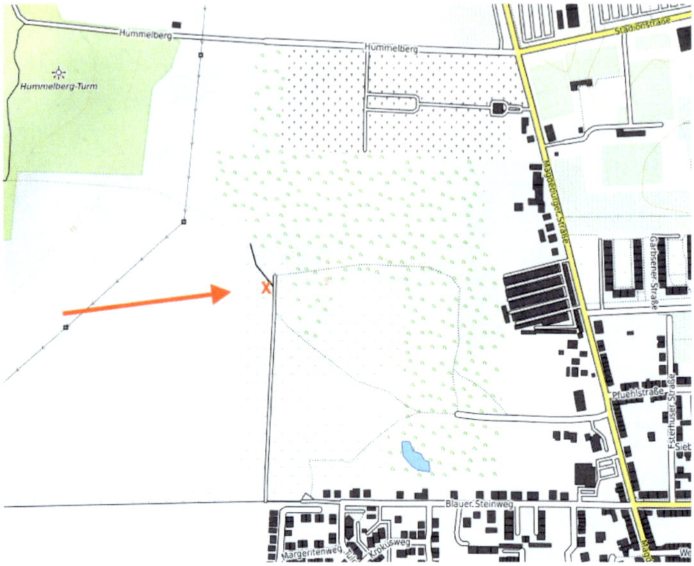

Abb. 119 Schönebeck (Elbe): Heutige Verortung des ehemaligen Standorts des Gebäudes, links oben der Hummelbergturm. (Openstreetmap, Database Contents License (DbCL) 1.0)

Abb. 120 Schönebeck (Elbe), Magdeburger Straße: die ehemalige Haupteinfahrt zur Kaserne (2022). (2)

Abb. 121 Schönebeck (Elbe): westliches Ende des ehemaligen Kasernengeländes mit Zufahrtsstraße zur Verbrennungsstelle, Blickrichtung nach Norden (2022). Links befand sich das Gebäude, neben dem die Vernichtung der Leichenreste stattgefunden hat. (2)

Schönebecks früherer Stadtbaudirektor Walter Franz bestätigt die Ereignisse. Im Jahre 1986 habe ihm der damalige Kommandant der russischen Panzereinheit, Oberstleutnant Bogdanov, in einem Gespräch unter vier Augen anvertraut, dass Hitlers Überreste vor der Leichenhalle der Kaserne nahe dem Hummelberg verbrannt worden seien. Bogdanov berief sich dabei auf vertrauliche Berichte von früheren Kommandanten (Volksstimme Magdeburg Nr. 21, 27. Januar 2000, S. 3). Dass es sich beim Verbrennungsort nicht, wie auch zu lesen war, um ein Krematorium gehandelt hat, zeigt die Tatsache, dass die Überreste der Leichen in diesem Fall darin und nicht außerhalb verbrannt worden wären.

Mitglieder der Fachgruppe Militär- und Garnisonsgeschichte Magdeburg haben die Fakten über das Areal akribisch recherchiert und dazu auch Dokumente von Sergej Spitzin, einem ehemaligen KGB-Offzier, herangezogen. So sind Beschreibungen des besagten Gebäudes, der „Leichenhalle“ auf dem Gelände, überliefert. Es erinnerte zu DDR-Zeiten an einen Flachbungalow. In den 90er Jahren standen die Mauern noch (ohne Dach), nach der Jahrtausendwende war nur noch die Grundplatte zu sehen. 2012 wurden die Überreste entfernt, wahrscheinlich in Kenntnis des historischen Ortes, der mittlerweile bekannt war. Laut ehemaligen dort stationierten Soldaten war das eingeschossige Gebäude nur ein einfacher Kontrollpunkt, auch „KIP77“ („КИП77“) genannt, leicht erhöht, wie ein Unterbau oder ein oberirdischer Keller, darüber ein Flachbau mit vielen Fenstern. Zum Eingang führte eine schlichte Eisentreppe. Ein anderer Zeitzeuge erinnerte sich ebenfalls an einen Flachbau aus Kalksandstein mit Maueröffnungen (eine Tür, mehrere Fenster) und zwei Räume (vgl. Forum der Fachgruppe Militär- und Garnisonsgeschichte Magdeburg. Abgerufen am 21. Januar 2022 von http://f15919.nexusboard.de/t793f48-Garnison-Schoenebeck.html). Ein Kontrollpunkt an dieser Stelle, direkt am Panzerübungsplatz, macht genauso Sinn wie eine Leichenhalle am Rande des Areals, siehe den Standort der Pathologie in Berlin-Buch.

Abb. 122 Schönebeck (Elbe): Bodenplatte und Steinreste des Gebäudes im Jahre 2010. (22)

Abb. 123 Die gleiche Perspektive im Jahre 2013, die groben Überreste sind beseitigt. (2)

Abb. 124 Die gleiche Perspektive im Jahre 2022. Der ehemaligen Gebäudestandort ist überwuchert. (2)

Oberst Kowalenko, Major Schirokow und Oberleutnant Wladimir Gumenjuk fahren noch am 5. April, nachdem sie den Sack mit der Asche in ihr Fahrzeug geladen haben, ohne weitere Verzögerung nach Biederitz östlich von Magdeburg. Die etwa 27 Kilometer lange Strecke führt sie, vermutlich aus Geheimhaltungsgründen, wahrscheinlich nicht nach Magdeburg zurück und durch die Stadt, sondern sofort Richtung Osten durch Schönebeck hindurch, über die Ernst-Thälmann-Brücke (auch Elbebrücke Schönebeck) durch die Ortsteile Grünewalde und Elbenau weiter durch Plötzky, Gommern, Wahlitz, Menz, Klein Gübs (heute Königsborn) und Heyrothsberge nach Biederitz. Sie erreichen Biederitz ber die Heyrothsberger Straße, überqueren die von Magdeburg kommenden und nach Burg und Möckern führenden Bahnlinien und biegen links in die Herrenkrugstraße ein. Diese geht in die Magdeburger Straße über, in Richtung der nur zwei Kilometer entfernten General-von-Hippel-Kaserne und der Luitpold-Kaserne in Magdeburg-Herrenkrug, in denen die Sowjets Quartier bezogen haben.

Gleich hinter Biederitz, westlich des Ortes, halten sie nach einer halben Stunde Fahrt am Beginn der heutigen Breitscheidstraße an einer Brücke: Sie heißt seit alters her Schweinebrücke. Am 31. Oktober 1806 sind hier die Preußen mit Biederitzer Landsturmmännern auf die Truppen Kaiser Napoleons I. gestoßen, sie kämpften erfolglos. Nicht weit von hier, bei Möckern, fand am 5. April 1813 ein Gefecht zwischen preußischen und russischen Truppen auf der einen und den Truppen Napoleons I. auf der anderen Seite statt. Dieses Gefecht läutet den Beginn der Vertreibung Napoleons aus Deutschland ein. Am 10. Oktober 1931 fuhr Hitler nach seinem ersten Empfang bei Reichspräsident Paul von Hindenburg in Berlin zwei Kilometer östlich der Schweinebrücke auf der Reichsstraße 1 (heute Bundesstraße 1) an Biederitz vorbei. Er war auf dem Weg nach Bad Harzburg, wo am nächsten Tag die „Harzburger Front", ein Bündnis antidemokratischer Nationalisten und Rechtsextremen gegen die Weimarer Republik, gegründet wurde (Sandner (2020): 874f).

Von der (1970 noch hölzernen) Brücke, über die die Straße von Biederitz nach Magdeburg führt und die heute die Grenze zum Jerichower Land markiert, streut Wladimir Gumenjuk am 5. April 1970 aus dem Sack die Aschen des Ehepaars Hitler, der Familie Goebbels und von Hans Krebs in die Ehle (Volksstimme Magdeburg Nr. 21, 27. Januar 2000, S. 3). Gumenjuk erklärte Jahre später: *„Ich öffnete den Rucksack und vor meinen Augen bildete sich ein dunkler Nebel, die Asche fiel ins Wasser und verschwand in wenigen Sekunden"* (https://osuicidiodeadolfhitler1945-blogspot-com, abgerufen am 15. Marz 2022). Nach neun Begräbnissen, neun Exhumierungen und rund 353 Kilometern Fahrt haben Hitlers allerletzte Überreste ihre elfte und endgültig letzte Station erreicht. Sie liegt 120 Kilometer westlich seines Führerbunkers. Erst jetzt ist Hitler physisch wirklich vernichtet – 81 Jahre nach seiner Geburt und 25 Jahre nach seinem Suizid. Es wird noch zwanzig weitere Jahre dauern, bis der Kalte Krieg, den Hitler vorhergesagt hat, beendet, und beide Teile Deutschlands wiedervereint sein werden.

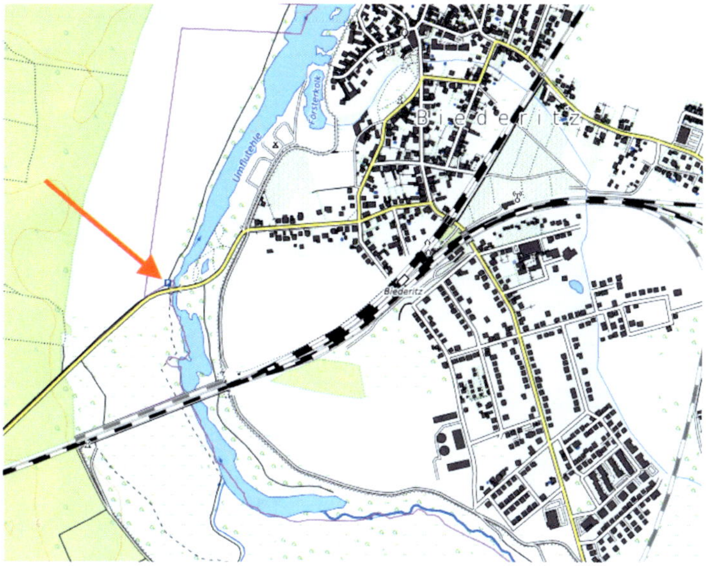

Abb. 125 Karte von Biederitz und der Ehle. Der Pfeil zeigt auf die Schweinebrücke westlich des Ortes. (Openstreetmap, Database Contents License (DbCL) 1.0)

Abb. 126 Die Schweinebrücke im Jahre 2022, Blickrichtung nach Osten. (2)

Abb. 127 Blick von der Schweinebrücke nach Norden auf die Ehle (2022). (2)

Hinsichtlich der Ascheentsorgung gibt es eine Parallele auf US-amerikanischer Seite. Die Asche der im Nürnberger Prozess zum Tode Verurteilten, allen voran Hitlers designierten Nachfolgers Hermann Göring, wird 1946 in den Wentzbach geschüttet, einen Nebenfluss der Isar in München.

Am Freitag, 10. April 1970, trifft die Vollzugsmeldung des Magdeburger KGB in Moskau ein und wird mit der Eingangsnummer 1759 versehen. Übrig sei nun, schwört General Vasily Khristoforov, nur noch Hitlers Kiefer: *„Dessen Fragmente sind im Staatsarchiv. Es gibt keine anderen Teile des Körpers Hitlers abgesehen von diesen Proben, die am 5. Mai 1945 beschlagnahmt wurden, um den Tod des Diktators zu bestätigen"* (DER SPIEGEL 15/1995, *Hitlers Höllenfahrt*, S. 186).

VI Enttarnung eines Staatsgeheimnisses

Die Öffnung der Archive

Magdeburg, 1992

Nach der ab dem Herbst 1989 erfolgten Wende in den Staaten des Warschauer Paktes beginnt der Zerfall der Sowjetunion. Dieser mehrjährige Prozess endet am 8. Dezember 1991 mit dem „Vertrag von Minsk“. Er markiert das Ende der Existenz der 1922 geschaffenen UdSSR als völkerrechtliches Subjekt. Die „Gemeinschaft Unabhängiger Staaten“, GUS, wird gegründet. Der Kalte Krieg ist vorbei, mit den Grenzen öffnen sich auch die Archive. Zeitzeugen beenden ihr jahrzehntelanges Schweigen. Zwei ehemalige SMERSch-Offiziere, Hauptmann a.D. Iwan Tereschtschenko, mittlerweile 74 Jahre alt, und Hauptmann Iwan Blaschtschuk (75), bestätigen bei einem durch die genannte TV-Firma veranlassten Ortstermin, dass Hitlers Leiche in Magdeburg vergraben war. Tereschtschenko war bis 1951 Abwehroffizier in Magdeburg. Er erläutert im „Der Spiegel“, als Hauptmann habe er 1946 in Magdeburg eine „Sondermappe“ zur persönlichen Aufbewahrung empfangen, die Protokoll und Vollzugsmeldung über die Beisetzung von Hitler am Ort enthalten habe. Tereschtschenko und Blaschtschuk führen Kamerateams der TV-Firma Foreign Media Affairs Inc. (ein holländisch-amerikanisch-russisches Joint Venture mit Sitz in Laren/Niederlande und Kontakten in Moskau) auf das Grundstück einer ehemaligen Kohlehandlung in der Klausenerstraße 32. Zwischen Mülltonnen und Gerümpel im Hof zeigen sie auf den Boden und sagen: *„Hier Hitler, da Eva“* (DER SPIEGEL 30/1992, *Hitlers letzte Reise*, S. 3 u. 110f).

Einer der beiden erläutert, dass sich hinter dem Haus, auf dessen Grundstück die Leichen der Familie Goebbels vergraben waren, eine Großgarage mit zwei Montagegruben befunden hätten. Dahinter habe ein Garten mit drei großen Bäumen gelegen.

Vor Ort erkennt der Ex-Offizier das Haus Klausener Straße Nummer 36 als das, wo die Familie Goebbels begraben worden ist (Volksstimme Magdeburg Nr. 21, 27. Januar 2000, S. 3). Ein holländisches Fernsehteam und englische Boulevardblätter wollen daraufhin – wie einst der „Stern" mit den angeblichen „Hitler-Tagebüchern" – aus dem toten Hitler eine Top-Story machen. Journalisten fahren nach Magdeburg und graben heimlich im Garten des Grundstücks Klausenerstraße 36 sechs etwa zwei Meter tiefe Löcher, im Auftrag einer *„großen deutschen Zeitung"*, die nach Überresten von Hitler und Goebbels sucht. Bei diesen erneuten Grabungen wird – natürlich – nichts mehr gefunden. In Magdeburg hält man damals alles noch für einen Scherz (Volkstimme Magdeburg Nr. 154, 04. Juli1992: *Ein Hauch von Schtonk wehte durch Magdeburg*, S. 3; BILD, 24. März1994). Doch greift auch „Der Spiegel" das Thema ausführlich auf, nachdem die Journalisten in den Besitz der sowjetischer Dokumente gekommen sind (DER SPIEGEL 30/1992, *Hitlers letzte Reise*, S. 110ff).

Bei Bauarbeiten in der Klausenerstraße 18, einem Grundstück, das ebenfalls zur sowjetischen Militärsiedlung gehört hat, werden im März 1994 32 Skelette in einem Massengrab gefunden. Das rechtsmedizinische Institut der Magdeburger Uniklinik und die Mordkommission der Polizeidirektion untersuchen den Fall. Alles deutet darauf hin, dass die Toten sowjetische Soldaten gewesen sind, die von den eigenen Geheimdienstleuten exekutiert wurden. Gerüchte, nach denen die SMERSch Zeugen beseitigt habe, weil diese gewusst haben sollen, wo Hitler bis 1970 begraben lag und was aus den Überresten geworden ist, bleiben Spekulation (Volksstimme Magdeburg Nr. 21, 27 Januar 2000, S. 3).

Die Wende

Moskau, 2000

Die russische Zeitung „Trud" („Arbeit") berichtet Anfang 2000 über Geheimdienstdokumente, nach denen Hitlers Leiche und die der Familie Goebbels im Frühjahr 1946 aus ihren Gräbern bei Rathenow ausgegraben und nach Magdeburg gebracht worden (Volksstimme Magdeburg Nr. 21, 27. Januar 2000, S. 3). und dass die Unterlagen, Akten und Artefakte aufgeteilt worden sind: Hitlers Kieferknochen und Zähne liegen im Archiv des Inlandsgeheimdienstes der Russischen Föderation FSB (Lubjanka), Teile des Hinterkopfes, die Hitler zugesprochen worden sind, und Teile des Sofas, auf dem er Suizid verübte, im Staatsarchiv (GARF) in der Bol'shaya Pirogovskaya Ulitsa 17 (Schriftliche Auskunft von Dr. Matthias Uhl, DHI Moskau vom 23. November 2021).

Im zweiten Stock der Lubjanka zeigt der Archivleiter Oberst Nikolai Micheikin im Jahr 2000 Vertretern von „SPIEGEL-TV" die angebliche Schädeldecke Hitlers und die bei der Obduktion seiner Leiche abgenommene Prothese von Goebbels' Klumpfuß – aufbewahrt in einem modernen schwarzen und einem alten rotbraunen Koffer. In einer alten Zigarrenschachtel befindet sich eine weitere Schachtel, darin liegen Zähne und Kieferreste. Micheikin betont: *„Hier haben wir den unumstößlichen Beweis, dass wir Adolf Hitler tatsächlich gefunden haben. Jeder Gerichtsmediziner der Welt wird bestätigen, dass es sich hier um das authentische Zahnmaterial von Hitler handelt."* Die Zähne sind identisch mit denen, die wir auf den Bildern von Hitler sehen (siehe Kapitel Forensische Untersuchungen) und denen auf den Röntgenbildern von seinem Kiefer. Diese Fragmente sind, nach Vernichtung der Leichenüberreste, die einzigen dokumentierte Beweise für Hitlers Tod, weshalb sie im russischen FSB Zentralarchiv als besonders wertvoll gelten.

Die sowjetischen Behörden wollen nun die damals von ihnen selbst gestreuten Gerüchte, Hitler sei im Mai 1945 lebend aus Berlin entkommen, zweifelsfrei widerlegen. Der russische Geheimdienst FSB, das Außenministerium und das Armeemuseum zeigen daher zum Jubiläum des 55. Jahrestages des Kriegsendes im Mai 2000 Trophäen vom Triumph der Roten Armee über Hitler-Deutschland. Die Ausstellung findet unter dem Titel *„Agonie des Dritten Reichs. Vergeltung"* bis zum 25. Juni 2000 im Ausstellungssaal des Staatsarchivs Staatsarchiv der Russischen Föderation statt. Aus dem Archiv des FSB gibt dessen Direktor Nikolai Patruschew Sensationelles zur Besichtigung frei – mit Genehmigung des gewählten Präsidenten und früheren Geheimdienstchefs Wladimir Wladimirowitsch Putin: Zu sehen ist vor allem Beutegut aus der Berliner Reichskanzlei, meist Fragmente oder Bruchstücke: Armlehnen des Sofas Hitlers, auf dem er Suizid verübte, seine hellbraune Parteiuniform, das vergilbte Gästebuch, die Tagebücher seines Propagandaministers Goebbels und auch das Original der deutschen Kapitulationsurkunde vom 8. Mai 1945. Deutsche und sowjetische Kriegsplakate hängen an den Wänden, es läuft ein Video mit Aufnahmen von der Schlacht um Berlin. Vizepremierministerin Walentina Iwanowna Matwijenko wünscht sich, dass *„alle Russen"* die Trophäenschau besuchen, *„um sich an den großen Sieg über Hitler-Deutschland zu erinnern"*.

Das makabre Glanzstück der Schau befindet sich in einer Vitrine, die sorgfältig mit rotem Samt drapiert ist: Von Glas geschützt, liegt darin ein handgroßes Schädelstück, am Rande rußgeschwärzt, in der Mitte ein Einschussloch. Archivleiter Micheikin, der Organisator der Schau, versichert, dass dies *„mit 99,99 Prozent Sicherheit"* ein

Fragment von Hitlers Schädel sei. Sowjetische Offiziere hätten diesen Knochenfund seinerzeit vor dem Eingang zum Führerbunker gemacht. Doch ganz gewiss ist er sich nicht: *„Ein Hundertstel Prozent Zweifel"* bleibe, denn *„zu viele Tote* [sic!]*"* hätten am Fundort vor dem Führerbunker gelegen. Einer der führenden deutschen Gerichtsmediziner, Otto Prokop, äußert schon damals, nachdem ihm ein Foto vorgelegt wurde, Zweifel daran, dass das Schädelstück von dem 56-jährigen Hitler stammt: *„Viel eher"* könne es zur Leiche *„eines wesentlich jüngeren Menschen"* gehören. Ein Nahschuss sei nicht bewiesen, auch wäre *„die Ausschussöffnung, wenn sie denn eine sei, für das beim Hitler-Suizid verwendete Kaliber 7,65 mm zu klein"*. Ein weiteres, größeres Loch in dem Fundstück bleibt völlig ungeklärt. Aufschluss hätte eine genetische Analyse bringen können – unter Mithilfe eines Verwandten aus der Hitler-Familie. Darauf hat Russlands Staatssicherheitsdienst offenkundig verzichtet (DER SPIEGEL 18/2000, Uwe Klussmann: *Knöcherne Beute: In Moskau präsentiert der Geheimdienst die angeblichen Schädelfragmente Hitlers. Eigene Experten beschleichen Zweifel an der Echtheit des Exponats.*).

Forensische Untersuchungen

Moskau, 2001

ZDF-Autor Peter Hartl entdeckt 2001 das rußgeschwärzte Goldene Parteiabzeichen Hitlers in einem „KGB-Geheimarchiv" in Moskau. Hitler hatte es kurz vor seinem Suizid Magda Goebbels geschenkt (BILD vom 2. Mai 2001). Derartige Meldungen sowie neue technischen Methoden und Ideen führen zu einem gesteigerten Interesse an Hitlers in Moskau lagernden Kiefer- und Zahnresten. Auch der deutsche Spezialist für forensische Entomologie Dr. Mark Benecke reist nach Moskau. Er betont, Hitler habe eine *„wirklich außerordentlich eigentümliche Zusammenstellung von echten Zähnen und massiven Metalleinsätzen gehabt"* habe. Das private Engagement eines Schweizers Arztes zur Verifizierung der Zahn-Überreste kommentiert Benecke: *„Die coolste Methode stammt von einem Kollegen* [Odontologe Michel Perrier] *aus Lausanne: Der hat die Filme von Leni Riefenstahl genommen und gemessen, in welchem Winkel das Sonnenlicht sich in Hitlers Zähnen spiegelt. So hat er dann die Zahnstellung rekonstruiert. Supergeil. Alle Beschreibungen stimmen mit den Fragementen überein, die ich in Moskau untersucht habe"* (Tages-Anzeiger Zürich (30. Juni 2001), Interview mit Mark Benecke). Benecke beschreibt Details der Untersuchung: *„Er* [Perrier] h*at sich*

Bilder aus Film-Rollen von Propaganda-Filmen kopiert, auf denen Hitler beim Reden grimassiert und Zähne zeigt. Hier ist sowohl die massive Parodontose an frontalen Zähnen als auch die metallische Reflexion etwas seitlich gelegener Dental-Arbeiten gut zu sehen" (SeroNews, Mark Benecke (2003): *Hitlers Schaedel und Zähne.* Abgerufen am 24. November 2021 https://wiki2.benecke.com/index.php?title=2003_SeroNews:_Hitlers_Schädel_und_Zähne).

Benecke war 2001 der erste Ausländer, der den Fall Hitler aus kriminalistischer Sicht noch einmal aufrollen durfte. Er berichtete: *„Die Zähne werden in großen Übersee-Reisekoffern aufbewahrt, die zusammen mit Hitlers Uniform und den Originalakten der Todesermittlung verpackt sind. (...) Die Details stimmen alle überein. (...) Hitlers Zähne waren so schlecht – und einzigartig schlecht –, dass es allein durch seine Zähne möglich war, seinen Leichnam zu identifizieren."* Und weiter: *„An ihrer Echtheit gibt es keinen Zweifel. Denn Hitler hatte ein einzigartiges Gebiss. 1944 ließ er sich eine große Brücke aus Metall einsetzen. Anhand von alten Röntgenaufnahmen konnte ich die Zähne eindeutig Hitler zuordnen."* Hitler klagte nach dem Attentat vom 20. Juli 1944 über Kopfschmerzen, in der Folge gab er seine generelle Abneigung gegen Röntgenaufnahmen auf und ließ einige anfertigen. Auf diesen Röntgenbildern ist diese Metallbrücke eindeutig zu erkennen. Spuren von Gift oder Glassplittern einer Gift-Ampulle fand der Kriminalbiologe an Hitlers Gebiss nicht. Benecke sprach auch mit Lew Besymenski, dem russischen Historiker, der 1968 ein Buch über die Eroberung Berlins durch die Rote Armee geschrieben und darin behauptet hatte, die verkohlte Leiche Hitlers hätte nach Bittermandel gerochen, ein typisches Indiz für Suizid mit Blausäure. Auch Benecke gegenüber gesteht Besymenski den wahren Hintergrund für seine Aussage: *„Er hat mir gesagt, der KGB hätte ihn damals nur unter einer Bedingung das Buch schreiben lassen: wenn er darin die Gifttheorie vertreten würde"* (vgl. SeroNews, Mark Benecke (2003): *Hitlers Schaedel und Zähne.* Abgerufen am 24. November 2021 von https://wiki2.benecke.com/index.php?title=2003_SeroNews:_Hitlers_Schädel_und_Zähne).

Die Authentizität der Zähne ist unstrittig. Fotos der Zähne – verglichen mit drei Röntgenaufnahmen von Hitlers Schädel aus dem Jahr 1944 – veranlassten bereit 1972 zwei norwegische Zahnärzte zu dem Schluss, dass das Material der Sowjets damit übereinstimmt. Es handelte sich um Prof. Reidar Sognnaes, Dekan der Harvard School of Dental Medicine, und Ferdinand Ström, einen Pionier der forensischen Odontologie. Die beiden erstellten den ersten nicht-sowjetischen wissenschaftlichen Bericht, der den sowjetischen Besitz von Hitlers Leiche dokumentierte (Berlin Experiences, Matt Robinson (7. März 2020): *Ist Hitler nach Argentinien geflohen?* Abgerufen am 2. Dezember 2021 von https://www-berlinexperiences-com.translate.goog/did-hitler-escape-to-argentina-in-1945-mythbusting-berlin/?_x_tr_sl=en&_x_tr_tl=de&_x_tr_hl=de&_x_tr_pto=sc).

Abb. 128 Moskau: Teile des Sofas auf dem sich Hitler erschossen hat mit Resten des Stoffbezugs und Blutflecken. (11)

Abb. 129 Moskau: Teile des Sofas und ein Stück vom Stoff der Sofaunterseite. (11)

Abb. 130 Moskau: Die Reste von Hitlers Zähnen und Kiefer in einer Zigarilloschachtel. (10)

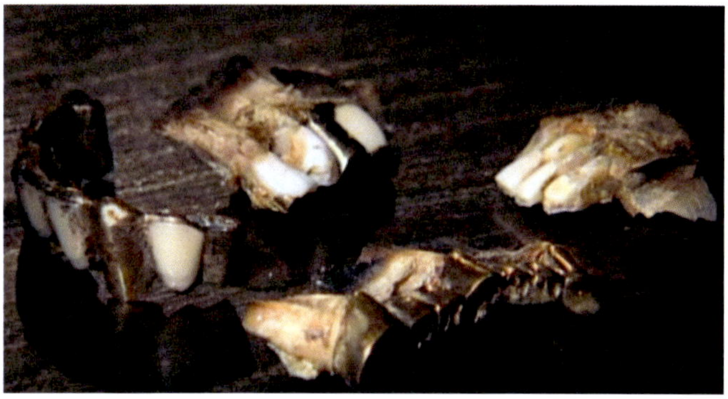

Abb. 131 Moskau: Die Reste von Hitlers Zähnen und Kiefer. (8)

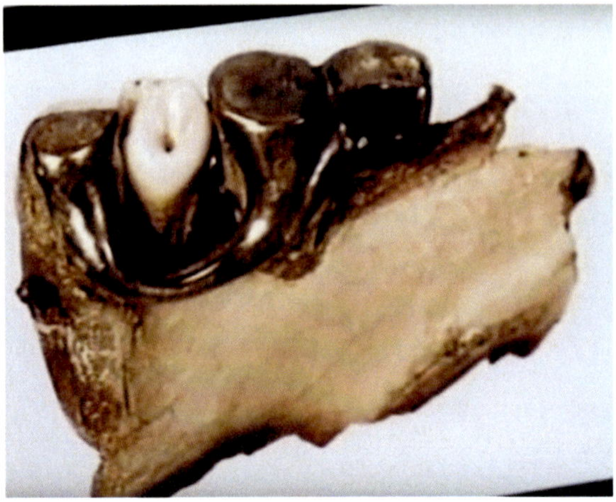

Abb. 132 Moskau: Der rechte Unterkiefer-Eckzahn Hitlers. Das einzigartiger Merkmal: er ist mit einer Metallkrone am zweiten unteren Prämolaren durch eine spezielle Vorrichtung verbunden, die als Brücke nach innen um den ersten unteren Prämolaren verläuft. (8)

Das Schädelfragment und die Zähne

Moskau, Donnerstag, 1. Oktober 2009

Die in Moskau lagernden Zahn- und Kieferfragmente waren mit der Analyse Beneckes, der Untersuchung des Odontologen Perrier sowie der von Sognnaes und Ström eindeutig als zu Hitler gehörig identifiziert. An der Zugehörigkeit des in der im Jahr 2000 in der Moskauer Ausstellung gezeigten Schädelfragments jedoch gab es immer wieder Zweifel. Derartige Zweifel – berechtigte, wie sich herausstellen sollte – an der Zuordnung des Schädelfragmentes äußerten 2011 Professor Nicholas F. Bellantoni und die Professorin für Genetik Linda Strausbaugh von der Universität of Connecticut/ USA (*The Hitler Project*. abgerufen am 22. Januar 2022 von https://www.youtube.com/watch?v=ZqrrjzfnsVY).

Dr. Nicholas F. Bellantoni, Professor für Anthropologie und Staatsarchäologe des US-Bundesstaates Connecticut, durfte das Schädelfragment mit dem Ausschussloch 2009 in Moskau untersuchen. Als er es zum ersten Mal sieht, fällt auch ihm die geringe Stärke des Knochens auf. Dünne Schädelplatten sind jedoch charakteristisch für Frauen. Die

Nähte zwischen den Schädelplatten erscheinen Bellantoni viel zu jung für den Schädel eines 56-jährigen Mannes. Begleitet wird der Wissenschaftler vom amerikanischen TV-Sender „History", der die Untersuchung in einer Sendung namens „Mystery Quest" dokumentiert. Bellantoni in der Sendung: *„Mir ist von Anfang an klar gewesen, dass mit dem Schädel etwas nicht stimmte. Der Knochen schien mir sehr klein, männliche Schädelknochen sind eher kräftiger. Und die Nähte, an denen die Schädelplatten zusammenkommen, entsprachen denen eines unter Vierzigjährigen* [Hitler ist 1945 56 Jahre alt geworden]. *Hätte man mir dieses Schädelfragment in einer normalen forensischen Untersuchung auf den Tisch gelegt, hätte ich gesagt: Frau, 20 – 40 Jahre alt, starb bei einem Hausbrand."* Zudem passe das Austrittsloch am Hinterkopf nicht zu der Tatsache, dass sich Hitler in die rechte Schläfe geschossen haben soll.

Bellantoni nimmt zwei Proben: eine vom Blut auf dem Sofa und eine Knochenprobe des Schädelfragments. Die Blutflecke auf dem Sofabezug hat er vorher mit Fotos der Sowjets aus dem Bunker abgeglichen. Die Flecke stimmen von der Form her exakt überein. Daraufhin wird am Center for Applied Genetics and Technology im Department of Molecular and Cell Biology der University of Connecticut eine DNA-Analyse durchgeführt. Das Ergebnis ist eindeutig: Sofablut-DNA und Schädel-DNA stammen nicht von derselben Person. Das Sofablut ist männlich, der Schädel jedoch gehört einer Frau mit unbekannter Identität (DER SPIEGEL, Angelika Franz (1. Oktober 2009): *DNA-Analyse Angeblicher Hitler-Schädel stammt von einer Frau.*).

Die Untersuchungen werden mit äußerster Sorgfalt vorgenommen. Professorin Linda Strausbaugh betont: *„Wir führten dieselben Tests und Kontrollen durch wie in einem Kriminalfall."* Zu ihrer Überraschung war es gelungen, eine kleine Menge DNA zu extrahieren. Diese replizierte sie durch ein Verfahren, das als Molekularkopie bekannt ist, um genügend Material für eine Analyse zu erhalten: *„Wir hatten großes Glück, trotz der geringen Menge genetischen Materials einen Messwert zu erhalten"* (Der Freitag, die Wochenzeitung; Uki Goni, The Observer (28. September 2009): *Hitlers Kopf ist eine Frau.* Abgerufen am 21. Februar 2022 von https://www.freitag.de/autoren/the-guardian/hitlers-kopf-ist-eine-frau). Auch deutsche Gerichtsmediziner aus Köln, Hamburg und Tübingen hatten mittlerweile geäußert, die Zähne seien echt, der Schädel wohl nicht (BILD, (28. September 2009): *Briten machen sich mal wieder über seinen Schädel lustig.*).

Abb. 133 Mit einem Wattestäbchen werden DNA-Proben von Blutspritzern auf den Sofaresten entnommen. (11)

Dem französischen Journalisten Jean-Christoph Brisard und der russischen-amerikanischen Journalistin und Filmemacherin Lana Parshina, wird 2017 der Zugang sowohl zum Staatsarchiv der Russischen Föderation (GARF) als auch zu den Archiven des russischen Geheimdienstes FSB in Moskau gewährt. Sie dürfen die von SMERSch und dem NKWD gesammelten Verhörberichte der deutschen Zeugen aus der Reichskanzlei einsehen und die menschlichen Überreste, die als die von Hitler gelten, in Augenschein nehmen. Begleitet werden die Journalisten von dem französischen Forensiker und Pathologen *Philippe Charlier*. Am Nachmittag des 12. Juli 2017 erscheinen sie, ausgestattet mit einem hochmodernen binokularen Mikroskop, im Büro Nummer 344 im dritten Stock des Lubjanka-Archivs des FSB im Zentrum von Moskau.

Auch *Charlier gibt nach seiner Untersuchung eine eindeutige Expertise ab:* Die Zähne sind authentisch, keine Reproduktionen, zeitspezifisch und können definitiv Hitler gehört haben. Er ist sich sicher, dass diese Überreste *„keine Fälschung sein können"*, allein schon wegen ihrer erheblichen authentischen Abnutzung. Charlier untersucht die Zähne weiter, um Spuren von Schießpulver, Antimon, Blei oder Barium zu finden – deren Vorhandensein auf einen Schuss durch den Mund hinweisen würde. Er findet keine. Es sind Schäden sichtbar, die auf Feuereinwirkung zurückzuführen sind, und er bemerkt winzige blaue Rückstände auf einigen von Hitlers Zähnen. Bei drei Zähnen von Eva Hitler findet er die gleichen farbigen Spuren. Der Farbton dieses Blaus ist als Berliner Blau bekannt. Blau heißt auf Griechisch „kyanos“, der Namensgeber des betreffenden Stoffes ist – Cyanid. Charlier diagnostiziert eine chemische Reaktion zwischen Cyanid und dem Metall von Hitlers Zahnprothesen (Der Bund, Schweiz (23. Mai 2018): *Hitlers Zähne widerlegen alle Verschwörungstheorien.* Abgerufen am 06. Januar 2022 von https://www.derbund.ch/wissen/geschichte/hitlers-zaehne-widerlegen-alle-verschwoerungstheorien/story/13601705). Winzige Zahnsteinstücke von Hitlers Zähnen, die bei der Untersuchung abgebrochen sind, nimmt Charlier mit nach Paris. Die Analyse dieser kleinen Fragmente zeigten Spuren von Pflanzenfasern. Hitler war seit etwa 1932 Vegetarier (Berlin Experiences, Matt Robinson (07. März 2020): *Ist Hitler nach Argentinien geflohen?* Abgerufen am 2. Dezember 2021 von https://www-berlinexperiences-com.translate.goog/did-hitler-escape-to-argentina-in-1945-mythbusting-berlin/?_x_tr_sl=en&_x_tr_tl=de&_x_tr_hl=de&_x_tr_pto=sc).

Charliers Untersuchungsergebnisse werden 2018 im Fachblatt „European Journal of Internal Medicine“ veröffentlicht (European Journal of Internal Medicine, P. Charlier, R. Weil, P. Rainsard und J. Poupon (1. August 2018): *Die Überreste von Adolf Hitler: Eine biomedizinische Analyse und definitive Identifizierung.* ISSN 0953-6205 und 1879-0828 , PMID 29779904 , DOI 10.1016/j.ejim.2018.05.014). Die in dieser Studie veröffentlichten Bilder der Zähne zeigen einen Kiefer, der hauptsächlich aus Metall besteht. Im Bericht heißt es: *„Zum Zeitpunkt seines Todes hatte Hitler nur noch vier Zähne.“* Die wenigen verbliebenen Zähne sind unförmig, an der Basis braun und mit weißen Zahnsteinablagerungen übersät. Die Analyse bestätigt, Hitler sei Vegetarier gewesen, kann aber nicht eindeutig beweisen, ob er vor dem tödlichen Schuss Zyankali eingenommen hat. Die bläulichen Ablagerungen auf seinen falschen Zähnen lassen jedoch die Hypothese zu, dass eine chemische Reaktion zwischen diesen und dem Zyanid im Moment des Todes, während der Einäscherung oder während des Begräbnisses der Überreste stattgefunden hat (History News, Natasha Frost (19. Mai 2018): *Hitler's Teeth Reveal Nazi Dictator's Cause of Death: A new analysis of Adolf Hitler's teeth and bones puts to rest questions of how he died.* Abgerufen am 21. Januar 2022 von https://www.history.com/news/hitler-death-cause-teeth-analysis).

Selbst diese eindeutigen Beweise werden von Verschwörungstheoretikern nicht anerkannt. Sie behaupten, ein möglicher Doppelgänger sei

> *„zahnmedizinisch immer parallel zu Hitler versorgt und genauso, wie dessen Zahnstatus sich veränderte“* (Mühlhäuser (2017): *Der ungeklärte Todesfall Hitler*, S. 57). So sei es den Sowjets gelungen, *„einen präparierten Unterkiefer Hitlers täuschend echt* [sic!] *herzustellen“* (Mühlhäuser (2017): *Der ungeklärte Todesfall Hitler,* S. 34f). Doch Lew Besymenski, der alle wesentlichen sowjetischen Zeugen des Mai 1945 später persönlich gesprochen hat, bestätigte, dass *„weder die Lubjanka-Werkstätten noch die Heydrich-Laboratorien* [Werkstätten

in deutschen Konzentrationslagern] *in der Lage waren, Ersatzzähne herzustellen"* (vgl. Besymenski (1995): 128).

Prof. RO, Dr., Dr. h. c. Gyula Takacs, Coburg, Zahnarzt und einer der weltweit führenden Implantologen, hat die Röntgenaufnahmen von Hitlers Schädel sowie die Zeichnungen und Fotos der erhalten gebliebenen Zähne Hitlers im Auftrag des Autors begutachtet. Zu den erkennbaren Details der Zähne (Abb. 122 bis 125) schreibt Takacs:

> *„Die Oberkieferseitenzähne fehlen. Der gesamte Oberkiefer Gesichtsschädel fehlt. Es kann somit nicht gesagt werden ob die Molaren und Prämolaren fehlten. Zu vermuten ist es schon angesichts der Situation des Oberkiefer-Frontzahnblocks. Dieser wurde nachträglich aus dem Schädel gewaltsam herausgebrochen. Die abgebrochenen Zahnkronenanteile stecken sichtbar noch in der Brücke. Die gesamte Art der Versorgung ist typisch für die Dreißiger und teils Fünfziger Jahre. Sehr aufwändig und durchaus prestigebehaftet, nur die oberen fünf Prozent konnten sich Derartiges leisten, wobei der Tragekomfort bei nicht regelmäßiger Pflege nicht besonders hoch ausgefallen ist. Vorsorgende Wartung war überhaupt nicht gegeben, man ging erst dann zum Behandler, wenn wieder einmal etwas wehtat. Zur in Gold ausgeführten Rundung: Da hat sich jemand was ganz Besonderes einfallen lassen, was in der Geschichte der Zahnprothetik wohl als einmalig gelten dar – eine verschraubte Präzisionsverbindung für einen unilateralen (halbseitigen) sattelgestützten Zahnersatz. Man sieht noch das Schraubenloch. Das anhängig verschraubte Teil ist nicht mehr vorhanden. Die Gründe können verschiedener Natur sein. Fachlich hochinteressant. Der Haken sollte zwei überkronte Zähne miteinander verblocken, um den Zahn dazwischen nicht ebenfalls beschleifen und überkronen zu müssen"* (Persönliche Auskunft von Prof. Gyula Takacs vom 31. Januar 2022).

Für Professor Takacs steht fest, dass man das Gebiss eines Menschen mit den damaligen technischen Mitteln nicht *„täuschend echt"* nachbilden konnte. Das sei schon alleine aufgrund bestimmter Merkmale, wie Zahnsteinanhaftungen, unmöglich. Er bemerkt:

> *„Anhand dem zwingend vorhandenen Zahnstein ließe sich feststellen, dass, wenn einer Ersatzleiche Hitlers Zahnersatz post mortem eingesetzt worden wäre, so spräche das Vorhanden oder nicht Vorhandensein von Zahnstein klar dafür, ob Hitlers vermeintlicher Zahnersatz prä oder post mortem verpflanzt wurde."*

Dass ein Doppelgänger zahnmedizinisch immer parallel zu Hitler hätte versorgt werden können, ist ebenfalls unrealistisch. Wie hätte man beispielsweise mit den Zähnen verfahren sollen, die beim Doppelgänger fehlten, jedoch bei Hitler vorhanden waren? Für Prof. Takacs steht daher fest:

„Mit dem Wissensstand der Nachkriegszeit wäre es immens schwer gewesen, der Nachwelt ein Fake unterzuschieben, es sei denn, es handelte sich um einen eineiigen Zwilling. Der absolut identische Zahnersatz kann ebenfalls als Mär abgetan werden. Der Laie denkt sich oftmals, Zahnersatz könne wie Handschuhe oder Socken beliebig vervielfacht werden. Tatsächlich ist im Sinne der herkömmlichen analogen Zahntechnik jede Krone, Brücke, Inlay, Prothese und Implantat ein Einzelstück, gefertigt nach dem Jahrtausende alten Prinzip der verlorenen Form [Gussform, die nur einmal verwendbar ist und nach dem Guss zerstört werden muss, um das Werkstück zu entformen], *und selbst als Zweitfertigung erneut individuell angepasst werden muss. Kurzum gesagt ist es so: Einen Zahnersatz herzustellen, der sowohl Hitler als auch seinem Double gleichermaßen gepasst hätte, war unmöglich"* (Persönliche Auskunft von Prof. Gyula Takacs vom 24. Januar 2022).

Diese Fakten werden von den Anhängern der Theorie, Hitler habe das Ende des Zweiten Weltkriegs überlebt, nicht anerkannt. Stattdessen werden die dubiosesten Argumente dafür angeführt, warum es sich bei der erhaltenen Zahnbrücke um eine Fälschung handeln müsse. Mit Hinweis auf die Röntgenaufnahmen von Hitlers Schädel behauptet die „Informationswerkstatt der Forschungsakademie Pro Agnitio":

„Anhand dieser Aufnahmen (…) *haben Zahntechniker eines Feldzahnarztlabors die Zähne und Brücken angefertigt und den Kiefer einer Leiche entsprechend den Röntgenaufnahmen präpariert"* (Mühlhäuser (2017): *Der ungeklärte Todesfall Hitler,* S. 35). Dazu noch einmal Professor Takacs: *„Die Mythologen sind bei ihrer Spekulation einem gravierenden Irrtum aufgesessen, insofern es die Röntgenaufnahmen betrifft. Auch das ist ein typischer Laienirrtum. Sie meinen, es handele sich bei den Aufnahmen um eine sogenannte Panoramaaufnahme, die auch zur Diagnostik von Zähnen und Füllungen geeignet ist. Das ist falsch, denn im Falle der Röntgenaufnahmen Hitlers handelt es sich um A p* [Anterior posterior] *beziehungsweise P a* [Posterior Anterior] *Aufnahmen. Im Gegensatz zur kreisförmigen Aufnahme rund um den Kopf (Strahlung aus dem Mund Status X oder rotierend um den Kopf als Panoramaschichtaufnahme), wurde der Strahlengang A p von vorne (mit Belichtungsplatte hinter dem Kopf) oder P a von hinten (mit Belichtungsplatte vor dem Kopf) ausgewertet. Beide Varianten, A p sowie P a, gelten heute als obsolet. Diese Projektionsarten eignen sich nur bedingt zur Diagnostik von Zähnen und wurden vornehmlich zur Diagnostik in der Traumologie und Onkologie verwendet. Erneut kann mit Bestimmtheit gesagt werden, dass es zu dieser Zeit noch keine Technik gab, mithilfe derer aus Röntgenaufnahmen Zahnersatz hätte gefertigt werden können. Dies ist erst seit etwa zwei Jahrzehnten möglich, die Technik ist in Anwendung, mit den typischen*

Begleiterscheinungen einer Pioniertechnik“ (Persönliche Auskunft von Prof. Gyula Takacs vom 25. Januar 2022).

Alfred H. Mühlhäuser, selbsternannter Spezialist hinsichtlich der Beurteilung der erhaltenen Zahn- und Kieferfragmente, zitiert in seinem Buch „Der ungeklärte Todesfall Hitler“ 2017 zwar viele andere Autoren, erwähnt jedoch nicht die Erkenntnisse des Odontologen Michel Perrier (siehe Kapitel Forensische Untersuchungen), wohl wissend, dass sie seine These der Fälschung von Hitlers Gebiss ebenfalls eindeutig widerlegen. Für den deutschen Kriminalbiologen und Spezialisten für forensische Entomologie Dr. Mark Benecke, der Hitlers Zähne in Moskau untersucht hat, besteht ebenfalls kein Zweifel daran, dass diese Zähne die von Adolf Hitler sind: *„Wenn er* [Hitler] *also noch irgendwo rumläuft, dann ohne Ober- und Unterkiefer.“* Auf Nachfrage, ob das alles nicht auch eine Fälschung sein könnte, antwortet er: *„Das kriegt man nicht mehr gefälscht, das glauben nur Leute, die auch an Aliens glauben“* (FAZ, Andreas Nefzger (28. April 2015): *Kriminalbiologe Mark Benecke: Der Führer hatte Mundgeruch.*). Zu Beneckes Aussage passt der Umstand, dass Mühlhäuser offensichtlich unter Pseudonym schreibt, aus einem umstrittenen Wirtschaftsbereich kommt und eine Vorliebe für Grenzwissenschaften und sonstige Verschwörungstheorien hat (Alfred H. Mühlhäuser (Autor): *Richtig Geld verdienen im strukturierten Direktvertrieb?: Was man über MLM, Network-Marketing, Kontaktmarketing, „ethischen Verkauf“ wissen sollte.* Taschenbuch – 1. November 2000; Theodor Kaiser jr. (Autor), Alfred H. Mühlhäuser (Autor): *Stoppt Ufo-Krausinger!* Taschenbuch – 1. Januar 2005; Alfred H. Mühlhäuser (Hrsg.): *Die auffallend vielen „Tode“ des Martin Bormann: Für wen arbeitete Hitlers Sekretär nach 1945?* Taschenbuch – 28. September 2018).

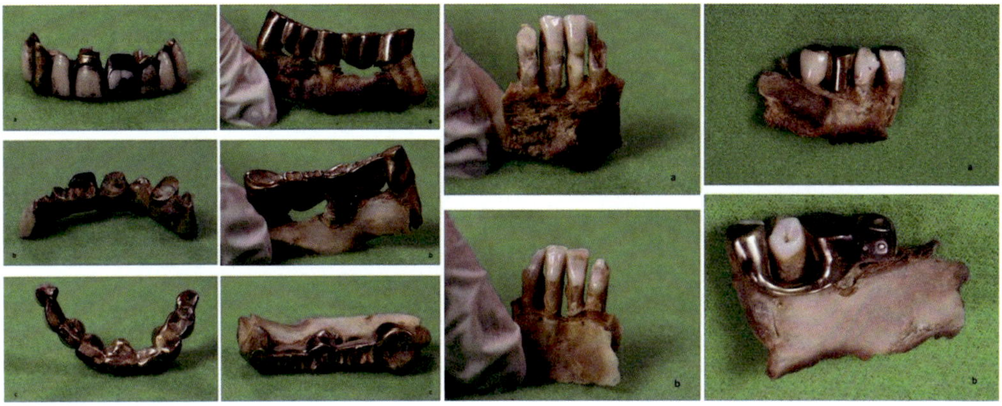

Abb. 134 Hitlers Zahnüberreste im Detail. Äußerste linke Seite: Jugale (a), inferiore (b) und okklusale (c) Aspekte der neungliedrigen Oberkieferbrücke. Mitte-links: Jugale (a), linguale (b) und okklusale (c) Aspekte des ersten Oberkieferfragments. Mitte rechts: Jugale (a) und linguale (b) Aspekte des zweiten Oberkieferfragments. Rechts-außen: Jugale (a) und linguale (b) Aspekte des dritten Oberkieferfragments. (36)

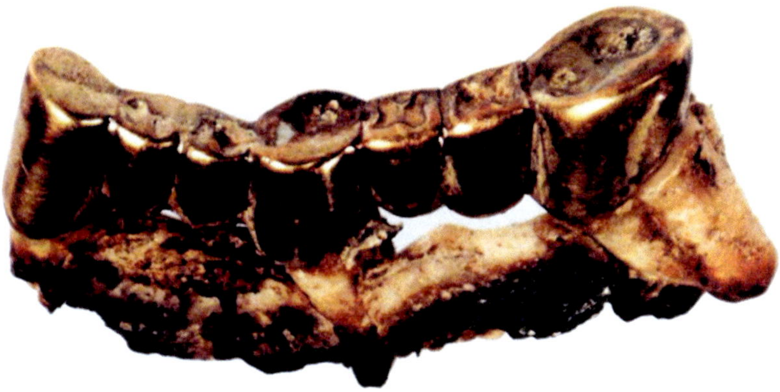

Abb. 135 Die rechte untere Seitenzahnbrücke Hitlers, Ansicht von lingual (der Zungenseite). Der Verlauf: Pfeilerzähne 43, 46 und 48. Gefertigt als sogenannte Banddeckelkronen mit eingelöteten Zwischengliedern. Nach dem Tod entfernt mit Teilen des prozessus alveolaris (Kieferknochen), dieser noch dranhängend. Die Anfertigung für seinerzeitige Verhältnisse aufwändig, die Passung wie damals häufig mittelmäßig. (37)

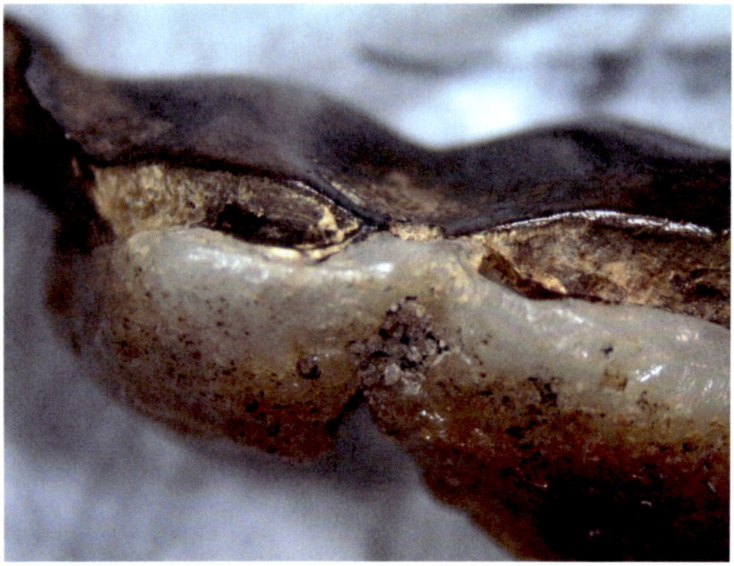

Abb. 136 Unter der Binokularlupe betrachtet: Zahnoberfläche mit Metallprothese, die Gebrauchsspuren aufweist. Bläuliche Ablagerungen auf der Oberfläche von Zähnen und noch mehr auf der Oberfläche von Zahnprothesen. (36)

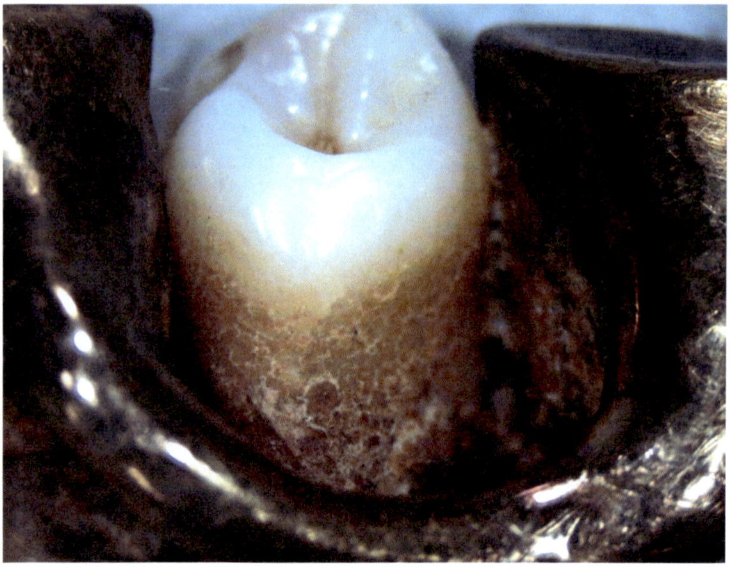

Abb. 137 Aussehen eines Zahns und der einzigartigen Metallprothese unter der Binokularlupe. Am Übergang von Zahnschmelz zu Zahnzement (zwischen Krone und Wurzel) ist deutlich Zahnstein zu erkennen. (36)

Nachwort

Die Schweinebrücke bei Biederitz – das endgültige Ende?

Hitlers letzter Besuch in Sachsen-Anhalt fiel auf Sonntag, den 29. Mai 1938: beim NSDAP-Gautag in Dessau (Sandner (2020): 1549f). Das Deutsche Reich hatte sich kurz zuvor Österreich einverleibt. Die Einheitspartei NSDAP beherrschte das öffentliche Leben, Hitler war unumstritten der populärste Politiker des Reiches. Nach Einführung eines Pflichtjahres für junge Frauen und durch massive Aufrüstung der Deutschen Wehrmacht war faktisch Vollbeschäftigung in Deutschland erreicht. Sieben Jahre, einen Monat und acht Tage später kam Hitler wieder in die Gegend, nach Stendal. Doch er lebte nicht mehr. Es waren die Überreste seiner Leiche, die am Samstag, dem 7. Juli 1945, in Magdeburg bestattet wurden.

Die Welt war 1945 eine völlig andere geworden. Millionen von Flüchtlingen bewegten sich mit ihren letzten Habseligkeiten durch ein in großen Teilen zerstörtes Europa. Das Großdeutsche Reich hatte den Zweiten Weltkrieg verloren und war von vier Siegermächten besetzt. Erst am 5. April 1970, wieder ein Sonntag, wurden Hitlers letzte Überreste – seine Asche – bei Biederitz endgültig entsorgt. Hitlers Leichnam verbleibt also Jahrzehnte in einer Gegend, die er zu Lebzeiten selten besucht und mit der ihn auch keine guten Erinnerungen verbunden haben. Joseph Goebbels, sein wohl treuester Gefolgsmann und für einen Tag sein Nachfolger als deutscher Reichskanzler, blieb bis 1970 seinem Herrn ganz nahe – eine Vorstellung, die Goebbels wohl gefallen hätte.

Bis heute wird das Thema von Hitlers Ende und dem Verbleib seiner Leiche immer wieder diskutiert. Zunächst verbreiteten die Sowjets, von politischen Motiven geleitet, die These, er sei entkommen. Dann verkünden sie eine falsche Suizidtheorie: Hitler habe sich feige vergiftet statt wie ein Soldat erschossen. Diese Theorie wirkt wie ein letzter Nachhall jener schon zu Lebzeiten immer wieder unternommenen Versuche,

Hitler durch Geringschätzung zu widerlegen: als sträube sich das Denken, dem moralisch zutiefst Verwerflichen Fähigkeiten und Kraft zuzugestehen. Hitler erwarb sich im Ersten Weltkrieg das Eiserne Kreuz I. Klasse. Sein persönlicher Mut sowie seine politisch-taktische und staatsmännische Begabung sind oft negiert worden. So wurde ihm nun im Nachhinein auch der Mut bestritten, der den offenbar schwereren Tod durch die Kugel verlangt (Fest (1973): 1022).

Der erste Bundeskanzler der Bundesrepublik Deutschland, Konrad Adenauer, äußerte 1955 auf einer Sitzung empört: *„Wenn die Österreicher von uns Reparationen* [über die erlittenen Kriegsschäden] *verlangen sollten, dann werde ich Ihnen die Gebeine Adolf Hitlers schicken"* (DER SPIEGEL, 41/1963, 08. Oktober1963: *Abschied vom Kanzler*). Doch niemand außer den Sowjets wusste damals, wo sich diese Gebeine befanden. Nicht nur etliche Menschen, auch verschiedene Ermittlungsbehörden gingen damals davon aus, dass Hitler überlebt habe und ihm eine Flucht geglückt sei – über Jahrzehnte eine der weltweit populärsten Verschwörungstheorien. Bis heute halten sich solche Vermutungen, ein Ende ist nicht absehbar. Noch in jüngster Zeit gab es zu dem Thema Veröffentlichungen, so 2022 den Podcast „Hitler hat überlebt. Nach 1945. Irgendwo auf der Erde. Oder darunter. Oder im Weltall. Oder in Argentinien?" (SWR, Walter Filz, Michael Lissek (04. August 2021): A*kte 88 – Die tausend Leben des Adolf Hitler.* Abgerufen am 10.Februar 2022 von https://www.swr.de/swr2/hoerspiel/akte-88-100~_detailPage-1_-dc56264c3eed6f7453c3f263012a8308a11ab691.html). Und so verwundert es auch nicht, dass die angeblichen Fluchtorte Hitlers mittlerweile beliebte Touristenziele sind.

In diesem Buch ist neben anderen die Behauptung, man habe Hitlers Zähne *„täuschend echt"* (Mühlhäuser (2017): *Der ungeklärte Todesfall Hitler,* S. 34f) nachbilden können, ebenso widerlegt worden wie die These, es seien nur seine Zähne und keine Leiche gefunden worden. Leichname von Diktatoren werden von den Siegern der Weltöffentlichkeit gern als sichtbarer Beweis ihres Todes – damit meist verbunden mit dem Ende ihres Regimes – präsentiert. Den Sowjets ist vorgeworfen worden, Hitlers Leiche der Weltöffentlichkeit nicht gezeigt zu haben. Doch die Leiche war verkohlt. Niemand hätte diese – nicht durch bloßen Augenschein zu identifizierenden – Überreste als Beweis akzeptiert.

Durch mehrere unabhängig voneinander arbeitende Experten ist mittlerweile der wissenschaftliche Beweis erbracht worden, dass Hitlers Kiefer- und Zahnreste bis heute in Moskau aufbewahrt werden. Allein damit ist unumstößlich bewiesen, dass Hitler am 30. April 1945 gestorben ist. Damit sind alle Verschwörungstheorien, egal, welch scheinbar aufwändigen wissenschaftlichen Anstrich sie sich geben, automatisch und mit einem Schlag obsolet! Dass nicht der gesamte Ablauf der Geschehnisse um Hitlers Tod zu hundert Prozent lückenlos rekonstruiert werden kann, ist aufgrund der damaligen und späteren Umstände nachvollziehbar. Es ist jedoch für die Tatsache, dass Hitler das Kriegsende nicht überlebt hat, zweitrangig.

Das endgültiges Ende von Hitlers Überresten an der Biederitzer Schweinebrücke ist von hohem symbolischem Wert. Das Bauwerk war so unbedeutend, dass es keine Aufnahmen der alten, aus Holz gebauten Brücke gibt (Schriftliche Auskunft des Stadtarchivs Magdeburg vom 14. Dezember 2021). Der Ort könnte in keinem krasseren Widerspruch zu dem einst für Hitler geplanten Mausoleum oder zu seinen Plänen für die Welthauptstadt „Germania" stehen. Es war sicher Zufall, doch einen besseren Ort als die Schweinebrücke hätten die sowjetischen Offiziere um Oberleutnant Wladimir Gumenjuk nicht wählen können.

Der Verein „Berliner Unterwelten" (https://www.berliner-unterwelten.de/). enthüllte am 8. Juni 2006 eine Informationstafel über den Resten des Führerbunkers in Berlin-Mitte. Die Tafel steht neben der Einfahrt zum Parkplatz an der Ecke Gertrud-Kolmar-Straße/ In den Ministergärten, schräg gegenüber der Gertrud-Kolmar-Straße 7. Durch die Sichtbarmachung des Areals soll einer Mythenbildung und nostalgischen Verklärung entgegengewirkt werden (Der Tagesspiegel, Berlin (9. Juni 2006): *Hitlers letzter Unterschlupf: Der Mythos ist entzaubert.*). Neben der Tafel befindet sich die Schranke zum Parkplatz, ungefähr drei Meter rechts von ihr lagen Hitlers unterirdische Privaträume (DIE WELT, Sven Felix Kellerhoff: *Der Führerbunker – Hitlers letzte Zuflucht.*). Der Tag der Tafelaufstellung war nicht zufällig gewählt: Einen Tag später begann in Deutschland die Fußball-Weltmeisterschaft und eine große Zahl von Touristen kam nach Berlin. Die Berliner Unterwelten stellen bis heute ein ungebrochenes Interesse an der Informationstafel auf dem Führerbunkergelände fest und konstatieren, der sich darüber befindliche Parkplatz sei wohl der meistfotografierte in Europa.

Abb. 138 Informationstafel der Berliner Unterwelten e.V. über den Führerbunker am ehemaligen Standort. (5)

Die ehemalige SMERSch-Dolmetscherin Jelena Rschewskaja, die 1945 Hitlers Zähne in Händen hielt, brachte es auf den Punkt: *„Sein Verschwinden würde den Nährboden für Mythen und Spekulationen bilden. Daran konnten nur seine Anhänger Interesse haben"* (Doernberg (2005): 68). Gegen diese Anhänger kann nur mit Aufklärung vorgegangen werden. Es ist kein Zufall, dass mit dem verstärkten Erscheinen des Rechtspopulismus auch die Verbreitung von Verschwörungstheorien begünstigt worden ist. Dagegen hilft nur die Verbreitung von Fakten. In diesem Rahmen ist auch dieses Buch zu sehen.

Anhang

Die Stationen des Transports der Leiche

Hitler starb am Montag, dem 30. April 1945, im Führerbunker in Berlin. Seine Asche wurde nach 24 Jahren, 11 Monaten und sechs Tagen am Sonntag, dem 5. April 1970, von der Schweinebrücke westlich von Biederitz entsorgt. Die elf Stationen seiner letzten Reise, die neun Begräbnisse und neun Exhumierungen werden hier noch einmal aufgeführt: dargestellt. Die zurückgelegten Kilometer addieren sich von Station zu Station, beginnend mit dem Führerbunker.

				Kilometer
Berlin-Mitte,	30.04.1945	1. Station	1. Begräbnis	
Berlin-Mitte,	04.05.1945	1. Exhumierung	2. Begräbnis	
Berlin-Mitte,	05.05.1945	2. Exhumierung		
Berlin-Plötzensee,	05.05.1945	2. Station		7
Berlin-Buch,	06.05.1945	3. Station (Schuppen)		27
		4. Station (Pathologie)		
Berlin-Buch,	08.05.1945	5. Station (Krankenhausgelände)	3. Begräbnis	
Berlin-Buch,	Mai 1945	3. Exhumierung		
Finow,	Mai 1945	6. Station	4. Begräbnis	70
Finow,	22. Mai 1945	4. Exhumierung	5. Begräbnis	
Finow,	3. Juni 1945	5. Exhumierung		
Rathenow,	3. Juni 1945	7. Station	6. Begräbnis	203
Rathenow,	ca. 7. Juli 1945	6. Exhumierung		
Stendal,	ca. 7. Juli 1945	8. Station	7. Begräbnis	245
Stendal,	ca. 15. Dezember 1945	7. Exhumierung		
Magdeburg,	ca. 15. Dezember 1945	9. Station	8. Begräbnis	311
Magdeburg,	21. Februar 1946	8. Exhumierung	9. Begräbnis	
Magdeburg,	4. April 1970	9. Exhumierung		
Schönebeck,	5. April 1970	10. Station		326
Biederitz,	5. April 1970	11. Station		353

Die Orte

Verbleib der Leiche in Tagen (gerundet)	
Berlin-Mitte	5
Berlin-Plötzensee	1
Berlin-Buch	11
Finow	16
Rathenow	34
Stendal	160
Magdeburg	8.877
Schönebeck/Biederitz	1

Abb. 139 Die ersten Stationen der Reise der Leichen: Gelände der Reichskanzlei in Berlin-Mitte, Berlin-Plötzensee, Berlin-Buch. (Openstreetmap, Database Contents License (DbCL) 1.0)

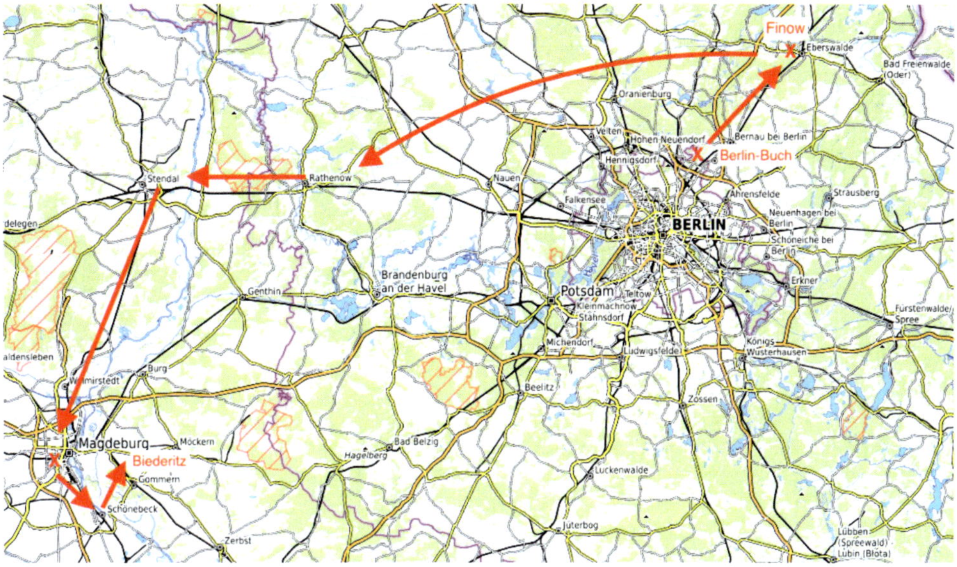

Abb. 140 Die weiteren Stationen der Reise der Leichen: Von Berlin-Buch nach Finow, Rathenow, Stendal, Magdeburg, Schönebeck (Elbe) und schließlich nach Biederitz. (Openstreetmap, Database Contents License (DbCL) 1.0)

Die Protagonisten

Abakumow, Wiktor Semjonowitsch
* 11.04.1908 Moskau, † 19.12.1954 Leningrad
Chef der SMERSch

Albrecht, Alwin-Broder
* 18.09.1903 St. Peter (Nordfriesland),
† 01.05.1945 Berlin, Suizid
SS-Brigadeführer, Adjutant Hitlers

Andropow, Juri Wladimirowitsch
* 02.06.1914 in der Staniza Nagutskaja,
† 09.02.1984 Moskau
Staatsoberhaupt der Sowjetunion

Antonow, Alexei Innokentjewitsch
* 09.09.1896 Grodno/Russland,
† 16.06.1962 Moskau
Generalstabschef der Sowjetunion

Axmann, Artur
* 18.02.1913 Hagen, † 24.10.1996 Berlin
Reichsjugendführer

Baur, Hans
* 19.06.1897 Ampfing,
† 17.02.1993 Neuwiddersberg (Herrsching am Ammersee)
SS-Gruppenführer, Flugzeugführer Hitlers

Beria, Lawrenti
* 17.03.1899 Mercheuli bei Sochumi/Russland,
† 23.12.1953 Moskau (hingerichtet)
Chef der Geheimdienste der Sowjetunion

Bersarin, Nikolai Erastowitsch
* 19.03.1904 Sankt Petersburg/Russland,
† 16.06.1945 Berlin
Generaloberst, sowjetischer Stadtkommandant von Berlin

Besymenski, Lew Alexandrowitsch
* 30.12.1920 Kasan/Russland,
† 26.06.2007 Moskau
Professor für Militärgeschichte

Blaschke, Hugo
* 14.11.1881 Neustadt/Westpreußen,
† 06.12.1959 Nürnberg
SS-Brigadeführer, Generalmajor der Waffen-SS, Zahnarzt Hitlers

Bormann, Martin
* 17.06.1900 Halberstadt,
† 02.05.1945 Berlin, Suizid
Persönlicher Sekretär Hitlers

Breschnew, Leonid Iljitsch
* 06.12.1906 Kamenskoje/Russland,
† 10.11.1982 Moskau
Generalsekretär der KPdSU

Brinsteiner, Dr. Josef
* 08.11.1857 Peterfecking (heute Saal a.d. Donau),
† 1944 Ort unbekannt
Obermedizinalrat, Gefängnisarzt in der Festungsanstalt Landsberg am Lech

Burgdorf, Wilhelm
* 14.02.1895 Fürstenwalde,
† 02.05.1945 Berlin, Suizid
General der Infanterie, Chefadjutant der Wehrmacht bei Hitler

Echtmann, Fritz
* 24.07.1913 Berlin, † 07.08.1983 Berlin
Zahntechniker

Fritzsche, Hans
* 21.04.1900 Bochum,
† 27.09.1953 Köln-Merheim
Ministerialdirektor im Reichspropagandaministerium

Giesler, Hermann
* 02.08.1898 Siegen, † 20.01.1987 Düsseldorf
Architekt

Goebbels, Joseph
* 29.10.1897 Rheydt, † 01.05.1945 Berlin, Suizid
Reichsminister für Volksaufklärung und Propaganda, Reichskanzler (30.04./01.05.1945)

Günsche, Otto
* 24.09.1917 Jena, † 02.10.2003 Lohmar
SS-Hauptsturmführer, Persönlicher SS-Adjutant Hitlers

Haase, Werner
* 02.08.1900 Köthen,
† 30.11.1950 Moskau/Sowjetunion
Begleitarzt Hitlers

Hamann, Otto
* 23.05.1916 Berlin, † 02.(?)05.1945 Berlin
Enger Mitarbeiter Axmanns

Heimlich, William F. „Bill“
* 28.09.1911 ?, † 01.06.1996 ?
US-amerikanischer Geheimdienstoffizier

Hentschel, Johannes
* 10.05.1908 Berlin, † 27.04.1982 Achern
Mechaniker

Hermann, Gisela
* 04.09.1915 Sobernheim,
† 09.09.2002 Meran/Italien
BDM-Obergebietsführerin von Berlin

Heusermann, Katharina
* 05.06.1909 Liegnitz, † 14.02.1993 Düsseldorf
Zahnarzthelferin

Hitler, Eva (geborene Braun)
* 06.12.1912 München,
† 30.04.1945 Berlin, Suizid
Ehefrau Hitlers

Hitler, Paula
* 26.01.1896 Fischlham/Österreich-Ungarn,
† 01.07.1960 Berchtesgaden
Schwester Hitlers

Högl, Peter
* 19.08.1897 Poxau bei Dingolfing,
† 02.05.1945 Berlin
SS-Obersturmbannführer und Kriminaldirektor

Hofbeck, Johann („Hans“)
* 30.09.1909 Mühldorf am Inn, † 29.11.1980 Zell an der Mosel
SS-Unterscharführer

Junge, Gertraud („Traudl“)
* 16.03.1920 München, † 11.02.2002 München
Sekretärin Hitlers

Karnau, Hermann
* 30.10.1912 Oldenburg,
† 16.03.1989 Frankfurt am Main
SS-Rottenführer

Kempka, Erich
* 16.09.1910 Oberhausen,
† 24.01.1975 Freiburg-Heutingsheim
SS-Obersturmbannführer, ständiger Fahrer Hitlers

Kobulow, Bogdan Sacharowitsch
* 01.03.1904 Tiflis/Russland,
† 23.12.1953 Moskau (hingerichtet)
Generalleutnant, stellvertretender Chef der Abteilung für Kriegsgefangene und Internierte

Kondraschow, Sergei Alexandrowitsch
* 01.03.1923 Sergijew/Sowjetunion,
† 22.12.2007 ?
General, KGB-Resident in Berlin-Karlshorst

Kossygin, Alexei Nikolajewitsch
* 21.02.1904 Sankt Petersburg/Russland,
† 18.12.1980 Moskau
Ministerpräsident der Sowjetunion

Krebs, Hans
* 04.03.1898 Helmstedt,
† 01.05.1945 Berlin, Suizid
General der Infanterie, Chef des Generalstabs des Heeres

Krjutschkow, Wladimir Alexandrowitsch
* 29.02.1924 Zarizyn/Sowjetunion,
† 23.11.2007 Moskau
Kanzleichef von Andropow

Kruglow, Sergei Nikiforowitsch
* 02.10.1907 ?, † 06.06.1977 ?
Stellvertretender Volkskommissar des Inneren der Sowjetunion

Kusnezow, Fjodor Issidorowitsch
* 17.07.1898 Balbetschino/Russland,
† 22.03.1961 Moskau
Generaloberst, Chef des militärischen Nachrichtendienstes

Lindloff, Ewald
* 27.09.1908 Stuba bei Danzig,
† 02.05.1945 Berlin, gefallen
SS-Hauptsturmführer

Linge, Heinz
* 23.03.1913 Bremen, † 09.03.1980 Hamburg
SS-Obersturmbannführer, Persönlicher Diener Hitlers

Mansfeld, Erich
* 30.05.1913 Bowallno (Kreis Oppeln),
† unbekannt
SS-Hauptsturmführer

Mengershausen, Harry
* 28.01.1915 Bremen, † unbekannt
SS-Mann

Misch, Rochus
* 29.07.1917 Alt Schalkowitz (Oberschlesien),
† 05.09.1913 Berlin
SS-Oberscharführer, Leibwächter und Telefonist Hitlers

Molotow, Wjatscheslaw Michailowitsch
* 25.02.1890 Kukarka/Russland,
† 08.11.1986 Moskau
Außenminister der Sowjetunion

Naumann, Werner
* 16.09.1909 Guhrau/Schlesien,
† 25.10.1982 Lüdenscheid
SS-Brigadeführer, Staatssekretär

Podgorny, Nikolai Wiktorowitsch
* 05.02.1903 Karlowka/Russland ,
† 11.01.1983 Moskau
Vorsitzender des Präsidiums des Obersten Sowjets (Staatsoberhaupt)

Poskrebyshev, Alexander Nikolaevich
* 07.08.1891 Uspenskoe/Russland,
† 03.01.1965 Moskau
Persönlicher Sekretär Stalins

Rattenhuber, Johann
* 30.04.1897 Oberhaching bei München,
† 30.06.1957 München-Grünwald
SS-Gruppenführer und Generalmajor der Polizei, Chef des Reichssicherheitsdienstes

Reißer, Hans
* 15.06.1909 Memmingen,
† 06.03.1976 Werdohl/Märkischer Kreis
SS-Obersturmführer

Rschewskaja, Jelena
* 27.10.1919 Homel/Weißrussland,
† 25.04.2017 Moskau/Russische Föderation
Dolmetscherin in der Roten Armee

Schädle, Franz
* 19.11.1906 Westerheim/Kreis Memmingen,
† 01.05.1945 Berlin, Suizid
SS-Obersturmbannführer, Chef des Begleitkommandos

Schaub, Julius
* 20.08.1898 München, † 27.12.1967 München
SS-Obergruppenführer, Chefadjutant Hitlers

Schneider, Karl Friedrich Wilhelm
* 20.02.1899 Berlin, † unbekannt
SS-Hauptsturmführer, Garagenmeister des Führerbegleitkommandos

Schramm, Percy Ernst
* 14.10.1894 Hamburg, † 12.11.1970 Göttingen
Historiker

Schroeder, Christa
* 19.03.1908 Münden, † 28.06.1984 München
Sekretärin Hitlers

Schtemenko, Sergei Matwejewitsch
* 07.02.1907 Urjupinsk, † 23.04.1976 Moskau
Chef der Operationsabteilung der Roten Armee

Schukow, Georgi Konstantinowitsch
* 19.11.1896 Strelkowka/Russland,
† 18.06.1974 Moskau
Marschall, Kommandeur der 1. Belorussischen Front

Schwägermann, Günther
* 24.07.1915 Uelzen, † 30.09.1986 Sonthofen
SS-Hauptsturmführer, Adjutant von Goebbels

Serow, Iwan Alexandrowitsch
* 12.08.1905 Afimskoje/Russland,
† 01.07.1990 Moskau
Generaloberst, stellv. Kommandanten der 1. Weißrussischen Front, Vertreter des NKWD in der SBZ

Smirnow, Andrei Andrejewitsch
* 15.10.1905 Moskau, † 26.02.1982 ?
Sowjetischer Diplomat

Sokolowski, Wassili Danilowitsch
* 09.07.1897 Kosliki/Russland,
† 10.05.1968 Moskau
Marschall der Sowjetunion

Stumpfegger, Ludwig
* 11.07.1910 München,
† 02.05.1945 Berlin, Suizid
SS-Obersturmbannführer, Begleitarzt Hitlers

Tornow, (Paul) Fritz
* 27.07.1924 Berlin, † 1999 Gelsenkirchen
Feldwebel, Hundeführer Hitlers

Trevor-Roper, Hugh
* 15.01.1914 Glanton/Großbritannien,
† 26.01.2003 Oxford/Großbritannien
Nachrichtenoffizier, Historiker, Baron Dacre of Glanton

Tschuikow, Wassili Iwanowitsch
* 31.01.1900 Serebrjanyje Prudy/Russland,
† 18.03.1982 Moskau
General, Befehlshabers der 8. sowjetischen Gardearmee

Weidling, Helmuth
* 02.11.1891 Halberstadt,
† 17.11.1955 Wladimir/Sowjetunion
General, Kampfkommandant von Berlin

SS-Dienstränge

SS-Dienstgrad	Heeresdienstgrad
SS-Mann	Schütze
SS-Rottenführer	Obergefreiter
SS-Unterscharführer	Unteroffizier
SS-Scharführer	Unterfeldwebel
SS-Oberscharführer	Feldwebel
SS-Obersturmführer	Oberleutnant
SS-Hauptsturmführer	Hauptmann
SS-Sturmbannführer	Major
SS-Obersturmbannführer	Oberstleutnant
SS-Standartenführer	Oberst
SS-Brigadeführer	Generalmajor
SS-Gruppenführer	Generalleutnant
SS-Obergruppenführer	General

Abkürzungsverzeichnis

a.D.	außer Dienst
BBC	British Broadcasting Corporation
BDM	Bund Deutscher Mädel
CIA	Central Intelligence Agency
cm	Zentimeter
CSU	Christlich Soziale Union
DDR	Deutsche Demokratische Republik
FBI	Federal Bureau of Investigation
FHQ	Führerhauptquartier
FSB	Föderaler Dienst für Sicherheit der Russischen Föderation
KGB	Komitee für Staatssicherheit beim Minsiterrat der UdSSR
KPdSU	Kommunistische Partei der Sowjetunion
Km/h	Kilometer pro Stunde
Lkw	Lastkraftwagen
MDR	Mitteldeutscher Rundfunk
mg	Milligramm
mm	Millimeter

NKWD	Innenministerium der UdSSR (**N**arodnyj **k**ommissariat **w**nutrennich **d**el)
NS	Nationalsozialistische(r)
OT	Organisation Todt
Pkw	Personenkraftwagen
RAF	Royal Air Force
RIAS	Rundfunk im Amerikanischen Sektor
SBZ	Sowjetische Besatzungszone
UdSSR	Union der sozialistischen Sowjetrepubliken
VEB	Volkseigener Betrieb
WDR	Westdeutscher Rundfunk
ZDF	Zweites Deutsches Fernsehen
ZK	Zentralkomitee

Archive / Institutionen

Brandenburgisches Landeshauptarchiv, Potsdam, Katrin Grün / Brose Fahrzeugteile SE & Co. KG, Coburg, Unternehmensarchiv, Dr. Uwe Balder / Bundesarchiv-Militärarchiv, Freiburg im Breisgau, Johanna Büning / Gemeindeamt Werdohl, Reinhild Wüllner-Leisen / Hauptamt Rathenow, Stefan Nitsche / Helios Verwaltung Ost GmbH, Julia Talman / JVA Plötzensee-Justizvollzugskrankenhaus, Matthias Bache / Kreisarchiv Altena, Dr. Christiane Todrowski / Kreisarchiv Landkreis Barnim, Eberswalde, Petra Gerloff / Landesarchiv Berlin, Andreas Matschenz (http://histomapberlin.de/histomap/de/index.html) / Landesarchiv Sachsen-Anhalt, Mathias Schiller / Russisches Militärarchiv: Rossiyskyy gosudarstvyennyy voyennyy arkhiv (RGVA), Moskau/Russische Föderation / Staatsarchiv Bremen, Jasper Dräger / Stadtarchiv Gelsenkirchen, Johanna Cramer von Laue / Stadtarchiv Magdeburg, Stefan Richter / Stadtarchiv Memmingen, Andreas Fröhlich / Stadtarchiv Mühldorf am Inn, Arndt Grunert / Stadtarchiv Oldenburg, Claus Ahrens / Stadtarchiv Rathenow, Stefan Nitsche / Stadtarchiv Schönebeck (Elbe) Britta Meldau / Stadtarchiv Stendal, Simone Habendorf / Stadtarchiv Uelzen, Dr. Christine Böttcher / Stadtplaungsamt Schönebeck (Elbe), M. Gremmes / Stadtverwaltung, Abteilung Bauordnung und Hochbau Bernburg (Saale), Niclas Dolg / Standesamt Gelsenkirchen, Patrick Zorn / Standesamt Kirn, Hans-Dieter Hermes / Standesamt Werdohl, Frau Wüllner-Leisen, Verwaltungsgemeinschaft Saal a. d. Donau, Stefan Hammer

Literatur

After the Battle (Number 61) (1988): *The Berlin Führerbunker – The Thirteenth Hole.* London: Battle of Britain Prints Intern. Ltd.

After the Battle (Number 62) (1988): *Special Investigation: Back to the Bunker.* London: Battle of Britain Prints Intern. Ltd.

After the Battle (Number 77) (1992): *Veterans remember: The Death of Hitler...the story continues.* London: Battle of Britain Prints Intern. Ltd.
After the Battle (Number 180) (2018): *The Battle of Magdeburg.*London: *Battle of Britain Prints Intern. Ltd.*
Arnold, Dietmar (2005): *Neue Reichskanzlei und „Führerbunker": Legenden und Wirklichkeit.* Berlin: Ch. Links Verlag
Axmann, Artur (1995): *„Das kann doch nicht das Ende sein".* Koblenz: S. Bublies Verlag
Basti, Abel; Helsing, Jan van (2011): *Hitler überlebte in Argentinien.* Fichtenau: Amadeus-Verlag
Beevor, Antony (2002): *Berlin 1945: Das Ende.* München: C. Bertelsmann Verlag
Besymenski, Lew (1982): *Der Tod des Adolf Hitler.* München: F. A. Herbig Verlag
Besymenski, Lew (1995): *OPERATION „MYTHOS": oder Wie oft sie Hitler begraben haben.* Moskau: Verlag für Internationale Beziehungen (nur auf Russisch erschienen, ISBN 5-7133-0839-1)
Bihl, Wolfdieter (2000): *Der Tod Adolf Hitlers: Fakten und Überlebenslegenden.* Wien: Böhlau Verlag
Böddeker, Günter/Winter, Rüdiger (1985): *Der Untergang des Dritten Reiches.* München: F.A. Herbig Verlag
Bullock, Allan (o.J.): *Hitler und Stalin: Parallele Leben.* Berlin: Wolf Jobst Siedler Verlag
Capelle, Dr. H. Van, Bovenkamp, Dr. A.P. van de (2006): *Berlin unter Hitler 1933–1945.* Wien: Verlag Carl Ueberreuter
Demps, Laurenz (2012): *Luftangriffe auf Berlin: Die Berichte der Hauptluftschutzstelle 1940–1945.* Berlin: Ch. Links Verlag
Doernberg, Stefan (Hrsg.) (2005): *Hitlers Ende ohne Mythos: Jelena Rschewskaja erinnert sich an ihren Einsatz im Mai 1945 in Berlin.* Berlin: Neues Leben Verlag
Domarus, Max (1973): *Hitler: Reden 1932 bis 1945.* Wiesbaden: R. Löwit Verlag
Dülffer, Jost/Thies, Jochen/Henke, Josef (1978): *Hitlers Städte: Baupolitik im Dritten Reich.* Köln: Böhlau Verlag
Eberle, Henrik/Uhl, Matthias (2005): *Das Buch Hitler.* Bergisch-Gladbach: Verlagsgruppe Lübbe
Eberle, Henrik/Neumann, Hans-Joachim (2009): *War Hitler krank? Ein abschließender Befund.* Bergisch Gladbach: Bastei Lübbe Verlag
Fest, Joachim C. (1973): *Hitler.* Frankfurt am Main: Propyläen Verlag
Fest, Joachim C./Eichinger, Bernd (2004): *Der Untergang: Das Filmbuch.* Berlin: Alexander Fest Verlag
Fleischmann, Peter (2015): *Hitler als Häftling in Landsberg am Lech 1923/24.* Neustadt an der Aisch: Verlag Ph.C.W. Schmidt
Frank, Mario (2005): *Der Tod im Führerbunker: Hitlers letzte Tage.* München: Siedler Verlag
Giesler, Hermann (1982): *Ein anderer Hitler: Bericht seines Architekten Hermann Giesler: Erlebnisse Gespräche Reflexionen.* Leoni: Druffel-Verlag
Goebbels, Joseph (1934): *Vom Kaiserhof zur Reichskanzlei.* München: Zentralverlag der NSDAP
Großbölting, Thomas/Schmidt, Rüdiger (2011): *Der Tod des Diktators: Ereignis und Erinnerung im 20. Jahrhundert.* Göttingen: Vandenhoeck & Ruprecht
Guido, Pietro (2009): *Führerbunker: Svelati Suoi Misteri.* Milano: edizuioni ISEM
Hoffmann, Peter (1975): *Die Sicherheit des Diktators: Hitler Leibwachen, Schutzmaßnahmen, Residenzen, Hauptquartiere.* München: Piper Verlag

Joachimsthaler, Anton (2004): *Hitlers Ende: Legende und Dokumente.* München: F. A. Herbig Verlag
Kellerhoff, Sven Felix (2003): *Mythos Führerbunker.* Berlin: Giebel Verlag
Kellerhoff, Sven Felix (2005): *Hitlers Berlin: Geschichte einer Hassliebe.* Berlin: be.bra Verlag
Kellerhoff, Sven Felix (2015): *Hitlers Ende: Der Untergang im Führerbunker.* Berlin: Berlin Story Verlag
Kershaw, Ian (2013): *Das Ende: Kampf bis in den Untergang, NS-Deutschland 1944/45.* München: Deutscher Taschenbuchverlag
Kershaw, Ian (2013): *Hitler: 1936–1945.* München: Pantheon Verlag
Lehmann, Armin D. (2005): *Der letzte Befehl: Als Hitlers Botenjunge im Führerbunker.* Bergisch-Gladbach: Verlagsgruppe Bastei Lübbe
Maser, Werner (1974): *Adolf Hitler: Legende Mythos Wirklichkeit.* München: Bechtle Verlag
Misch, Rochus (2008): *Der letzte Zeuge: Ich war Hitlers Telefonist, Kurier und Leibwächter.* München: Piper Verlag
Mühlhäuser, Alfred H. (Hrsg.) (2017): *Die Bunkerverschwörung vom 30.04.1945: Wiederaufnahme eines nur scheinbar gelösten Falles politicher* [sic!] *Kriminalität.* Norderstedt: Informationswerkstatt der Forschungsakademie Pro Agnitio ASUG
Mühlhäuser, Alfred H. (Hrsg.) (2017): *Hitlerfluchtberichte: Kritisch-analytische Betrachtung von sieben, an eine CIA-Methode angelehnten Fluchtdrehbüchern.* Norderstedt: Informationswerkstatt der Forschungsakademie Pro Agnitio ASUG
Mühlhäuser, Alfred H. (Hrsg.) (2017): *Der ungeklärte Todesfall Hitler: Die Totgesagten leben länger.* Norderstedt: Informationswerkstatt der Forschungsakademie Pro Agnitio ASUG
Mühlhäuser, Alfred H. (Hrsg.) (2019): *Zwanzig Tote aus dem Führerbunker? Die Wahrheit hinter der „Wahrheit".* Norderstedt: Informationswerkstatt der Forschungsakademie Pro Agnitio ASUG
Musmanno, Michael A. (2004): *Hitlers letzte Zeugen: Die authentische Darstellung der dramatischen Ereignisse der letzten Wochen im Führerbunker der Reichskanzlei.* München: Verlagskontor E. Droemer
O'Donnell, James P./Bahnsen, Uwe (1977): *Die Katakombe: Das Ende in der Reichskanzlei.* München: Deutscher Taschenbuchverlag
Pölking, Hermann (2017): *Wer war Hitler: Ansichten und Berichte von Zeitgenossen.* Berlin: be.bra Verlag
Rasp, Hans-Peter (1981): *Eine Stadt für tausend Jahre: München – Bauten und Projekte für die Hauptstadt der Bewegung.* München: Süddeutscher Verlag
Sandner, Harald (2018): *Hitler: Das letzte Jahr.* Berlin: Berlin Story Verlag
Sandner, Harald (2020): *Hitler: Das Itinerar:* Band I bis IV. Berlin: Berlin Story Verlag
Schenck, Ernst Günther (1989): *Patient Hitler: Eine medizinische Biographie.* Düsseldorf: Droste Verlag
Schöllgen, Gregor (2008): *brose: Ein deutsches Familienunternehmen 1908–2008.* Berlin: Econ Verlag
Schultz-Naumann, Joachim (1980): *Die letzten dreißig Tage: Das Kriegstagebuch des OKW April bis Mai 1945.* München: Universitas Verlag
Seidler, Franz W./Zeigert, Dieter (2000): *Die Führerhauptquartiere: Anlagen und Planungen im Zweiten Weltkrieg.* München: F. A. Herbig Verlag
Simms, Brendan (2020): *Hitler: Eine globale Biographie.* München: Deutsche Verlagsanstalt
Trevor-Roper, Hugh (1995): *Hitlers letzte Tage.* Berlin: Verlag Ullstein GmbH

Venghaus, Wolfgang (o.J): *Berlin 1945: Die Zeit vom 16. April bis 2. Mai.* Netphen: Weinsheim Druck
Völklein, Ulrich (Hrsg.) (1998): *Hitlers Tod: die letzten Tage im Führerbunker.* Göttingen: Steidl Verlag
Winogradow, V.K., Pogonitz, F. (2000): *Agonie und Tod Hitlers.* Moskau: Zvonnitsa Publishing House (nur auf Russisch erschienen, ISBN 5-88524-077-9)

Dokumentationen

Agentur Karl Höffkes, Gescher: Interview mit Artur Axmann vom 29.05.1995
Neubauer, Christoph (DVD): *Der Führerbunker: 1935–1942. Eine virtuelle Rekonstruktion.* Waldkirchen: Christoph Neubauer Verlag
Neubauer, Christoph (DVD): *Der Führerbunker: 1943. Eine virtuelle Rekonstruktion.* Waldkirchen: Christoph Neubauer Verlag
Nick Bellantoni (2011): *The Hitler Project*
SPIEGEL TV (2004): *Tod im Führerbunker: Die wahre Geschichte von Hitlers Untergang*
SPIEGEL-TV (2010): *Wo ist Hitler? Von Doppelgängern und geheimen Tonbändern*
SPIEGEL-TV (2011): *30. April 1945: Ein Tag schreibt Geschichte*
SPIEGEL-TV (2022): *Adolf Hitler in der Antarktis? Verschwörungstheorien über die „Führer"-Flucht*
WELT (2020): *Adolf Hitler – Die letzten Tage des Diktators*
WELT (2019): *Hitlers Leichnam – Lügen, Mythen und Geheimnisse*
ZDF Info (2017): *Rätsel der Toten – Hitlers Leiche und der KGB*
ZDF Info (2020): Hitler privat: Das Leben des Diktators. Der Kriegsherr
WocomoCulture (1995): *Hotel Eden – Ein deutsches Nazi-Hotel in Argentinien* (Dokumentarfilm)

Schriftliche Auskünfte

Christoph Neubauer, Frankfurt/Oder / Dr. Matthias Uhl, Moskau / Sven Felix Kellerhof, Berlin / Wolfgang Schneeberger, Dittenheim / Prof. Gyula Takacs, Coburg

Persönliche Auskünfte

Rochus Misch, Berlin (21.03.2012), Leibwächter Hitlers / Michael Laufenburg (03.01.2022, 01.03.2022), Feuerwehrmann / DER SPIEGEL, Hamburg, Julia Eltner (14.01.2022) / Prof. Gyula Takacs, Coburg

Abbildungsnachweise

Die hier nachgewiesenen und mit freundlicher Genehmigung verwendeten Bilder wurden sorgfältig auf Rechte Dritter geprüft. Sollten dennoch Rechte verletzt worden sein, bitten wir um eine Nachricht an den Autor. Die Zahl vor dem Abbildungsnachweis bezieht sich auf die Zahl hinter der Bildunterschrift und dokumentiert somit die Bildquelle.

1 NARA National Archives Records Administration, College Park/Maryland und Washington D.C. Seite 39, 40, 41, 165, 166,

2 Harald Sandner, Coburg Seite 95, 96, 111, 112, 115, 116, 121, 125, 139, 145, 147, 148, 161, 169, 170, 171, 172, 173, 174, 196, 197, 199, 201, 202, 245

3 Wolfgang Schneeberger, Dittenheim, https://www.festungsmodellbau.com Seite 48

4 Münchens Denkmäler: Halle der Partei & Grabmal Hitlers. Abgerufen am 24. Dezember 2021 von https://www.denkmaeler-muenchen.de/ns/hdp2.php Seite 34

5 Quelle/Grafik: Berliner Unterwelten e.V., Dietmar Arnold/Uwe Friedrich. Berliner Unterwelten e.V., Brunnenstraße 105, 13355 Berlin Seite 42, 222

6 Berlin Story Verlag, Berlin Seite 45, 47

7 Prof. Hermann Giesler, München Seite 33

8 Archiv Berlin Story Seite 82, 133, 153, 209, 210

9 SPIEGEL-TV (2009): Das Dritte Reich vor Gericht: die Nürnberger Prozesse (Standbild) Seite 60

10 SPIEGEL-TV (2004): Tod im Führerbunker: Die wahre Geschichte von Hitlers Untergang (Standbild) Seite 82, 105, 154, 155, 209

11 ZDF Info (12.03.2017): Rätsel der Toten – Hitlers Leiche und der KGB (Standbild) Seite 208, 212

12 Robert Conrad, Berlin Seite 50

13 Bundesarchiv Bild 183-54783-0001 (24.04.1958) CC BY-SA 3.0 de Seite 115

14 Imperial War Museum London/Großbritannien Seite 49, 74, 84, 157

15 Foto der sowjetischen Abteilung für Gegenspionage SMERSch Seite 73

16 SZ Photo/Süddeutsche Zeitung Photo Seite 1, 51

17 Staatsarchiv der Russischen Föderation (GARF), Moskau, Bestand 9401, Findbuch 2, Akte 557 Seite 179, 180

19 Guido, Pietro: *Führerbunker: Svelati Suoi Misteri.* Milano: edizuioni ISEM Seite 44

20 Anton Joachimthaler: *Hitlers Ende: Legende und Dokumente.* München: F. A. Herbig Verlag Seite 43, 46

21 Bundesarchiv, Bild 183-V04744 / CC-BY-SA 3.0 Seite 38

22 Privat / Unbekannte Herkunft Seite 43, 137, 152, 153, 195, 198

23 Lew Besymenski: *Der Tod des Adolf Hitler.* München: F. A. Herbig Verlag Seite 90, 92, 107, 113, 122

24 Library of Congress, Washington/USA Seite 91

25 Ruither Productions (https://www.ruiterproductions.nl/): Berlin Now & Then - Episode 18: Battle of Berlin, Führerbunker (Standbild) Seite 94, 96

26 inogradow, V.K., Pogonitz, F. (2000): *Agonie und Tod Hitlers.* Moskau: Zvonnitsa Publishing House (nur auf Russisch erschienen, ISBN 5-88524-077-9) Seite 84

27 Time USA, New York City Seite120

28 Bayerische Staatsbibliothek München / Bildarchiv Seite 52, 53

29 http://histomapberlin.de/histomap/de/index.html Seite 124

30 After the Battle (Number 77) (1992): *Veterans remember: The Death of Hitler...the story continues.* London: Battle of Britain Prints Intern. Ltd. Seite 90, 168, 171, 172

31 Berlin-Story-Verlag, Wieland Giebel Seite 116, 117, 118

32 https://www.auction.fr/_en/lot/walther-pp-rsha-ss-zwei-ngl-magazine-im-karton-kal-7-65-mm-nr-144179p-13991387 Seite 55

34 Kreisarchiv Barnim O.II.13554 Finow Seite 138

35 Wikipedia Commons, World enyclopedia oft Cars, Gaz-69, CC-BY-Sa 3.0 Seite 194

36 P. Charlier et al., European Journal of Internal Medicine 54, Mai 2018 Seite 217, 218

37 Sergej Karpuchin Seite 217

38 Sammlung Norbert Niermann, Coburg Seite 31

39 JVA Plötzensee-Justizvollzugskrankenhaus, Matthias Bache Seite 110

40 Winogradow, V.K., Pogonitz, F. (2000): *Agonie und Tod Hitlers.* Moskau: Zvonnitsa Publishing House (nur auf Russisch erschienen, ISBN 5-88524-077-9) Seite 146,

43 The LIFE Picture Collection / Getty Images Seite 71 83, 91, 156,

44 Chronos-Media History: Deutschland 1945: restaurierte Filmaufnahmen von George Stevens (Standbild) Seite 71, 83

45 Simon Lütgemeyer, B19 Seite 121, 122

Personenregister

Wegen der Häufigkeit des Vorkommens wird darauf verzichtet, den Namen Adolf Hitler in das Personenregister aufzunehmen.

T

U

V

W

Z

Dank

Ein besonderer Dank geht an die Mitarbeiterinnen und Mitarbeiter der Archive, an Behörden, Bürgermeister und Institutionen für ihre hilfreiche Zuarbeit. Ich danke allen Personen, die mir mit Rat und Tat zur Seite standen, für ihre fortwährende Unterstützung und Zuarbeit. Besonders danke ich Dr. Matthias Uhl vom Deutschen Historischen Institut (DHI) in Moskau und Professor Gyula Takacs (Coburg) für ihre wertvollen Auskünfte, sowie Wieland Giebel und Enno Lenze (beide Berlin). Ebenso danke ich Sabine Klein und dem gesamten Team des Shaker Media Verlags, die auch dieses Projekt mit großem Engagement realisiert haben. Nicht zuletzt danke ich meiner Frau Viola für ihre Unterstützung.

Der Autor

Abb. 128 Harald Sandner im Fernsehinterview auf der Schweinebrücke in Biederitz. (2)

Am 9. Mai 1960 wurde ich, Harald Sandner, Kaufmann und Geschichtsforscher, in Coburg geboren. Bereits als Jugendlicher habe ich 4mich, angeregt durch die Hitlerbiografie von Joachim Fest 1973 und den darauf basierenden Film aus dem Jahre 1977 der historischen Forschung verschrieben. Weitere wesentliche Gründe waren zudem die Geschichte meiner Heimatstadt Coburg und der hier beheimateten Adelsdynastie

Sachsen-Coburg und Gotha sowie die unmittelbare Lage der Stadt zur DDR-Grenze, an der man die Folgen des Zweiten Weltkrieges und den Kalten Krieg immer vor Augen hatte. Abschließend veranlasste mich die Vita meiner Vorfahren (Vater und Großvater waren Kriegsfreiwillige) zu einer kritischen Auseinandersetzung mit dem Nationalsozialismus und dem Zweiten Weltkrieg.

Veröffentlichungen:

COBURG IM 20. JAHRHUNDERT, Die Chronik über die Stadt Coburg und das Haus Sachsen-Coburg und Gotha vom 1. Januar 1900 bis zum 31. Dezember 1999 (Coburg 2000)

DAS HAUS SACHSEN-COBURG UND GOTHA, Eine Dokumentation zum 175-jährigen Jubiläum des Stammhauses in Wort und Bild (Coburg 2001)

ZEITSPRÜNGE COBURG (Erfurt 2007)

HITLERS HERZOG, Carl Eduard von Sachsen-Coburg und Gotha – Die Biographie (Aachen 2011)

HITLER – DAS ITINERAR, Aufenthaltsorte und Reisen von 1889 bis 1945, vier Bände (Berlin 2016), englische Ausgabe 2020

HITLER – Das letzte Jahr, Chronologie einer Apokalypse (Berlin 2018)

Harald Sandner

Shaker Media
ISBN 978-3-86858-598-8
560 Seiten
Deutsch
Gebundene Ausgabe
20 x 27 cm
43,90 EUR

Hitlers Herzog

Carl Eduard von Sachsen-Coburg und Gotha - Die Biographie

Diese Biographie beschreibt das Leben des letzten Herzogs von Sachsen-Coburg und Gotha, Carl Eduard, Enkel der legendären Queen Victoria von Großbritannien. Es zeigt ihn als Oberhaupt der Dynastie Sachsen-Coburg und Gotha, als frühen Förderer der Luftfahrt und des Kraftverkehrs, des Wintersports und der Denkmalpflege, aber auch als strikten Gegner der Weimarer Republik. Als einziger der im Jahre 1918 abgesetzten deutschen Bundesfürsten engagierte er sich politisch und ist das erste Mitglied des Hochadels, das Adolf Hitler und die NSDAP aktiv unterstützt.

Die Heimatstadt Carl Eduards, Coburg, wird die erste nationalsozialistisch regierte Stadt Deutschlands. Das Regime honoriert sein Engagement mit der Ernennung zum Präsidenten des Deutschen Roten Kreuzes, zum SA- und NSKK-Obergruppenführer und zahlreichen anderen Auszeichnungen. Mehrfach ist Carl Eduard als Sonderbeauftragter der Reichsregierung im Ausland unterwegs. Sein Spruchkammerverfahren nach dem Krieg wirft ein Licht auf die damalige Praxis im Umgang mit hohen Parteifunktionären. Das Buch geht auch auf die Verhältnisse Hitlers zum deutschen Hochadel und zur Stadt Coburg mit seiner Sonderstellung im Dritten Reich ein.

Die bis heute verschwiegene - da historisch problematische - Vergangenheit des letzten regierenden Herzogs von Sachsen-Coburg und Gotha wird hier erstmals detailliert mit größtenteils unbekannten Daten offen gelegt. Zeitzeugenaussagen geben einen Einblick in das Privatleben. In geradezu kriminalistischer Kleinarbeit wurden Rätsel um Carl Eduards Person gelüftet und die Kluft zwischen Legende und Wirklichkeit geschlossen. 389 bisher zumeist unveröffentlichte Abbildungen runden das Werk ab.